INHALT

Polizisten sind ...

... Freunde und Helfer, grüne Männchen, Wachtmeister, Staatsorgane, Ordnungshüter, Spürnasen, Detektive, Kommissare, Schupos, Verkehrsregler, Fragensteller, Protokollanten, Verbrecherjäger, Witwentröster, Kinderbegleiter, Verkehrskasperle, Ansprechpartner, Beschützer, (Scheiß-) Bullen, Retter, Fernsehstars, Störenfriede, Bewacher, Fanbetreuer, Knöllchen-Verteiler, Streifenfahrer, Zivilbeamte, Wacheschieber, Kombinierer, Schichtarbeiter, harte Knochen, starke Kerle, coole Typen, Taktierer, Uniformträger ... und auch Menschen.

Jeder Bürger hat sein eigenes Bild von der Polizei. Ob realistisch oder überzogen, in jedem Fall ist dieses Bild nur ein Ausschnitt eines vielfältigen Berufsalltags. Eines Alltags, der den unseren berührt bei der nächtlichen Alkoholkontrolle, auf der Demo oder – im ungünstigsten Fall – weil man Opfer einer Straftat geworden ist. Da meint man schnell, Bescheid zu wissen über die Polizei, die kennt schließlich jeder, ist sie doch Teil unseres Lebens. Doch was wir sehen, ist in der Regel nur die Oberfläche.

Wir konnten unter diese Oberfläche blicken, durften über viele Monate hinweg Polizistinnen und Polizisten bei ihrer Arbeit begleiten. Wir konnten bei ungezählten Einsätzen dabei sein, haben lange mit Ermittlern gesprochen, die Abläufe live miterlebt und Fragen über Fragen gestellt. So haben wir für uns völlig neue und sehr tiefe Einblicke gewinnen können, die wir mit diesem Buch weitergeben wollen. Dies ist kein Fachbuch für Kenner, vielmehr eine Sammlung von Reportagen, die allesamt Detailaufnahmen sind, in der Summe aber ein spannendes Gesamtbild ergeben.

Unsere Recherchen waren zuweilen technischer Natur, meist aber sehr aktionsreich, manchmal gefährlich – oft sehr persönlich. Wir waren dabei, wenn die Beamten Blechschäden aufnehmen, wenn sie Streit schlichten, helfen oder verhaften mussten. Mit ihnen tauchten wir tief in die Schattenbereiche der Gesellschaft ein, sahen Angst, Gewalt, Leid und Tod. Wir standen an Abgründen, die wir bisher nur aus der Zeitung kannten. Und wir lernten Polizistinnen und Polizisten kennen, die diesen Herausforderungen mit Professionalität, Sensibilität und auch Härte, mit tapferem Idealismus und Gelassenheit begegneten. Getrieben vom ständigen Bemühen, für die Menschen Sicherheit zu schaffen. Der bekannte Werbespruch vom „Freund und Helfer" mag nicht mehr modern sein, er ist aber zeitlos richtig. Denn letztlich gilt noch immer: Jeder Anruf bei „110" ist ein Hilferuf.

Stefanie Bisping, Annika Fischer, Patrick Bierther, Stefan Nink, Jochen Tack

Anmerkung: Alle Begebenheiten in diesem Buch haben stattgefunden wie geschildert, alle Personen sind real. Die Namen von Tatverdächtigen, Tätern, Opfern, Zeugen oder verdeckt arbeitender Ermittler wurden geändert, ebenso die Angaben zu Orten, es sei denn, es handelte sich um bereits abgeschlossene und rechtskräftig abgeurteilte Fälle.

„1131 von 1101 — ein VU-ohne vor der Hauptpost.“

Aus dem Alltag einer Polizeiinspektion.

01 Notruf - Polizisten stürmen in die Wohnung.

02 Beruhigen, Informationen sammeln, trösten.

03 Zurück zur Wache, dort geht der Einsatz weiter.

Einsatz in Essen

Patrick Bierther

50.000 Menschen arbeiten bei der Polizei in NRW - die meisten bei Einheiten, mit denen „der Bürger" nie in Kontakt kommt. Die Polizei, das sind für ihn die 16.000 Frauen und Männer im Wach- und Wechseldienst. Sie sorgen für Sicherheit vor Ort. Sie sind Polizisten zum Anfassen. Und sie packen zu. Eine Reportage über die Arbeit in Wache und Streifenwagen.

Als die Liebe zu Ende ist, tritt Achmed Marach aufs Gas. Er fährt mit quietschenden Reifen vor, streift im Laufen Handschuhe über, bricht mit seinen Kollegen durch die Tür: „Ist der Täter noch in der Wohnung?" Eine aufgelöste Frau, das Auge blau, will von den vier uniformierten Fremden nur eins wissen: „Mein Kind, wo ist mein Kind?" Die Beamten wissen nicht mehr als der Funkspruch enthielt: „Einsatz Ladendieb abbrechen, stattdessen zur Königstr. 2*. Nachbarn haben angerufen: Da nimmt ein Mann die Möbel auseinander. Die Frau und das neugeborene Kind befinden sich noch in der Wohnung."

Jetzt ist der Ehemann fort und mit ihm der fünf Monate alte Säugling. Scherben liegen auf dem Boden der ansonsten peinlich aufgeräumten Wohnung. Die schluchzende Ehefrau, eine schmale junge Polin, spricht schlecht Deutsch; sie kann Achmed, Steffi, Monika und Totto kaum Angaben machen. Behandschuhte Hände reißen ein Foto von der Anrichte. Es stammt aus der Zeit, bevor die Liebe zu Ende war, und zeigt die schmale Frau und einen ernsten Mann mit Schnurrbart: den Mann, nach dem es zu suchen gilt. Doch die Straße ist leer, das Auto verschwunden.

* Adresse geändert

01 **Im Wagen wird die Frau weiter befragt.**

02 **Per Funk wird die Fahndung eingeleitet.**

Monika und Steffi nehmen die Polin zur Seite. Im Schlafzimmer lassen sie sich von Frau zu Frau schildern, was passiert ist. „Wir haben gestritten. Er hat Fläschchen von Kind auf Boden geworfen und mich beschimpft als polnische Schlampe. Die ganze Zeit er zu mir sprechen so." An der Tür kam es zu einem Gerangel, sie klemmte ihm den Finger ein, er schlug ihr ins Gesicht – „das kleine Kind dazwischen, und der schreit so ..."

Einer von jährlich 14.300 Einsätzen wegen häuslicher Gewalt in NRW. Schockierend für die Betroffenen, Alltag für die Frauen und Männer der Polizeiinspektion (PI) 1 in Deutschlands sechstgrößter Stadt, Essen. Der Polizeikommissar Achmed, der Polizeimeister Totto, die Polizeimeisterinnen Steffi und Monika und ihre Kollegen stürmen fast jeden Tag eine andere Wohnung, der Gewalt entgegen. Die Täter sind fast immer Männer. Doch die Beamten haben schon eine 60-Jährige mitgenommen, die ihre Mutter zusammengeschlagen hatte.

03 **Die Recherche beginnt, wo ist das Kind?**

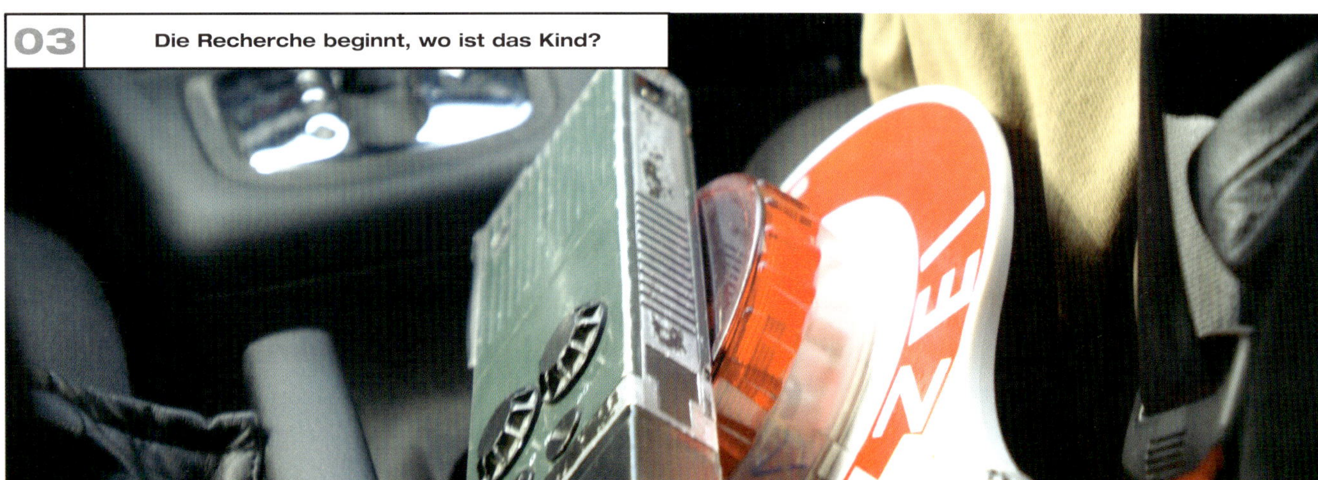

Der Ehemann hat einen Wohnungsschlüssel, die Frau ist zu Hause nicht sicher. Ihr Rücken ist voller alter Blutergüsse. Sie fährt mit zur Wache. Monika fragt: „Wollen Sie sich scheiden lassen? Sie müssen auch an die Gesundheit Ihres Kindes denken." – „Ja. Das hat keinen Sinn mehr."

Achmed ruft die Großeltern an. Der Sohn ist nicht da. „Wenn er kommt, sagen Sie ihm bitte, dass er sich in jedem Fall hier melden muss. Häusliche Gewalt ist eine Straftat – und keine unerhebliche. Streit rechtfertigt keine Kindesentziehung. Auch das ist eine schwer wiegende Straftat." Die Großeltern wollen die Handynummer ihres Sohnes nicht herausgeben. Achmed: „Ich lass' mich jetzt auf Folgendes ein: Ihr Sohn ruft in den nächsten zwei Minuten bei mir an. Oder ich schicke die Kollegen bei Ihnen vorbei." In der Villengegend, in der die Eltern wohnen, ist ein Polizeieinsatz das Letzte, was man die Nachbarn sehen lassen will.

Die Frau sitzt im Schreibraum der Wache, bleich, zitternd. Ins Frauenhaus will sie nicht, Verwandte oder Freunde hat sie in Deutschland keine. Plötzlich muss sie sich übergeben. Ist es die Aufregung oder eine Gehirnerschütterung? Die Beamten rufen den Notarzt.

Achmed hat den Ehemann in der Leitung: „Lassen Sie mich ausreden. Sie kommen mit dem Kind hier vorbei. Wenn Sie dazu nicht bereit sind, schick' ich jetzt die Kollegen." Er legt auf. „Das Kind kriegt gerade die Flasche, dem geht es gut. Aber der Vater ist auf keinen Fall willens, das Kind abzugeben. Der will sogar Anzeige gegen seine Frau erstatten." Monika: „Warum das denn?" Achmed: „Weil der gerade neben denSchuhen steht."

01 Gespräche, Beratung. Wie geht es weiter?

02 Der Notarzt nimmt die Misshandelte mit.

Seit 2002 gibt es das Gewaltschutzgesetz und in NRW Neuregelungen im Polizeigesetz. Die Polizei darf seither Gewalttäter für zehn Tage der gemeinsamen Wohnung verweisen – auch gegen den Willen des Opfers. Ein Gericht kann darüber hinaus Kontaktverbote verhängen: Der Täter darf sich der Wohnung nicht nähern, nicht anrufen, keine SMS schicken.

Der Arzt hat die Frau untersucht: „Es ist besser, wenn Sie über Nacht mitkommen ins Krankenhaus." „Nein, ich will zu meinem Kind." Achmed und Monika reden mit Engelszungen: „Dem Kind geht es gut. Jetzt muss es auch Ihnen gut gehen. Dazu müssen Sie ins Krankenhaus. Wir schreiben eine Anzeige gegen Ihren Mann. Er wird das Kind nicht behalten dürfen, ganz bestimmt nicht. Morgen früh wird sich sofort die Kriminalpolizei mit Ihnen in Verbindung setzen und alles regeln. Die sind um acht Uhr bei Ihnen, da haben Sie noch nicht zu Ende gefrühstückt."

Eine Streife fährt bei den Großeltern vor. Achmed erhält die Meldung: Mit dem Kind ist alles in Ordnung; das Verhalten des Vaters lässt den Schluss zu, dass das so bleibt. Er hat das Sorgerecht. Es gibt keine Handhabe, ihm das Kind wegzunehmen.

Die neuen Gesetze sollen klarmachen, dass Gewalt in Beziehungen keine Privatangelegenheit ist. Weiteren Taten soll vorgebeugt werden, die Zehn-Tages-Frist bietet Gelegenheit zur Besinnung. Die Polizisten kontrollieren, ob das Rückkehrverbot eingehalten wird und nennen Ansprechpartner in Beratungsstellen. Doch viele Opfer sind hin- und hergerissen zwischen ihrer Angst vor weiteren Schlägen und ihrer Angst vor Trennung. Das gilt insbesondere für Ausländerinnen. Sie sind oft von ihrem Partner nicht nur finanziell und emotional abhängig, auch ihr Aufenthaltsstatus und die Familienehre sind an die Fortsetzung der Beziehung geknüpft.

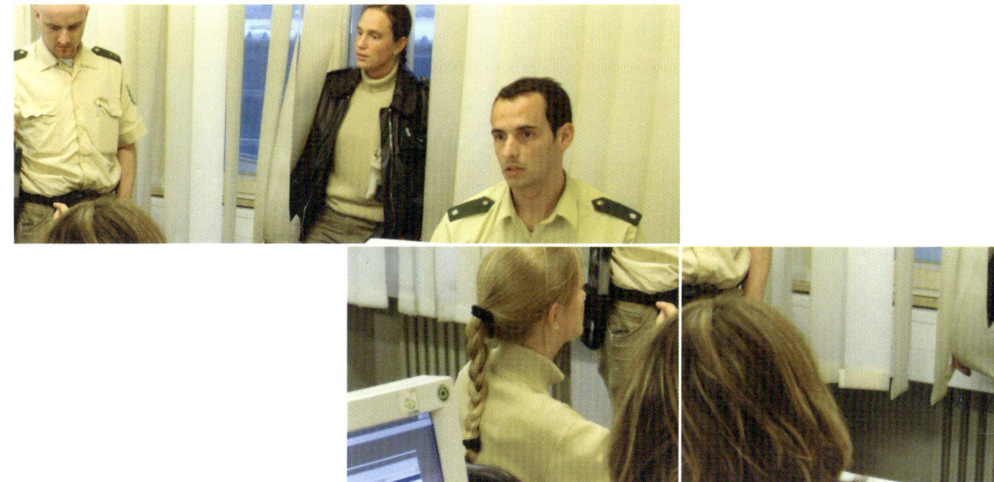

01 **Einsatzende. Gespräche über das Erlebte.**

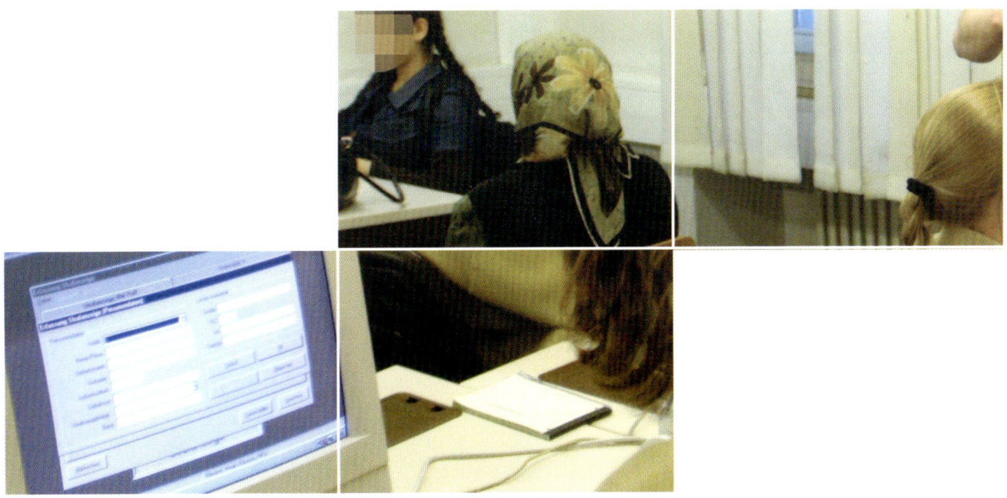

Später taucht der Vater auf der Wache auf. Er ist aggressiv, beschwert sich über Achmed, der sei am Telefon so unfreundlich gewesen, und will Anzeige erstatten gegen seine Frau, die habe angefangen. Immerhin kann ihm so die Verfügung über den Wohnungsverweis zugestellt werden.

Die Beamten wissen, dass damit das Problem nicht gelöst ist. Monika: „Ganz oft fahren wir nach wenigen Tagen den nächsten Einsatz. Dann hat sich die Frau wieder mit dem Typen eingelassen."

Die junge Polin verlässt das Krankenhaus gegen den Rat der Ärzte noch in derselben Nacht.

01 **Polizeiinspektion 1. Dienststelle von Dora.**

Vier Dienstgruppen versehen den Wach- und Wechseldienst in der Polizeiinspektion 1. Anton, Berta, Cäsar und Dora besetzen reihum die Früh-, Spät- und Nachtschicht, eine hat frei. Sie fahren Streife, ermitteln auf der Wache, bewachen Synagogen und Banken. Ihr Einsatzgebiet sind das Stadtzentrum und einige angrenzende Wohnviertel. Das schließt die Einkaufsstraßen, die Drogenszene und die Rotlichtmeile ein. Ladendiebstähle, Betrug, Zahlungsstreitigkeiten, Drogenhandel, Prostitution, Schlägereien – langweilig wird es hier nie. „Wenn du hier zwei Jahre gearbeitet hast, hast du jeden Bereich der Kriminalität mindestens einmal berührt", sagt Achmed: „Das hast du in anderen Städten nicht."

Achmed, 30, groß, schlank, ein Chirurgentyp, grinst über sein eigenes „bisschen Idealismus: Die Bösen müssen gefasst werden." Monika, 22, kommt gerade aus der Ausbildung, wollte hierher in den Wach- und Wechseldienst, denn „auf der Straße ist es, wo's kracht". Steffi, 23, musste sich wegen ihrer schlaksigen Statur bei der Einstellung sagen lassen, sie hätte nichts bei der Polizei zu suchen; „aber dann brauchen sie einen doch immer". Der 26-jährige Glatzkopf Totto hat seinen Kindheitstraum zum Beruf gemacht: „Ich wollte schon mit fünf Jahren Polizist werden."

Achmed, Monika, Steffi und Totto gehören zur Dienstgruppe Dora. Die Dienstgruppe ist die Heimat des einzelnen Beamten. Diese 20 Menschen sind seine Kolleginnen und Kollegen; mit anderen Dienstgruppen, mit anderen Dienststellen gibt es Kontakte, etwa wenn Anzeigen zur Weiterbearbeitung an die Spezialisten vom Verkehrs- oder Kriminaldezernat übergeben werden. Alltagseinsätze aber fährt man nur innerhalb der Dienstgruppe. Hier muss sich jeder auf jeden verlassen können. Darum gibt es im Streifenwagen keine festen Zweierteams, darauf achten die Vorgesetzten.

Die Vorgesetzten, das sind der Dienstgruppenleiter (DGL) Polizeihauptkommissar Helmut „Heppi“ Heppner und sein Stellvertreter, der Wachdienstführer (WDF) Polizeioberkommissar Bernhard „Conni“ Conrad. Der dritte Mann in der Hierarchie ist Achmed, der als „Beamter mit Führungsqualifikation“ DGL und WDF jederzeit vertreten kann.

Der Dienstgruppenleiter ist zuständig für die Vorgangsbearbeitung und die Einsätze außerhalb, der Wachdienstführer für den Ablauf innerhalb der Wache. Er führt die Wachdienstpläne und vertritt den DGL. Conni: „Das ist der Spieß, der sich um das Wohlbefinden der Truppe kümmert. Der DGL ist der Hauptmann, sitzt manchmal in seinem Büro und fertigt Vorgänge. Der WDF ist immer ansprechbar. Er ist für die Festgenommenen verantwortlich und muss verhindern, dass jemand wegläuft. Und er regelt die Anzeigenaufnahme und den Publikumsverkehr, er entscheidet: Ist das anzeigewürdig, ist das was für die Polizei?“

02 Dienst auf der Wache. Besprechen, ...

03 ... Anzeigen schreiben, Nachforschen, ...

04 ... Vorgänge abschließen.

Frau Friese* ist nichts für die Polizei. Frau Friese steht vor dem Tresen der Wache, kaut auf ihrer goldenen Halskette und breitet eine umfängliche Geschichte aus, in der ihre adelige Verwandtschaft, Geheimdienste und Arnold Schwarzenegger eine Rolle spielen. Um in ihren „Ermittlungen" in „dieser Sache" weiterzukommen, brauche sie das in der Wache ausgehängte Fahndungsfoto eines vermissten Mädchens. Conni gibt sich Mühe zu verstehen, warum die Frau zur Wache gekommen ist, das Foto aber will er nicht herausgeben. Frau Friese ist mittlerweile beim CIA angekommen. Im Funkraum läuft „Schtonk" im Fernsehen, Frau Frieses Geschichte ist grotesker. Conni beendet das Gespräch: „Frau Friese, Sie haben die Tür dort vorhin aufgemacht. Gehen Sie doch bitte einfach noch einmal da durch und dann nach Hause."

01 **Drei Ladendiebinnen werden vernommen.**

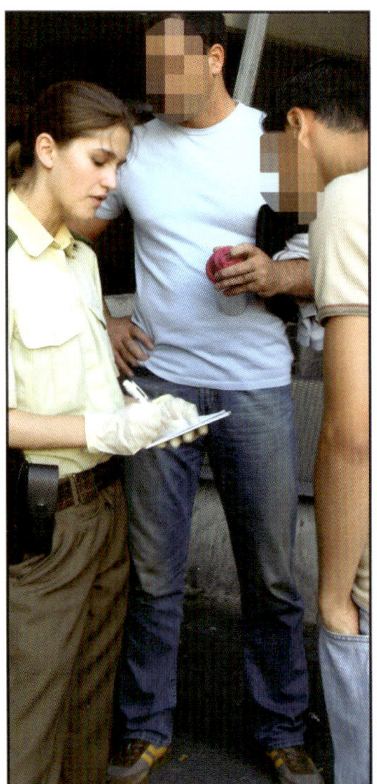

Abgang Frau Friese. Conni: „Ich könnte mich 'ne Stunde mit der unterhalten und ihr nachher das Foto schenken. Aber dann denkt die: Mensch, das war ja klasse da, und kommt morgen wieder. Und die anderen WDF werden sich bedanken. Die fragen mich, ob ich noch alle Schweine im Rennen hab', das ist ja wohl klar."

Conni, eine Art Empfangschef der Wache, guckt sich „die Leute natürlich an, die vor'm Schalter stehen" und versucht, jedem gerecht zu werden: „Wenn einer noch nie mit der Polizei zu tun gehabt hat, dann ist der oft ein bisschen ängstlich. Für ältere Leute ist ein Autoaufbruch eine ganz schlimme Sache, davon erholen die sich nicht. Da nehme ich mir die Zeit und fülle mit denen zusammen die Formulare aus, und wenn's 'ne Stunde dauert. Wenn aber einer das verträgt, dann bin ich sarkastisch und reiße Witze." Kommt ihm einer dumm, kann er auch anders: „Letzte Woche kam hier so'n junger Typ rein, knallte einen Brief von der Staatsanwaltschaft auf den Tresen und fragte nur: ‚Was soll die Wichse?' Den hab' ich sofort rausgeschmissen."

Auch Heppi Heppner, der Dienstgruppenleiter, legt Wert auf angemessenes Verhalten: „Meine Leute sollen dem Bürger so gegenübertreten, wie er uns gegenübertritt. Da muss man sich anpassen. Wenn ein kleiner Verkehrsverstoß vorliegt, dann wird der Verursacher nicht behandelt wie ein Schwerverbrecher; das wird sanktioniert, aber höflich. Wir sind Dienstleister. Wenn der Bürger ein Anliegen hat, dann muss man dem nachkommen, wenn es im Rahmen unserer Aufgaben liegt. Bürgernähe, Bürgerfreundlichkeit, das gehört dazu."

* Name geändert

01 **Randale im Park. Ein Streit wird geschlichtet.**

Die Beamten von Dora sind gleichmäßig höflich zu jedem Gegenüber. Das gilt auch für Junkies, die schorfbedeckt mit der Spritze im Arm vor der Hauptpost sitzen. Bekannte: „N' Abend, Herr Krämer*. Die Ausweise bitte. Oh, Herr Krämer sieht schlecht aus.“ Herr Krämer, 42 Jahre alt und seit Jahrzehnten süchtig, steht steif wie ein Zaunpfahl im Eingang, den Kopf zur Seite gelegt, von den Augen ist nur das Weiße zu sehen. Während die Polizisten über Funk überprüfen lassen, ob gegen die vier Junkies etwas vorliegt, packen Herrn Krämers Begleiter die Spritzen ein und wischen Blut von der Schwelle. Herr Krämer wird folgsam von dannen geschoben, als die Polizisten Platzverweise erteilen; man kennt sich, und man kennt die Regeln. Ein Beamter sagt: „Ich weiß von all' den Junkies hier die Daten schon auswendig. Aber die Geburtstage meiner Eltern muss ich meistens nachschlagen.“

Schwerer wird's mit der Höflichkeit bei Herrn Braun*. Herr Braun ist die auf der Straße liegende „Hilo“ („hilflose Person“), die ein Anrufer gemeldet hat. Steffi und Totto fahren im Streifenwagen 1134 hin. Herr Braun, ein struppiger obdachloser Alkoholiker, ist umgeben von den Scherben einer Kornflasche und unfähig, sich hinzusetzen oder Worte zu formen. Er ist sehr schmutzig, hat die Hosen voll und trägt Sandalen wegen der Länge seiner Fußnägel.

Herr Braun ist kein umgänglicher Mensch. Als Achmed ihn letzten Monat vom Gelände des Kinderheims verwiesen hat, musste er sich als „Arschloch“ beschimpfen lassen. Vor zwei Tagen hat Steffi Herrn Braun festgenommen, als der randalierte. Herr Braun hat dabei unvermittelt nach ihr getreten. Trotzdem redet die 23-jährige dem Mann jetzt geradezu fürsorglich zu: Es sei Nacht, es werde kalt, und er solle doch aufstehen und zu seiner Schlafstelle gehen.

Herr Braun kann keinen Meter weit laufen. Zu seinem eigenen Schutz wird er über Nacht ins Polizeigewahrsam gebracht, wo ihn ein Arzt untersucht. Steffi fühlt „ein Jucken an den Stellen, an denen Herr Braun mich berührt hat“. Totto legt seine Handschuhe auf den Kofferraum und sprüht sie mit Desinfektionslösung ein.

* Name geändert

Achmed sagt: „Sich nicht zu ekeln, ist lernbar. Ich musste schon aus Kotze die Drogenpäckchen herausfischen, aus Kot genauso. Hätte mir einer das vorher erzählt, hätte ich gesagt: Nie im Leben würde ich das machen. Aber in dem Augenblick ist es meine Aufgabe als Polizist, das zu tun, und dann mache ich es. Es gibt aber einen Grad von Ekel, vor allem bei bestimmten Gerüchen, den kann man nicht überwinden, da reagiert der Körper automatisch."

„Normal und menschlich mit den Leuten umzugehen, darin besteht Professionalität", sagt Heppi. „Man darf sich nicht persönlichen Vorurteilen hingeben." Für Steffi, die mal Erzieherin werden wollte, ist Herr Braun „ein gescheiterter Mensch, der sich das sicher nicht ausgesucht hat" und dessen Beleidigungen sie „nicht ernst nehmen kann".

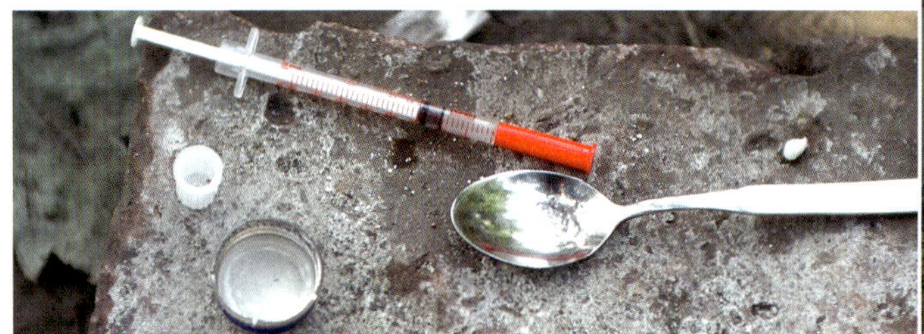

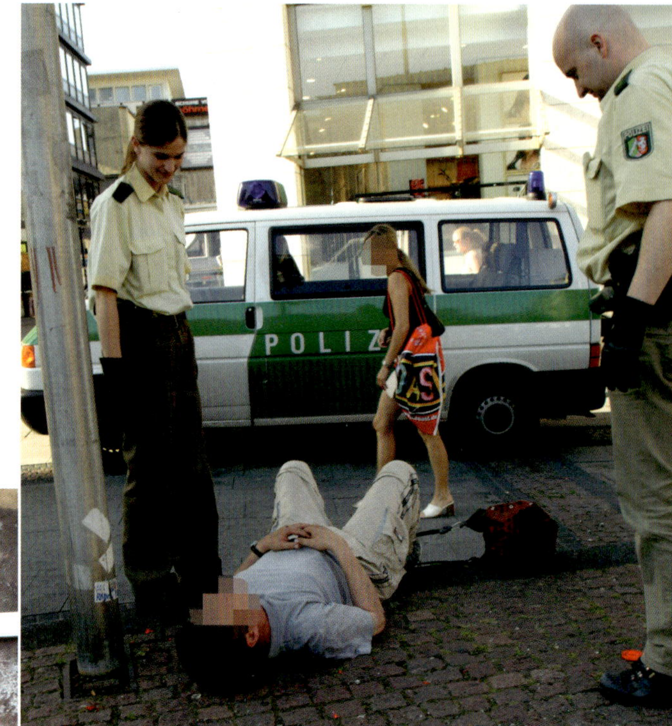

01 Ein erwischter Ladendieb wird agressiv.

02 Spritze im Hauseingang.

03 Betrunkener in der City. Die Beamten kümmern sich darum.

Die Beamten der PI 1 bekommen die ganze Bandbreite menschlichen Mit- und Gegeneinanders zu sehen. Da sind Schläger, Dealer, Prostituierte. Da ist die Alkoholikerin, die ihren obdachlosen Freund aus ihrer Wohnung verweisen lässt, sich dann ans Fenster stellt und ihm nachruft: „Ich liebe dich!" Die 14-Jährige Ladendiebin, die auch dann noch stolz auf sich ist, als ihre Eltern sie abholen. Die kroatische Touristin, die beim Lippenstiftklauen erwischt wird und sich vor Scham in die Hose macht. Da ist das verliebte Au-pair-Mädchen, das droht, sich eher umzubringen, als nach Ablauf des Visums abzureisen. Die unternehmungslustige 13-Jährige, die in Krefeld statt in den Schulbus einfach in irgendeinen Zug gestiegen ist und nun in Essen bei der Bahnhofsmission wartet, während über Krefeld der Hubschrauber kreist.

Für jeden müssen die Beamten die passende Ansprache finden. Achmeds Kommissarskollege Rello hat dafür besonderes Talent. Rello wirkt da, wo Eltern, Lehrer und Ämter nicht hinlangen, zum Beispiel bei den Jugendlichen vom U-Bahnhof. Jeden Tag hängen sie dort herum, ganze Trauben, sie reden Kanak Sprak wie die Karikaturen aus dem Fernsehen, und wenn sie Passantinnen mit Sprüchen wie „Perle, willst du ficken" belästigen, dann landen sie schon mal auf der Wache. Jetzt sitzen zwei von ihnen deshalb hier. Sie sind gekleidet wie die Gangsta-Rapper aus den Videoclips und tun cool.

01 **EInsatz im U-Bahnhof.**

02 **Jugendliche belästigen die Fahrgäste. Platzverweise werden erteilt.**

03 **Harte Fälle kommen mit auf die Wache.**

„Warum haben wir in letzter Zeit so viel Ärger mit euch am U-Bahnhof?", fragt Rello sehr ernsthaft, während Monika die Anzeige tippt. „Früher habt ihr euch da einmal pro Woche gekäbbelt. Aber jetzt sind wir jeden Tag da. Jeden Tag!"

Gangsta: *(cool)* „Ich weiß nichts, ich hab' nichts gemacht."
Rello: „Von 100 Anzeigen, die ich schreibe wegen dem U-Bahnhof, was meint ihr, wie oft hier einer saß und hat zugegeben: Jawohl, ich war's, ich hab' das gemacht?"
Gangsta: „Na, keiner. Keiner gibt das zu."
Rello: „Genau. Und was hab' ich also wohl von euch zu erwarten?"
Gangsta: *(plötzlich kleinlaut)* „Nichts."
Rello: „Ich will heute keinen von euch an der U-Bahn mehr sehen. Ist das angekommen? Ich fahr' keinen Einsatz dreimal. Erwische ich euch da ein zweites Mal, find' ich 'ne Lösung."
Gangsta: *(beeindruckt)* „Nein, nein, wir gehen nach Hause."
Rello: *(abschließend)* „Bis demnächst. Eilt aber nicht."

An diesem Tag gibt es keinen Einsatz mehr am U-Bahnhof.

Conni sind „Umgangsformen“ wichtig: „Dass zum Beispiel jemand geduzt wird, das gibt's bei mir nicht. Die Kollegen sollen jedem den gleichen Respekt entgegenbringen. Warum sollen die den Konzernchef mehr respektieren als den Junkie? Warum soll einer geduzt werden, nur weil er Afrikaner ist, und vielleicht redet man noch in diesem Du-kommen-her-Deutsch mit dem? Kann doch gut sein, dass der Afrikaner dann fragt: Können Sie sich nicht vernünftig ausdrücken?“

01 Alkoholkontrolle im Nachtdienst.

02 Drogenfunde.

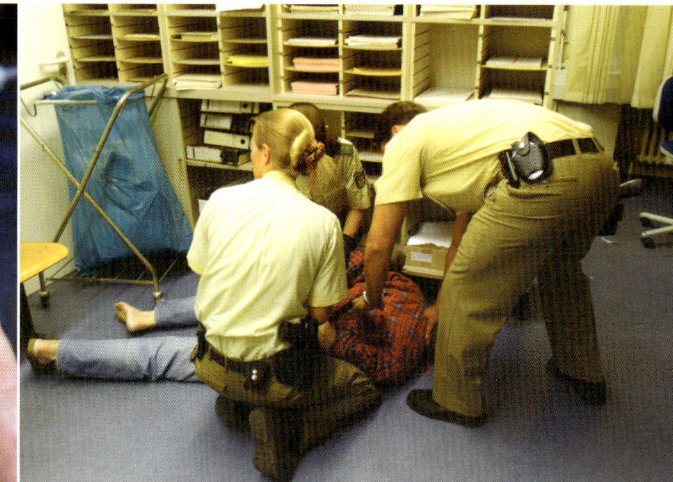

03 Randalierer auf der Wache.

Das Beispiel mit den Afrikanern kommt nicht von ungefähr. Essen hat eine große offene Drogenszene in Bahnhofsnähe, mithin in Doras Revier. Der Handel mit harten Drogen ist überwiegend in afrikanischer Hand. Das ist die übereinstimmende Erkenntnis aller Polizeibeamten der Dienstgruppe. Man spricht nicht gern öffentlich darüber, um nicht in die Rassisten-Ecke gestellt zu werden.

Nur für Totto ist das Tabu erklärtes „Lieblingsthema“: „Auf zehn schwarze Dealer kommt einer, der anderer Abstammung ist. Das weiß man aus den Aussagen der Junkies und von den Beamten in Zivil. Man sieht auch selbst: Wenn einer mit 'nem Junkie rumsteht, wo gerade Geld gewechselt wird und man zu 90 Prozent davon ausgehen kann, dass da gerade gedealt wurde – was steht auf dem Ausweis? Meistens Sierra Leone oder so.“

Tottos Glatze hat freilich „biologische Ursachen, nicht politische“: „Ich hatte das Glück, mit vielen ethnischen Gruppen in der Schule gewesen zu sein: Polen, Russlanddeutsche, Afrikaner. Da lernt man sehr nette Leute kennen. Daran muss ich mich jetzt öfter erinnern, dass die überwiegend eben halt nicht kriminell, sondern ganz normal sind.“

Darauf achtet Tottos Chef Heppi: „Es darf nicht dazu kommen, dass einer sagt: Alle Schwarzen sind Dealer. Man muss die Selbstdisziplin aufbringen, das nicht einseitig zu sehen.“

Wer sehen will, wie ein Mensch seinem Beruf mit Leidenschaft nachgeht, der braucht nur am Essener Hauptbahnhof zu warten, bis Totto vorbeisprintet, einem Dealer auf den Fersen. „Wenn sich's zeitlich unterbringen lässt, fahre ich in jeder Schicht mindestens einen Einsatz in der Drogenszene. Auch wenn's nur ein Tropfen auf den heißen Stein ist, irgendwo muss man anfangen.“ Er setzt Schwerpunkte bei dem, „was von der Führung gerne gesehen wird, weil einen das beruflich weiterbringt. Davon haben die Drogen für mich aber einen höheren Stellenwert als Gurtverstöße. Denn mit dem Gurtverstoß ruiniert der Fahrer sein eigenes Leben, aber die Dealer ruinieren anderer Leute Leben.“

Er nennt Verfolgungsjagden und Schlägereien „Dienstsport“, in den Arbeitspausen liest er Fachliteratur, sein Handy-Klingelton ist eine US-Streifenwagensirene. „Bei den Marines würde man sagen: Der ist mit dem Corps verheiratet. Manche sagen: Der ist krank. Aber ich komme gut damit zurecht.“

01 Kontrolle am Bahnhof.

02 Heroin-Bobbels in der Tasche. Festnahme!

Conni, sein Chef, ist da nach 15 Jahren Polizeidienst ganz anders: „Die meisten Polizeibeamten sind nicht in der Lage, außer Dienst untereinander über andere Dinge zu sprechen. Mich langweilt das!“ Polizisten, sagt Conni, seien oft schwierig – „wegen dieses elitären Denkens, sie meinen, sie wären was ganz Besonderes. Aber nur weil ich jetzt 'ne Uniform anhabe, bin ich nicht besser oder schlechter als irgendein Handwerker. Von der Besoldung her ist das hier ja mit einem Handwerksberuf vergleichbar. Das Wichtige ist, dass man Mensch bleibt.“

Die Tür geht auf, ein etwa 40-jähriger Mann mit Pilotensonnenbrille kommt herein, hebt die Hand zum Gruß, sagt: „Ich bin der Einsatzleiter“ und geht wieder.

Das tut er jeden Tag. Ansonsten schweigt er. Er wohnt in einem Heim und schweigt seit drei Jahren. Irgendwann stand er vor Connis Tresen und brachte seinen Spruch. Seine Betreuerin ist anschließend zur Wache gekommen, um den Mann zu sehen, der ihn zum Sprechen gebracht hat. Doch weiter sagt der Einsatzleiter nichts. Er wartet, bis ihm die Tür aufgemacht wird, und kommt ausschließlich, um diesen Satz loszuwerden. Nicht ein weiteres Wort.

Conni hat nie nachgeforscht, was mit dem Mann los ist. „Ich weiß, dass der Einsatzleiter in seinem Heim gut aufgehoben ist", sagt er: „Wenn ich ihn da besuchen würde, das würde an ihm und seinem Leben nichts ändern." Auch was aus den Fällen wird, zu denen sie Anzeigen schreiben und an die Rauschgift- oder Verkehrskommissariate zur Weiterbearbeitung schicken, erfahren die Beamten kaum je. Sie fragen auch nicht oft nach. Conni sagt: „Seltenst unternimmst du so 'ne Art Nachbetrachtung. Man darf sich nichts vormachen: Das sind nicht so viele ungemein spektakuläre Fälle hier."

01 Streifenfahrt: Quer durch die Inspektion ...

02 ... die Problemzonen der Stadt kontrollieren, ...

03 ... Tag und Nacht Präsenz zeigen.

Zur unspektakulären Routine gehören die Verkehrsunfälle. Noch zum kleinsten Blechschaden wird oft die Polizei gerufen. Die Beamten müssen die Beteiligten befragen, die Papiere überprüfen und jede Menge weiteres Papier beschreiben: Unfallmeldung ausfüllen, Unfallskizze anfertigen, Anzeige wegen des Verkehrsverstoßes schreiben, Zahlkarte ausstellen. Sobald es regnet, ist Unfall um Unfall anzufahren. Da kann es eine Stunde dauern, bis die Beamten vor Ort eintreffen. Bei Unfällen mit Personenschaden geht es schnell.

Routine sind auch die anderen Verkehrsdelikte. Steffi winkt den Fahrer eines Chevrolets rechts ran, der gerade den Streifenwagen geschnitten hat. Der Fahrer: „Habe ich Unsinn gemacht?" „Das fragen Sie mich noch? Im Ernst? Sie sind nicht angeschnallt und haben während der Fahrt mit dem Handy telefoniert. Haben Sie uns denn nicht gesehen?" „Doch." „Und trotzdem weiter telefoniert?" „Ich hab' halt 'nen Anruf gekriegt." Unrechtsbewusstsein sieht anders aus. Der Mann zahlt aus einem dicken Geldbündel, das in seiner Hosentasche steckt. Gurtmuffel zur Kasse bitten, das ist Alltag bei der Polizei. In der PI 1 lautet der Fachausdruck dafür „jemandem 'ne Gurtmücke abnehmen".

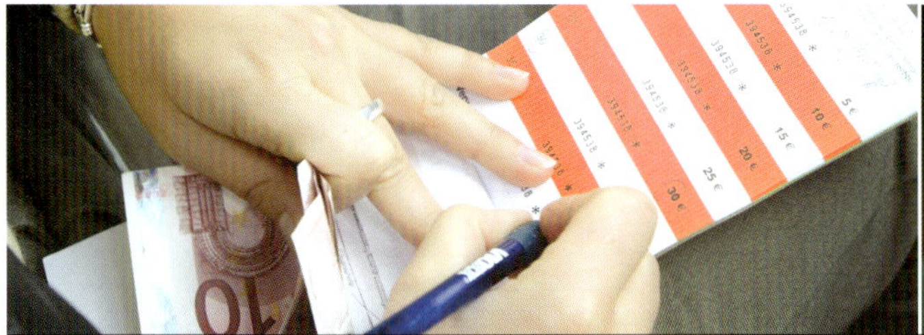

01 **Ausstellen von Verwarnungsgeldern.**

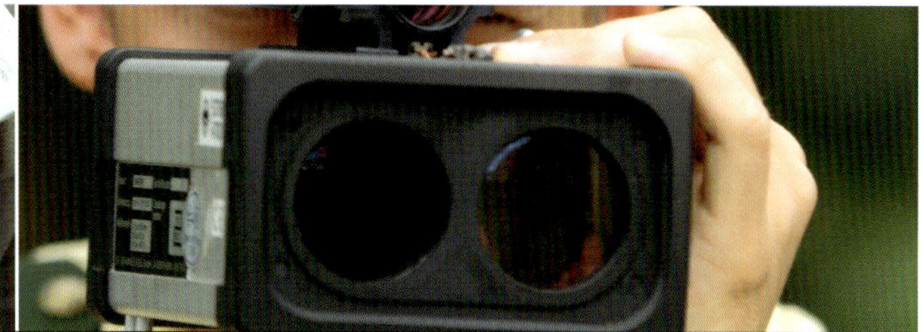

02 **Geschwindigkeitskontrolle mit Lasermessgerät.**

Die Polizeiführung gibt „Zielvorgaben“ aus, die die Dienstgruppen erfüllen müssen. Wie die Zielvorgaben umgesetzt werden, ist Sache der DGL. Heppi: „Das wird im Rahmen des Controllings statistisch ausgewertet. Daran werden wir gemessen. Ein Ziel: Verkehrsunfälle mit verletzten Kindern zu reduzieren.“

Dora überwacht darum Unfallschwerpunkte. Das Laser-Geschwindigkeitsmessgerät LR 90-235/P misst auf drei Prozent genau. Steffi stellt sich damit morgens an eine vierspurige Durchgangsstraße, auf der notorisch das Limit von 50 km/h überschritten wird. Hier liegen zwei Schulbushaltestellen. Das Messgerät wird offen auf einem Stativ aufgebaut. Schon die erste Messung zeigt 74 km/h an.

Steffis Kollege Daniel winkt die Autos an den Straßenrand. Er ist mit 21 der Jüngste bei Dora und der Sonnyboy der Truppe: immer braun gebrannt, meistens gut gelaunt, neuerdings blond gefärbt. In seiner Freizeit skatet er und legt sein Auto tiefer. Sein Charme ist genau richtig für diesen Job: „Guten Tag. Hier in Schulnähe sind 50 km/h erlaubt, da vorne ist auch ein Schild. Bei Ihnen sind 66 gemessen worden. Dafür hat der Gesetzgeber ein Verwarnungsgeld von 25 Euro vorgeschrieben. Ich biete an, die jetzt zu kassieren, damit wäre dann der Verkehrsverstoß geahndet.“

03 **Die Unfallschwerpunkte werden überwacht.**

04 **Wer zu schnell fährt, wird gestoppt.**

05 **70 km/h vor Schulen sind keine Seltenheit.**

Es ist selten, dass jemand partout nicht zahlen will. Daniel: „Dann schreibe ich 'ne Anzeige, und man sieht sich vor Gericht.“ Geschimpft und diskutiert wird schon öfter. Steffi bleibt da hart. Zu „lasern“ ist ihr auch ein Anliegen: „Das könnte ich stundenlang machen. Ich sehe nicht ein, dass die Leute vor der Schule 70 fahren.“ Binnen einer Stunde ahnden Steffi und Daniel elf Geschwindigkeitsübertretungen.

Verkehrskontrollen gehören zu den Gelegenheiten, bei denen Daniel seine Dienstmütze trägt – „damit man mich besser als Polizei erkennt. Ich hab' keinen Bock, überfahren zu werden.“ Auch Kriminellen leuchten die weißen Deckel schon von weitem entgegen, bei Wind fliegen sie vom Kopf, unter dem Kunstleder schwitzt man. Wann immer es geht, bleiben die Mützen im Wagen.

Über Kleidung und Ausrüstung wird viel geklagt. Eine echte Katastrophe sind die Handfunkgeräte; sie sind groß, schwer, älter als die meisten Beamten von Dora, und sie funktionieren oft nicht. DGL Heppi: „Was die Polizei in erster Linie braucht, ist der digitale Funk. Das ist das große, zentrale Thema, das stagniert aus Kostengründen. Mit den jetzigen Geräten stehst du manchmal im Einsatz neben so einem Privatwachdienstmenschen, der spricht mit seiner Zentrale in Bochum, und du kommst nicht mal 500 Meter um die Ecke.“ Jeder Polizist hier trägt ein Privathandy, um im Funkloch notfalls 110 wählen zu können.

02 **Datenabfrage per Computer im Funkraum.**

01 **Personalienkontrolle per Funk.**

Immerhin: Die Wache ist mit neuen Computern ausgestattet. Jahrelang herbeigesehnte Handwerker streichen die Diensträume. Der Fuhrpark wird Zug um Zug modernisiert. Daniel, der gern übertreibt, sagt zwar: „Ich würd´ nie ´nen gebrauchten Streifenwagen kaufen, nie! Von innen sieht er scheiße aus, außen ist er vermackt, und der Motor ist sicher total fratze.” Doch sein DGL ist ganz anderer Ansicht: „Wer über die Autos meckert, der ist nicht ganz in der Welt. Die Passats sind gute, moderne Autos, sogar mit Klimaanlage. Die Beanspruchung ist nicht wie beim normalen Auto. Die sind hier ständig in Betrieb: Die Türen gehen 50mal am Tag auf und zu. Pro Schicht fährst du 70 Kilometer, drei Schichten am Tag, da kannst du hochrechnen, wie viel da zusammenkommt.“

03 **Alles im Blick dank Doppelrückspiegel.**

04 **Streifenfahrt. Gespräch mit Bürgern.**

Neue Pkw werden geleast. Im Anschluss an den Polizeidienst lässt das Innenministerium die grünen Polizei-Aufkleber abziehen und die Wagen verkaufen. Weil weiße Autos out sind, fährt die Polizei in NRW nicht mehr grün-weiße, sondern grün-silberne Fahrzeuge.

Der Streifenwagen ist Einsatzmittel, Arbeitsplatz, Pizzataxi („Wir nehmen heiße Ware an Bord"), Gefangenentransporter, Lieferwagen und Beichtstuhl. Conni: „Wenn ich als DGL-Vertreter mit meinen Leuten rausfahre, nutze ich die Gelegenheit zu fragen, ob sie sich hier wohl fühlen und ob sie mit meinem Führungsstil klarkommen." Denn der schließt Sprüche ein wie: „Kriegt ihr das irgendwann noch mal gebacken, ihr beiden Holzköpfe?"

01 **Meist muss es schnell gehen.**

Seit vier Jahren ist Conni WDF von Dora. Daher hat er die jungen Kolleginnen und Kollegen stärker geprägt als Heppi, der erst vor kurzem die Leitung übernommen hat. „Wir haben in der Dienstgruppe einen ungewöhnlich hohen Anteil von Berufsanfängern, das hat sich einfach so ergeben", sagt Conni: „Nun soll eigentlich so ein Anfänger immer mit einem erfahrenen Streifenführer fahren. Das ließ sich hier aber nicht organisieren. Deshalb habe ich auch schon mal einen mit drei Monaten Berufserfahrung zu einem mit neun Monaten ins Auto gesetzt. Ich habe gesagt: Das ist ein Vertrauensvorschuss von mir. Ich habe hohe Erwartungen an euch. Ich verlasse mich darauf, dass ihr anständig arbeitet und nicht nur spaßeshalber Runden fahrt, und wenn was ist, funkt ihr mich sofort an. Die haben mich nie enttäuscht: Die waren sehr engagiert."

Was versucht er, den jungen Kollegen mitzugeben – über fachliche Fertigkeiten hinaus? „Den Charakter änderst du nicht mehr bei einem 21-Jährigen. Der eine ist halt aggressiver, der andere ängstlicher. Das muss man akzeptieren. Da gibt's genau so viele individuelle Unterschiede wie bei Äußerlichkeiten. Heute haben ja viele Ohrringe oder Piercings oder gefärbte Haare. Manche Vorgesetzten sind dagegen. Aber für mich hat der Ohrring nichts zu tun damit, ob einer ein guter Polizeibeamter ist oder nicht. Soll ich dem den Ohrring verbieten, und seine Kollegin darf als Frau sieben tragen? Das ist doch Unsinn."

In der PI 1 leisten Familienväter ebenso Dienst wie Schwule, Kampftrinker und Abstinenzler, Beamte polnischer, türkischer und koreanischer Abstammung; Achmeds Vater kommt aus Syrien. Sie alle haben auf die Frage „Was macht einen guten Polizisten aus?" dieselbe Antwort: „Menschlichkeit".

Monika, gerade aus der Ausbildung gekommen, sagt auch: „Einen guten Polizisten macht aus, dass er seine Position nicht ausnutzt. Nicht: Nur weil ich bei der Polizei bin, kann ich draufhauen. Da würde ich nicht mitspielen. Davon halte ich ja gar nichts.“ Im Präsidium gibt es einen altgedienten Kollegen, dem man Sprüche nachsagt wie: „Einem Penner muss man erst mal auf die Fresse hauen, damit er weiß, wo's langgeht.“ Keiner von den jungen Beamtinnen und Beamten kann den Mann leiden; Daniel knurrt: „Da stimmt die ganze Einstellung nicht. Mit dem würde ich nicht rausfahren.“

Conni sagt: „Wenn meine Leute sich draußen mit irgendwem rollen, dann ist das für mich in Ordnung. Dann war das auch nötig. Aber nach einer Festnahme ist das etwas anderes. Ganz ehrlich: Wenn ein Kollege sich das leisten sollte, einen Festgenommenen noch zu schlagen, würde ich garantiert eine Strafanzeige gegen ihn schreiben.“

Für die Beamten von Dora gehört Gewaltanwendung zum Alltag – „einfache körperliche Gewalt“, also Streithähne trennen, fesseln, unter Zwang zur „Zapfung“ (Blutprobe) führen. Gewalt, die über Hebelgriffe hinausgeht, kommt so selten vor, dass Steffi sich nach drei Dienstjahren immer noch fragt, was sie mit einem Faustschlag wohl anrichten würde.

Sport treiben die Beamten nur in der Freizeit, oft Selbstverteidigung, Conni boxt. Totto hat sich Win Chung ausgesucht, einen harten Kampfsport: „Mit Gewaltanwendung habe ich überhaupt kein Problem. Wenn einer meine Kollegen oder mich angreift, dann muss er mit Konsequenzen rechnen.“ Totto ist zwar „nur so ein Zwerg von 1,75 m“: „Aber ich bin nicht schwach, und ich bin zu 99% schneller als jeder, der mir an die Wäsche will. Und dann haben wir ja noch diverse Gerätschaften, mit denen man arbeiten kann.“ Wenn Totto aber nun doch mal den Kürzeren zieht? „Ich bin eh kein Dressman, wenn da die Nase ein bisschen schief sitzt, das macht nicht viel.“

01 Spurten gehört zum Alltag.

Bei der heutigen Rauferei blieb die Nase heil. Die Beamten sind ausnahmsweise mit jemandem per du, aber nur, weil auch der Lars ausgesprochen unformell ist. Daniel nennt er „du blondes Stück Scheiße“, Totto abwechselnd „alter Sack mit Glatze“ und „rechtsradikale Scheißglatze“, Polizisten im Allgemeinen „Asis und Dreckstücke“.

Totto und Daniel haben Lars am Hauptbahnhof mit einem Baseballschläger in der Hand angetroffen, „mich hat einer verarscht, den suche ich“. Lars weigert sich stehen zu bleiben, will seine Personalien nicht angeben und schon gar nicht mit zur Wache; auf dem Weg zum Streifenwagen bedroht er die Beamten mit geballten Fäusten. Daniel tritt ihm in die Kniekehlen, Totto hält ihn fest, zusammen legen sie dem tobenden Mann Handfesseln an. Lars verliert Baseballschläger, Brille und Uhr. Er blutet schwach an Jochbein und Knie, als er in die Wache geführt wird. Steffi und eine Kollegin, als Verstärkung eingetroffen, halten Lars’ Kumpels vom Eingreifen ab.

Noch im Eingang der Wache versichert Lars: „Ich kenn’ eure Namen. Ich bring’ eure Familien um, deine Frau, deine Tochter und deinen Hund. Seit zehn Tagen trainier’ ich. Tausend Liegestütze am Tag! Ich bin Maurer, ich hab’ Kraft. Ich klopp’ euch durch die Wand!“

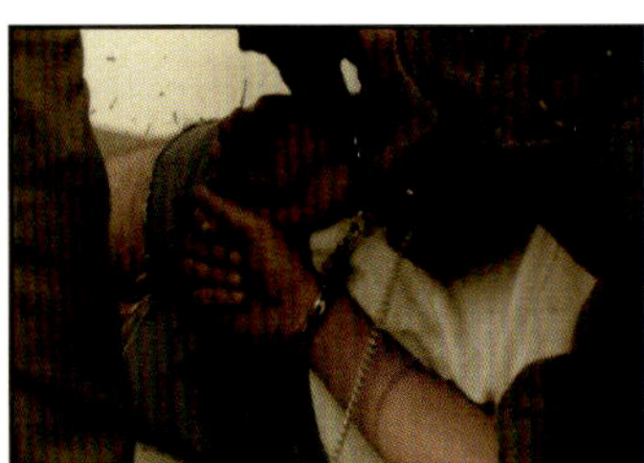

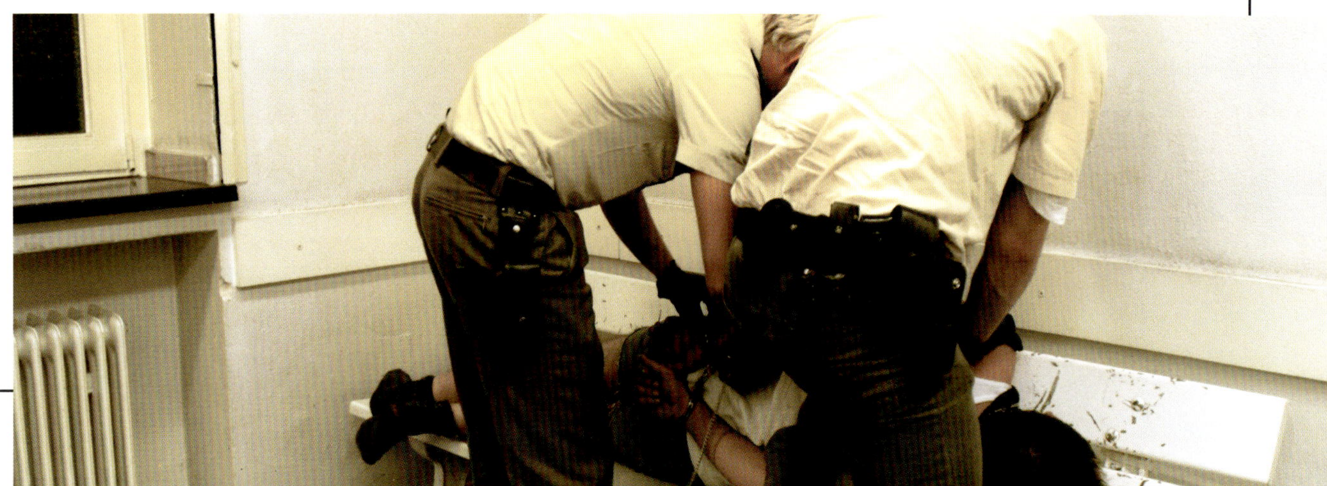

01 Ein Festgenommener randaliert auf der Wache.

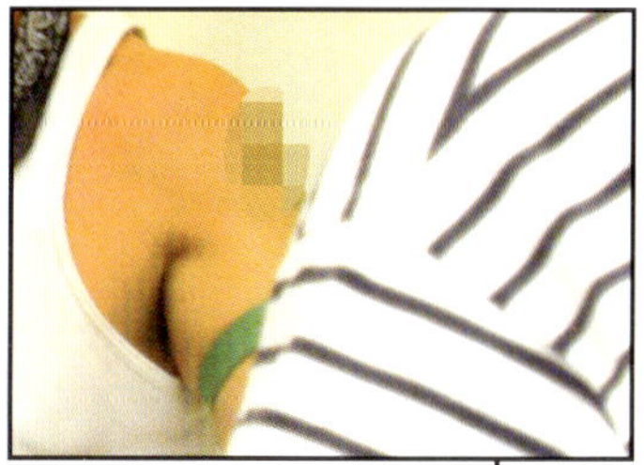

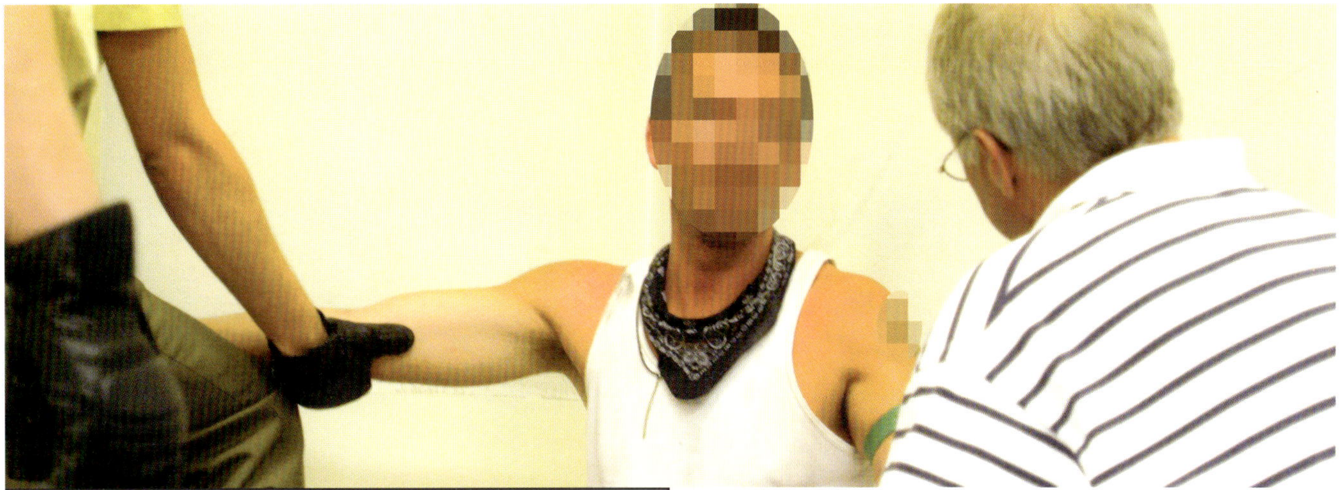

01 **Der Polizeiarzt nimmt eine Blutprobe.**

Lars trägt kurze Jeans, ein Unterhemd und Turnschuhe. Er ist wirklich kräftig und vor allem betrunken. Er selbst sieht das anders: „Wie ist der Pustewert – 2,5 Promille? Pah! Lächerlich. Das ist mein Standard.“ Er zappelt, die Handschellen schneiden ein. „Das tut weh. Mach' die Fesseln ab und wir sehen, was los ist. Deine Glatze, die würd' ich so wegkloppen!“ Schlechte Strategie. Totto lehnt ab. Er beginnt, die Strafanzeige zu schreiben.

Lars unternimmt nun einen Fluchtversuch. Die Beamten trauen ihren Augen nicht, niemand wird ihnen das hier glauben, und doch ist es wahr: Lars versucht, mit auf dem Rücken gefesselten Händen kopfüber durchs geschlossene Fenster zu hechten.

Die Scheibe hält, die Stirn hält auch einigermaßen, Lars wälzt sich auf dem Boden. Das Schauspiel hat Beamte aus den Schreibräumen angelockt, sie hören Lars im Selbstgespräch: „Boh, das sind zu viele hier. Ich kann höchstens fünf Bullen auf einmal platt machen.“

Der Arzt erscheint. Zur Blutabnahme will Totto die Handschellen nicht öffnen. Lars: „Habt ihr Angst?!“ Totto: „Ja. Vor dir.“ Lars wälzt sich zufrieden, dann: „Macht die Fesseln lockerer!“ Totto: „Da passt schon jetzt'n Lkw durch.“

Lars beklagt sich beim Arzt: „Die haben mich angegriffen. Ich hab' überall Macken. Die sind ja total abgedreht.“ Der Arzt untersucht ihn flüchtig, protokolliert Schrammen, Aggressivität und alkoholbedingte Ausfallerscheinungen.

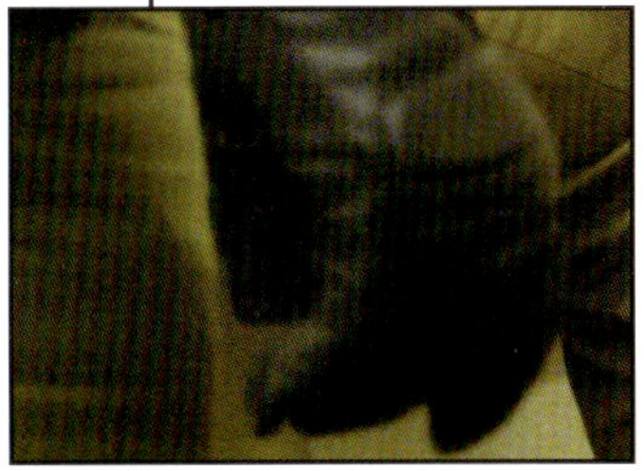

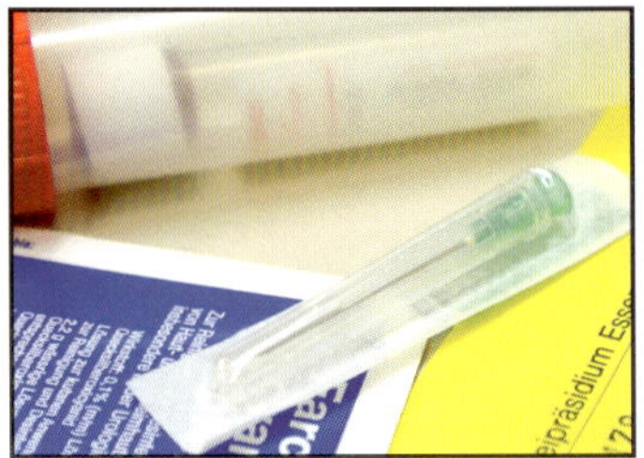

Lars: „Scheiße, tut mir mein Schädel weh.“

Totto: *(amüsiert)* „Kein Wunder, wenn man mit dem Kopf durch die Wand will.“

Lars: „Du Asi! Was werft ihr mir eigentlich vor?“

Totto: „Vorbereitung einer Straftat, Beleidigung, Widerstand gegen die Staatsgewalt ...“

Lars: „Das war Widerstand gegen die Arschgewalt! – So viel kann ich doch gar nicht gesagt haben, wie du da schreibst.“

Totto: „Ich tipp’ nur so langsam.“

Lars: „Schreib’ was du willst, das stimmt sowieso nicht. Dass ich mich gegen die Polizei gewehrt habe, stimmt nicht. Deine Glatze, die wird richtig glänzen! – Du tippst mit einem Finger, ne?“

Totto: *(blickt nicht auf)* „Zwei-Finger-Suchsystem.“

Lars: „Hihihi. Du bist bestimmt auch so’n 1970er Baujahr. Wir haben die gleichen dämlichen Witze drauf.“

Totto: *(tippt)*

Lars: „Letztes Jahr hatte ich 3,7 Promille. Das war auch Widerstand gegen die Staatsgewalt. Vier Bullen haben mich festgenommen.“

Totto: „Und davon haste sicher zwei ins Krankenhaus gebracht ...“

Lars: „Ich wette, ihr habt noch nie so’nen friedlichen Typen hier gehabt wie mich. Aber ihr kommt ja gleich mit vier Leuten, ihr und die Polizistinnen. Eigentlich find’ ich Polizistinnen ja gut. Dass Frauen so’n Job machen.“

Totto: „Frag mal eine, vielleicht kriegst du 'ne Telefonnummer.“

Lars: „Ich versteh’ nicht, warum hier nicht Leute vor der Tür sind, die mich rausholen. Boh, ich ruf alle an. Und ich kann einige anrufen! Und die können einigen Ärger machen!“

Totto: *(tippt)*

Lars: „Ich seh dich nicht, weil ich keine Brille aufhab.“

Totto: „Ist auch kein schöner Anblick.“

Lars: „Aber dass du 'ne Glatze bist, seh ich von hier, und ich kriege dich.“

Totto: „Das leg ich jetzt als ‚Nazi’ aus.“

Lars: „Klar bist du ein Nazi. – Auf Polizeigewahrsam hab ich keinen Bock. Ich bin jetzt total friedlich und geh meinen Weg. Aber ich komme wieder. Wenn ich hier mit’m Lkw vorfahr, ist das Gebäude weg.“

Totto: *(tippt)*

Lars: „Ihr kriegt Ärger, weil ich mit dem Kopf durch die Wand sollte.“

Totto: „Wollte.“

Lars: „Ja, aber ihr hättet das verhindern müssen.“

Daniel: „Wenn du nicht mit dem Baseballschläger hättest auf einen losgehen wollen, wärst du nicht hier.“

Lars: „Der hat mich verarscht.“

Daniel: „Deswegen wolltest du ihn umlegen?“

Lars: „Was heißt umlegen? Mal kurz wegkloppen. Aber dat is auch eure Schuld. Ihr müsst mal richtig aufräumen da am Bahnhof.“

Totto ist fertig mit Tippen.

Totto zu Daniel: „Blondes Stück Scheiße, fahren wir?“

Lars: *(stutzt)* „So redest du mit deinem Kollegen?“

Die drei fahren ins Polizeigewahrsam. Auf der Fahrt buchstabiert Daniel geduldig 15mal seinen Nachnamen, denn Lars will Dienstaufsichtsbeschwerde einreichen.

Die extremste Form von Gewalt müssen nur die wenigsten Beamten im Wach- und Wechseldienst jemals einsetzen. Für fast die gesamte Dienstgruppe Dora gilt, was Achmed sagt: „Ich musste bisher keinen Schuss im Dienst abgeben, noch nicht mal einen Warnschuss. Ein Glück."

Totto fällt zu dem Thema ein: „Eine aus meinem Ausbildungsjahrgang hat gesagt: ‚Ich könnte nie auf Menschen schießen.' Ich würde mich weigern, mit so einer Streife zu fahren. Wenn ich in der Klemme bin, muss ich mich darauf verlassen können, dass die Kollegin mich rausholt – notfalls mit der Waffe."

Totto selbst hat ein „angeborenes Interesse" an Waffen: „Ich bin neben einem Truppenübungsplatz aufgewachsen." Ihm reichen auf Streife die üblichen 16 Patronen nicht, „Ich hätte gern mehr. Ich bin hier auch so ziemlich der Einzige, der die Maschinenpistole mitnehmen würde; im Gegensatz zu unserer sonstigen Ausrüstung wurde da nämlich auf Qualität Wert gelegt."

01 Unspektakulärer, aber schöner Einsatz: ...

02 Ein entlaufender Hund wird gesucht, gefunden ...

03 ... und zum Herrchen zurück gebracht.

Daniel hat die Pistole in zwei Dienstjahren viermal gezogen, bei Totto sitzt sie lockerer. Alarm in einem Gewerbegebiet, Anwohner haben Scheibenklirren gehört, Streifenwagen 1132 steht günstig und ist eine Minute später vor Ort. Der Anrufer steht im Unterhemd am Fenster: „Richtung Kleingartenanlage ist einer gelaufen!" Daniel und Totto rennen den Hof entlang, überwinden ein Metalltor samt Stacheldrahtkrone, erreichen die Hecke zur Gartenanlage. Daniel springt nach einem kurzen Blick darüber und beginnt im Dunklen die Lauben abzusuchen; Totto steht an der Hecke, die Pistole im Anschlag, die Anschlagshand auf den Unterarm der anderen Hand gestützt, und streicht die Gärten ab. Beim Durchkämmen der Gärten kreuzt er die vorgestreckten Arme mit Waffe und Stabtaschenlampe so, dass das Schussfeld gut ausgeleuchtet wird. Niemand ist zu sehen; Totto steckt die Waffe weg.

Keiner auf Dora hat sich mehr Gedanken übers Töten gemacht als Totto. „Man muss das realistisch sehen. Wenn du in eine Mündung schaust, überlegst du nicht, ob du dem Anderen ins Bein schießt. Dann möchte ich, dass einer von den Guten überlebt, also ich oder mein Kollege. Wenn wirklich die Situation eintritt, dass ich einen erschießen muss ... ich kann noch so genau wissen, dass es Notwehr war, dass es rechtlich einwandfrei war, dass ich keine andere Wahl hatte, aber ob ich's wirklich tun könnte, ob ich danach damit leben könnte, das weiß ich nicht. Es gibt eine ganze Reihe Kollegen, auch sehr erfahrene, die nach einem Todesschuss den Dienst quittiert haben."

01 Routine-Schießtraining.

02 Wann benutze ich die Waffe? Wann nicht?

03 Fortbildung im „Schießkino".

So ein Schuss wird von den Beamten erwartet im äußersten Notfall. Nicht nur von Spezialisten, auch von den Beamten im Wach- und Wechseldienst: Der Erfurter Teenager, der 2002 in einem Gymnasium 16 Menschen und dann sich selbst erschossen hat, bewirkte in NRW eine radikale Änderung der Einsatztaktik.

Bei solchen Massakern sperrten bislang die zuerst eintreffenden Beamten den Tatort ab und warteten auf das SEK. Das ist jetzt anders: „Das Konzept des Landes geht davon aus, dass in Amoklagen ein unverzügliches Handeln auch aus dem Streifendienst heraus erforderlich ist und nicht abgewartet werden kann, bis Kräfte der Spezialeinheiten eingetroffen sind", sagt Dieter Wehe, Inspekteur der nordrhein-westfälischen Polizei: „Ich bin überzeugt, dass wir nicht abwarten können, während ein Amoktäter Wehrlose gezielt oder wahllos erschießt. Die Bevölkerung erwartet zu Recht, dass ihre Polizei, die entsprechend trainiert und ausgestattet ist, nicht tatenlos zusieht."

Entsprechend trainiert werden auch die Beamten von Dora. In der Fortbildungsstelle lernen sie, was überhaupt eine Amoklage ist: eine „akute Bedrohungssituation", in der ein (ganz selten mehrere) bewaffneter Täter „ziellos oder systematisch eine oder mehrere Personen verletzt oder getötet bzw. dies versucht hat" und damit fortzufahren gedenkt.

„Der Einsatz wird oft unter einem anderen Stichwort ablaufen als Amok", sagt der Ausbilder: „Da heißt es vielleicht: häusliche Gewalt. Jetzt fallen aber plötzlich Schüsse." Im Zweifelsfall sollen die Beamten von einer Amoklage ausgehen.

Der Übungsleiter verlangt von Monika, Conni und den anderen Seminarteilnehmern, „vom klassischen polizeilichen Denken wegzugehen“: „Der Täter hat nicht die Absicht, unerkannt zu bleiben. Er verlangt kein Fluchtauto oder Geld. Er will der Welt zeigen, wie übel ihm mitgespielt wurde, und sein Leben durch Tötung einer Vielzahl von Menschen in einem Fanal beenden. Für uns haben diese Taten scheinbar keinen Sinn und Verstand, für den Täter schon.“

Das Einsatzziel ist zweitens, Verletzte rasch zu evakuieren und erstens, „die Tötungs- und Verletzungshandlungen des Täters zu unterbinden“. Der Übungsleiter schaut in die Runde: „In letzter Konsequenz müsst ihr mit einem tödlichen Schuss den Täter aufs Pflaster legen, damit der den Finger nicht mehr krumm machen kann.“

Der Familienvater Conni und die Berufsanfängerin Monika werden nun auf die letzte Konsequenz vorbereitet. Sie und die anderen Seminarteilnehmer legen dicke Schutzwesten an, setzen Helme auf, erhalten Waffen – nicht Schreckschusspistolen, sondern normale Dienstwaffen, geladen mit FX-Munition, Farbkugeln. Die Übung, die jetzt beginnt, setzt so unter Stress, dass ein junger Beamter blass wird und umkippt.

01 Keine Routine. Die Dienstgruppe bei der ...

02 ... Amoklagen-Fortbildung.

03 Die Dramaturgie der Übung lässt schnell ...

Monika und ihr Streifenpartner werden in ein Wohnheim geschickt. Zahllose Türen, ein verwinkeltes Treppenhaus: Irgendwo in dem unübersichtlichen Gebäude hat sich der Täter versteckt. Die Beamten müssen ihn finden, isolieren und ausschalten. Rücken an Rücken arbeiten sich Monika und der Kollege durch die Räume, in alle Richtungen sichernd. Von Zeit zu Zeit fallen Schüsse, man kann nicht einordnen, aus welcher Richtung sie kommen.

„Ihr verdammten Schweine!" Schüsse, dann Hilferufe. Wer ruft? Der Kollege gibt über Funk durch: „Vermutlich ein Verletzter in der zweiten Etage, noch nicht gesichert." Minuten hinter dem „Zugriffsteam" folgt ein „Evakuierungsteam", das Opfer und Verletzte in Sicherheit bringen soll. Von oben Gebrüll: „Ich bring' euch alle um!"

Das Zugriffsteam stößt auf einen Mann. Er liegt am Boden: „Helfen Sie mir! Lassen sie mich nicht alleine hier, bitte!" Ist das der Täter oder ein Opfer? Monika schreit: „Hände hoch, die Polizei!" Der Mann greift nach Monikas Hosenbein: „Hilfe ... helft mir ... ich brauch' einen Arzt." Das Zugriffsteam befindet auf „Opfer". Monika versucht vergeblich, in Geschrei und Getrampel im hallenden Treppenhaus das Evakuierungsteam zu informieren: „1134, könnt ihr mich aufnehmen?" Der Mann am Boden jammert: „Ich kann nicht mehr ..." Das Zugriffsteam nimmt den nächsten Treppenabsatz. Monika dreht sich kurz nach vorn, um den Kollegen anzusprechen. In diesem Moment steht der Täter hinter ihr!

„Ihr Schweine!", er reißt die Pistole hoch. Er ist schnell, Monika ist schneller. Aus der Drehung schießt sie fünfmal und trifft den Mann in die Brust. Der Amokläufer bricht stöhnend zusammen: „Oh Gott, oh Gott ..." Auch Monika ist fertig. Sie setzt sich auf die Treppe, für sie ist die Übung zu Ende. Das Evakuierungsteam unter Conni trifft ein und bewacht den Täter.

01 ... Stress aufkommen und der Kopf schaltet ...

02 ... auf eine Echtlage um.

03 Die Farbmunition macht deutlich, dass ...

Der Adrenalinpegel sinkt, die Übungen werden nachbereitet. Der Trainer sagt zu Monika: „Wir wollten darstellen, wie wichtig es ist, eine rückwärtige Sicherung zu haben. Du hast auch direkt agiert, als du den gesehen hast – schwupps! Hättet ihr in eine Richtung gearbeitet, wärt ihr beide schon tot gewesen."

01 **... man verwundbar ist, und erhöht den ...**

02 **... Übungsdruck. Der Täter ist am Ende ...**

03 **... überwältigt. Die Uniform durchgeschwitzt.**

Wie kein anderes Seminar beschäftigt die Amokübung die Beamten von Dora, sie sorgt monatelang für Gesprächsstoff. „Wenn ich zu einer Amoklage gerufen würde", sagt Totto, „würde ich da nur mit der Pistole sehr ungern reingehen. Ich würde lieber warten, bis Verstärkung kommt und mir 'ne MPi bringt. Aber das ist gegen die Vorschriften."

Daniel: „Beim Amoktraining habe ich gesehen, wie schnell die 16 Schuss weg sind. Die reichen nicht aus, um den Täter mit Sperrfeuer niederzuhalten, während man einen Verletzten bergen muss. Ich habe beim ersten Sichtkontakt zum Täter schon fast das erste Magazin verballert." Totto sagt nicht ohne Stolz: „Ich habe in dem Training nur zweimal abgedrückt – zwei Treffer aufs Herz." Pause. „Und gleichzeitig hat er mir vor den Kopf geschossen."

Im Einsatzalltag geraten Streifenpolizisten kaum je unter Beschuss. Hepatitis und Aids sind für Totto wesentlich realere Gefahren: „Ich bin der beste Kunde meiner Apotheke. Nach jeder Schicht desinfiziere ich meine Hände und die Ausrüstungsteile, die mit Kranken in Kontakt gekommen sein könnten. Das ist wohl ein Tick von mir. Aber ich habe weniger Probleme damit, wenn es heißt, da wurde geschossen, als wenn ich mich mit 'nem Junkie rollen muss, und der hat irgendwo Nadeln oder blutet."

Belastend sind auch schwere Verkehrsunfälle. Vor einigen Wochen musste Totto nachts zu einer Unfallstelle: „Wir guckten ins Auto, das war total eklig. Der Beifahrer saß tot auf dem Schaltknüppel, den Kopf auf der Brust vom Fahrer. Aus der Schulter guckte zehn Zentimeter der Oberarmknochen raus. Das Gesicht vom Beifahrer war matschig-blutig. Der Fahrer hatte die Augen offen, war aber nicht mehr ansprechbar. Ich habe an der Halsschlagader gefühlt, der hatte noch Puls. Die Rettungswagenbesatzung hat mit der Brechstange die Tür aufgemacht, den sofort rausgewuppt, wieder belebt, und dann ist er gestorben."

Totto hat das übliche Programm abgespult: die Unfallstelle abgesichert, die Namen der Zeugen aufgeschrieben, die Informationen an die zuständigen Ermittler weitergegeben. „Aber ich habe eine Woche danach noch bei jedem Knall daran gedacht, wie der Fahrer mich angeguckt hat."

01 Verkehrsunfall mit Personenschaden.

Fragt man die Altgedienten, was sie an ihrem Job am schwersten finden, dann sprechen sie nicht von Wechselschicht oder von Gefahr. Dann sprechen sie davon, wie es ist, Todesnachrichten zu überbringen. Heppi: „Schlimm ist, wenn du den Eltern mitteilen musst, dass der 18-jährige Sohn tödlich verunglückt ist." Conni: „Vor allem, wenn's das einzige Kind der Familie war – das ist unvergesslich. Da kann es dann sein, dass ich davon was zu Hause erzähle. Nicht darüber, wie es mir damit gegangen ist, ob mich das bedrückt hat oder so, ich erzähle einfach den Ablauf. Wahrscheinlich ist das auch so 'ne Art Verarbeitung."

Eher konditionell muss Daniel die letzte Spätschicht verarbeiten – 800-Meter-Lauf bei dreißig Grad in Uniform und schusssicherer Weste, und das kam so:

Der Besitzer eines heruntergekommenen Appartementhauses hatte Geräusche aus einer vermeintlich leer stehenden Wohnung gehört. Als er in Begleitung von Polizeibeamten die Wohnungstür öffnet, da flüchten fünf junge Männer barfuß durchs Fenster aufs Vordach, springen ein Stockwerk tief, stürzen über Scherben und Sperrmüll vom Hof. Daniel und seinen Kollegen gelingt es, vier der fünf Flüchtigen zu stellen. Bekleidet nur mit kurzen Hosen, werden sie gefesselt zur Wache gebracht. Zweien bluten die Füße.

Man kann sich nicht recht verständigen, und das liegt nicht nur daran, dass den schweißgebadeten Beamten die Zungen heraushängen. Die vier Jungs sind zwischen 14 und 23 Jahre alt, das geht aus ihren rumänischen Dokumenten hervor. Auf die Frage, ob sie Deutsch sprechen, schütteln sie die Köpfe und schweigen. Als aber Rello dem Ältesten in die Augen sieht und ihn fragt: „Was haben Sie denn mit Ihrem Knie gemacht?", da schaut der Rumäne an sich herab auf die Schürfwunde.

Es ist offensichtlich, dass die vier etwas zu verbergen haben. Zum Beispiel den Zustand der Wohnung: Zwischen nackten Matratzen, Pornoheften und Schnapsflaschen stellt die Spurensicherung der Kripo ein Fernglas, eine Flex mit Generator und einen Bolzenschneider sicher. Einer der Rumänen trägt unter der Kleidung eine orthopädische Binde; da er keinen Bruch hat, gehen die Beamten davon aus, dass er die eng anliegende Binde als „Klauschürze" nutzt, um bei Ladendiebstählen Ware darin verschwinden zu lassen.

Jedoch: Es wird keinerlei Diebesgut gefunden. Daniel lernt an diesem Tag, dass der Polizeiberuf sehr, sehr frustrierend sein kann. Die Rumänen sind legal in Deutschland. Gegen keinen von ihnen liegt etwas vor. Der Besitz von Werkzeug und Bauchbinden ist zulässig. Die Kollegen von der Kripo wissen nichts von organisierten Diebstählen oder Wohnungseinbrüchen in letzter Zeit. Fluchtversuche sind nicht strafbar. Offenbar scheidet auch Hausfriedensbruch aus, denn die Rumänen sind möglicherweise Untermieter des früheren Mieters der Wohnung.

01 Alarmfahrt zur Schießerei.

Es gibt keine Handhabe, die vier Jungs weiter festzuhalten. Sie können ihr Glück nicht fassen, als ihnen drei Stunden nach ihrer Festnahme die Handfesseln abgenommen werden. Ein älterer Beamter verabschiedet sie mit den Worten: „Sie wissen, dass Sie in Deutschland keine Straftaten begehen dürfen. Sonst kommen sie sofort ins Gefängnis. Alle!"

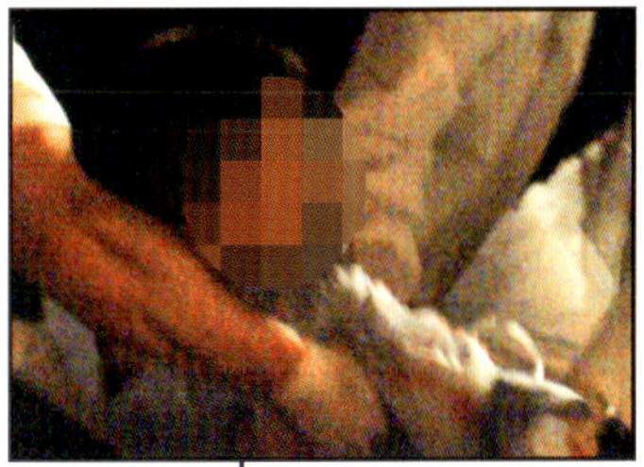

Danie sagt: „Das sah am Anfang so gut aus. Jetzt fühle ich mich auf den Arm genommen. Ich schmoll' erst mal 'ne Woche." Rello fletscht die Zähne. Er sagt nur: „Der Gipfel der Scharade wäre, wenn wir denen jetzt noch die Flex aushändigen müssten." Doch die Rumänen sind schon weg.

Es gibt Fälle, die gehen den Beamten näher als den Betroffenen. So wie dieser, der mit einer langweiligen Nachtschicht anfängt. Nichts los auf der Straße und im Fernsehen; im Funkraum schaltet sich der Bildschirmschoner ein. Steffi und ihre Kollegin kreuzen in 1134 durch die Nacht.

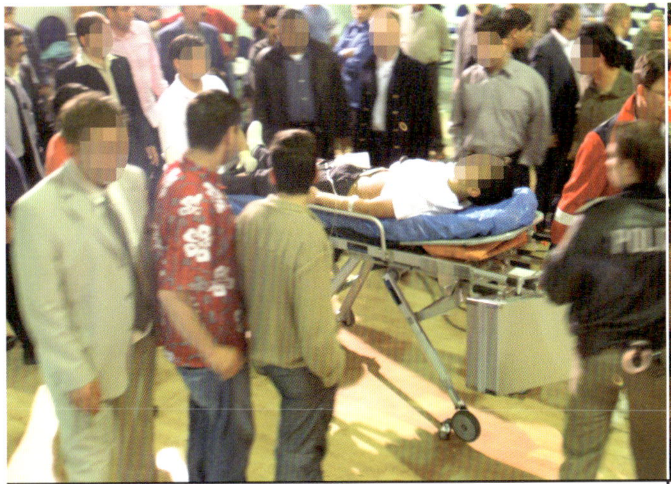

01 **Großeinsatz, Verletzte, Hektik.**

02 **200 Hochzeitsgäste, dazwischen Blutlachen.**

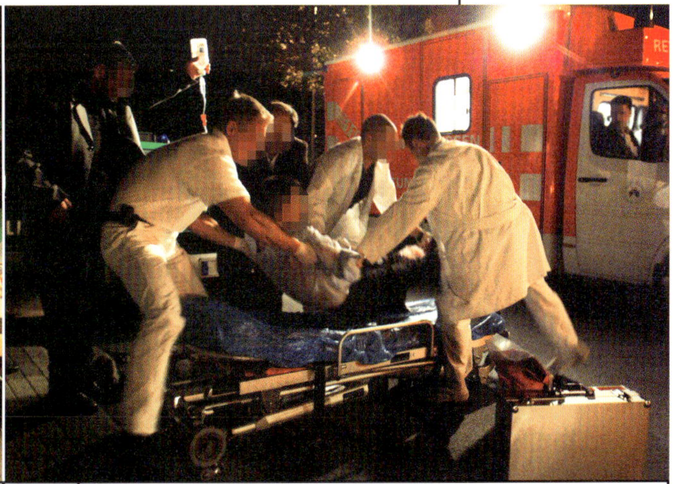

03 **Erste Hilfe leisten, Ruhe in die Situation bringen.**

Um 1:17 Uhr kommt über Funk: „Schüsse in der Daniel-Eckhardt-Straße, wir brauchen dringend Unterstützung." Ein Eisbecher fliegt aus dem Streifenwagen; Blaulicht und Vollgas. Im Minutentakt kommen neue Meldungen: „Drei Personen mit Schussverletzungen, eine in Lebensgefahr." Auf einer libanesischen Hochzeit hat einer der 200 Gäste unvermittelt eine Pistole gezogen und um sich geschossen, seine Verwandten haben drei weitere Besucher durch Stiche verletzt. Als 1134 um 1:20 Uhr zum Stehen kommt, herrscht vor dem Festsaal Chaos. Hunderte Hochzeitsgäste und Neugierige stehen herum, ein Mann mit Bauchschuss liegt auf dem Asphalt, der Notarzt legt ihm eine Infusion. 70 Polizeibeamte aus fünf Städten treffen nach und nach ein. Conni und andere WDF und DGL versuchen Ordnung zu schaffen, teilen die Beamten in Teams ein: Kräftesammelstelle, Absperrung, Pressestelle, Durchsuchungstrupp.

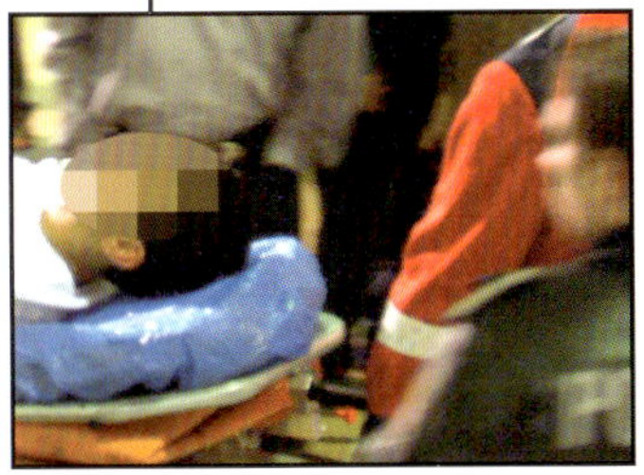

Daniel läuft durch die Menge, die Hand an der Waffe: „Hier rennt immer noch einer mit der Pistole rum, die ist noch nicht gefunden." Er sperrt den Tatort am Hallenausgang ab, wickelt Flatterband um geparkte Autos, um Blutspritzer, einen Schuh und Patronenhülsen.

Conni kommt zu Daniel und Steffi: „Wir gehen jetzt da rein." In der Tür flüstert Steffi: „Hätte ich mal meine schusssichere Weste untergezogen." Sie sieht noch schmaler aus als sonst.

01 Ermittlungen, Durchsuchung nach Tatwaffen.

Im Festsaal ist die Stimmung wider Erwarten gelassen. Auf dem Laminat liegt Verbandsmaterial in riesigen Blutlachen; drei Meter entfernt langweilen sich festlich herausgeputzte Vierjährige auf ihren Stühlen. Die einzige Sorge der Eltern: „Wann können wir nach Hause fahren?" Conni: „Das hier ist ein Tatort. Solange der nicht freigegeben ist, gehören Sie uns." Ein anderer WDF brüllt einen Teenager an: „Ich muss gar nichts! Erzähl du mir noch mal, was ich zu tun habe! Wenn jetzt nicht Ruhe ist, nehme ich dich mit."

Die Beamten beginnen, alle 200 Hochzeitsgäste zu durchsuchen, zu befragen und Personalien aufzunehmen. Die Band baut ab. Der DJ spricht seelenruhig Steffi an: „Ich habe das Tatmesser gefunden und in meine Tasche gesteckt. Nicht dass Sie meinen, das wäre meins."

Conni stellt das Hochzeitsvideo sicher. Ein Spürhund durchschnüffelt die Halle. Ein 35-jähriger Tatverdächtiger wird abgeführt. Die Musiker schwärmen: „Das war eine schöne Hochzeit ..." Leider sei vor der Bühne plötzlich eine Schlägerei losgegangen, „dann sind welche raus, und wir hörten Schießerei".

Die Beamten haben ihre liebe Not bei der Personenüberprüfung: „Nein, Sie können noch nicht gehen! Hier sind drei Leute niedergeschossen worden. Das ist kein Spaß!" Daniel ärgert sich: „Wie kann man so doof sein? Draußen wurden welche abgeknallt. Auf der Tanzfläche abgestochen! Auf 'ner Hochzeit, wo man eigentlich feiern sollte! Wir suchen den Täter, sperren alles ab, jeder kriegt das erklärt: Wir brauchen den Ausweis, haben Sie was gesehen, wir müssen Zeugen finden. Und dann kommen immer so dumme Antworten: Du gehst mir auf den Sack, du kannst mir nix erzählen, ich geh' jetzt hier weg. Ich hab' nix gesehen. Ausweis hab' ich nicht. Mein Auto durchsuchst du auch nicht."

Achmed ist heute Nacht als Zivilstreife unterwegs mit seinem „Auszubildenden", dem Kommissaranwärter Tim. Sie finden um 3 Uhr im Gebüsch vor der Halle die zweite Tatwaffe. Das Magazin fehlt. Achmed meldet den Fund dem mittlerweile eingetroffenen Leiter der Kriminalwache. Der schaut an Achmeds Karohemd herunter und fragt: „Wer sind Sie denn?" „1181." Der Einsatzleiter hat den dunklen Kommissar für einen Hochzeitsgast gehalten.

H&M
CRAZY
bei H&M
POLIZEI
POLIZEI

Jeder Routineeinsatz kann überraschende Wendungen nehmen. In der nächsten Spätschicht kehren Totto und Monika gerade zurück vom Studentenwohnheim – eine 26-jährige hat ihnen Vergewaltigungsfantasien vorgespielt, die ihr jemand anonym auf den Anrufbeantworter gesprochen hat. Da wird ein neuer Einsatz ausgelöst, eine Nahbereichsfahndung im Gewerbegebiet: „Der Besitzer einer Werbemittelfirma hat zwei Personen auf seinem Hof entdeckt, die da nicht hingehören, zumal am Wochenende." Da der heutige Tag ruhig ist, kann Dora vier Fahrzeuge einsetzen.

Totto und Monika entdecken zwei junge Männer, auf die die Beschreibung passt. Die beiden sind nervös, verwickeln sich in Widersprüche, sie müssen mit zur Wache. Verdächtige müssen im Streifenwagen hinter dem Beifahrersitz einsteigen, ein Beamter setzt sich neben sie; so soll verhindert werden, dass sie nach dem Fahrer greifen. Monika hat schon schlechte Erfahrungen gemacht bei einem Transport: Herr Braun, der Obdachlose, hat ihr auf der Rückbank ins Gesicht gespuckt. Monika hat reflexartig seinen Kopf zwischen seine Knie gedrückt und ihn für den Rest der Fahrt so unter Kontrolle gehalten.

01 **Nach einer Schlägerei am Hbf: ...**

02 **Ein Rechtsradikaler Schläger wird für die Nacht ...**

03 **... ins Polizeigewahrsam gebracht.**

03 Seltenes Bild: Zeit für ein gemeinsames Essen.

Herr Jung, der jetzt im Wagen sitzt, ist dagegen mustergültig. Er behält beide Hände gut sichtbar auf der Mittelkonsole, und weil die Beamten auf der Wache so nett sind, sprudelt er vor sich hin: „Mein Kumpel ist Bastler. Der macht so Acrylsachen als Deko für Discos, und das Plexiglas dazu wollte er aus dem Restecontainer dieser Firma holen. Er will halt kreativ bleiben.“ Totto: „Besonders die Materialbeschaffung war kreativ.“ Achmed klärt auf: „Müll zu schnorren ist ja okay. Aber da muss man die Firma fragen. Einsteigen ist Einbruchsdiebstahl.“

01 Nächtliche Kontrolle am Hauptbahnhof.

02 Personendaten werden per Funk kontrolliert.

Der kreative Kumpel hat seinen Ausweis nicht dabei. Der liege in seiner Wohnung. Kein Problem, Daniel kommt mit. In der Wohnung liegt noch so einiges andere. Totto und Monika werden es erst nach dem nächsten Einsatz sehen.

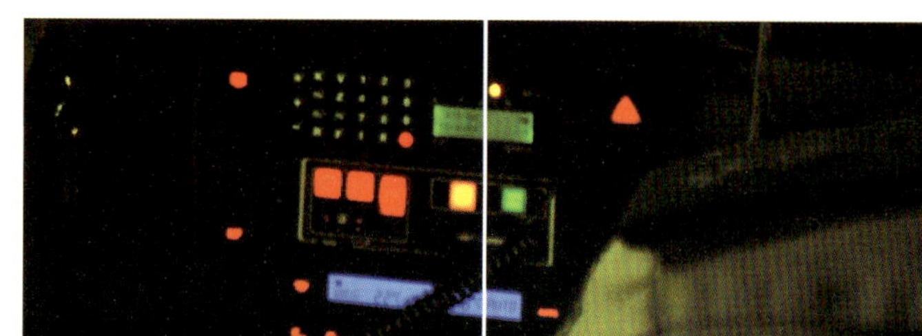

Ein Mann ist in einem Haus nahe der Wache von fünf Skinheads zusammengeschlagen worden, lautet die Meldung. Die Täter sind längst geflüchtet. Das Opfer liegt blutverschmiert im Rettungswagen, Schneidezähne fehlen, sein verschwollenes linkes Auge sieht aus wie ein Blaubeerpfannkuchen. Der Mann schickt die Beamten zu seinem Nachbarn, in dessen Wohnung habe sich alles abgespielt.

Eine Blutspur zieht sich durchs Treppenhaus. Die Beamten erkennen die Tür des Nachbarn, vor einigen Wochen haben sie sie bei einem Einsatz eingetreten. Diesmal öffnet der Mann. Er ist unverletzt, aber auch ihm fehlen Zähne. Im Halbdunkel erkennt man vergilbte Tapeten und Puzzles an den Wänden, im Wohnzimmer eine Schrankwand voller Nippes und Blutspritzer. Hier habe man zu siebt einträchtig bei Hansa-Pils gehockt, sagt der Mann. Plötzlich sei einer der Gäste aufgestanden, habe dem Nachbarn zweimal ins Gesicht getreten und zugeschlagen.

„Wer war das?" „Ich weiß die Namen von den Herren nicht." „Aber Sie haben doch zusammengesessen! In Ihrer Wohnung!" „Ich weiß die Namen nicht, weil ich mit denen nicht verkehre. Gemacht hat nur einer was. Die anderen saßen währenddessen friedlich auf dem Sofa." Auch der Verletzte will keine Angaben zu den Tätern machen. Er wird ins Krankenhaus gebracht. Totto schreibt eine Anzeige gegen Unbekannt. Aufgeklärt wird dieser Fall ziemlich sicher nie.

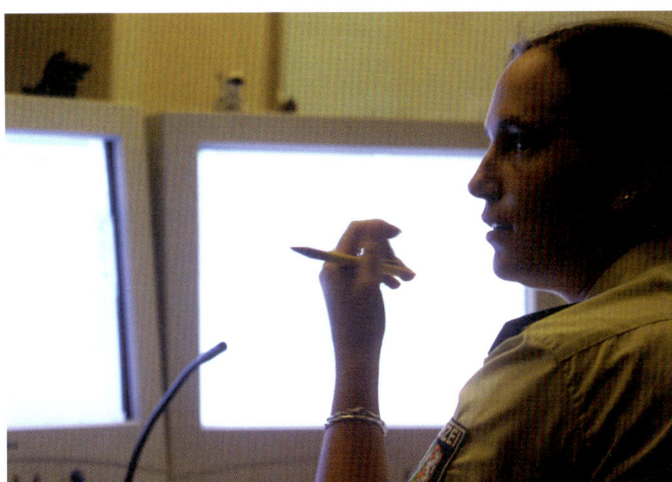

01 Am Funkplatz werden die Einsätze verteilt.

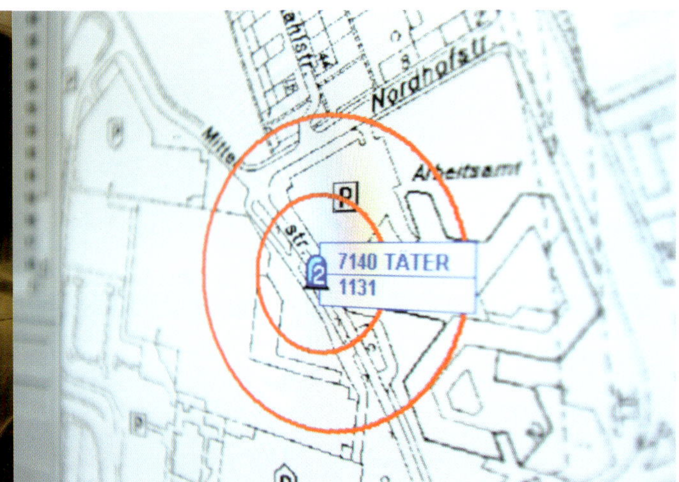

02 Alle Daten auf einen Blick.

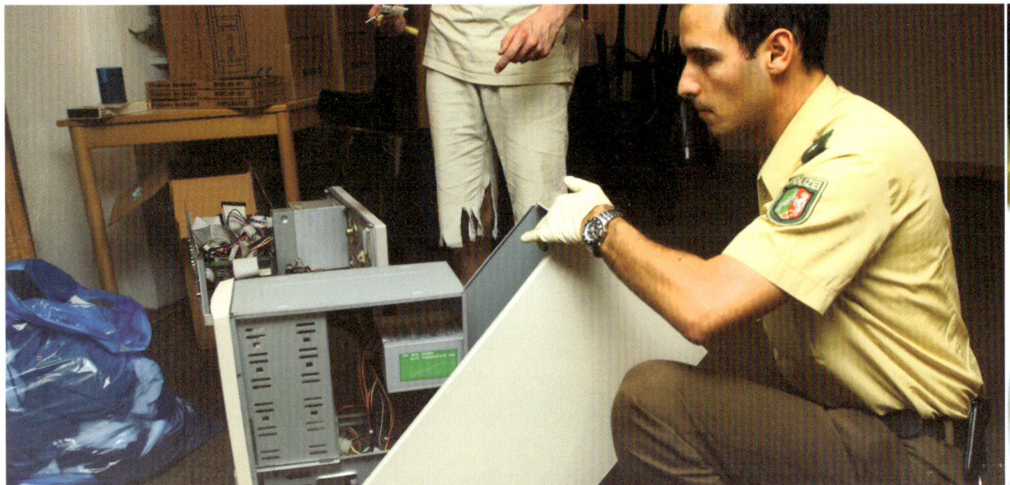

01 Diebesgut wird sichergestellt, ...

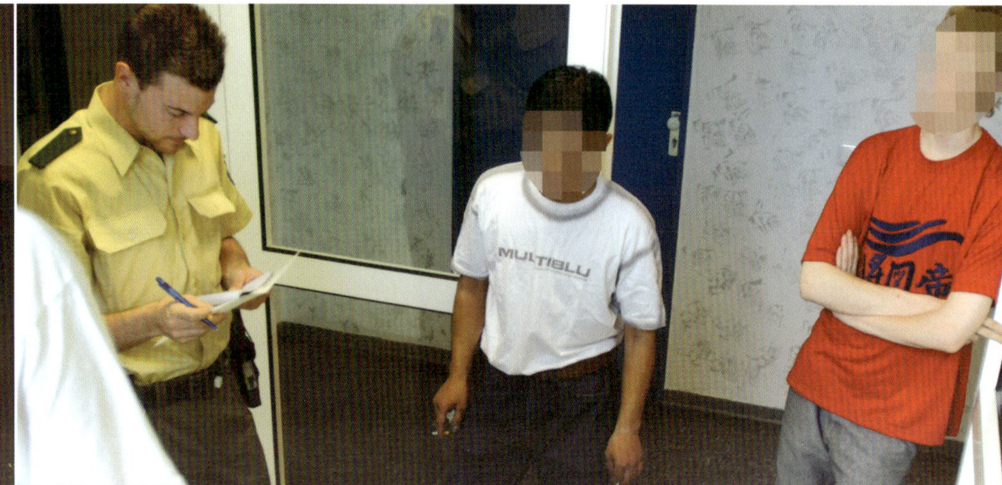

02 ... Zeugenaussagen werden aufgenommen.

Dafür gibt's einen anderen Erfolg fast geschenkt. Der Plexiglaskünstler hat in seiner Wohnung nicht nur seinen Ausweis aufbewahrt. Auf seinem Wohnzimmertisch hat Daniel eine Wasserpfeife gefunden, Präzisionswaagen, Pfeifenköpfe, drei Gramm Marihuana, fünf mit weißem Pulver gefüllte Bobbels, ein Etui mit einem Löffelchen, einem Alu-Röhrchen und einem Spiegel. Daniel sitzt inmitten dieser Accessoires am Schreibtisch, packt Päckchen aus und inventarisiert. Zu den Anzeigen wegen Hausfriedensbruchs und versuchten Einbruchsdiebstahls kommt nun noch eine wegen Erwerbs von Betäubungsmitteln. Weil sich auch eine als gestohlen gemeldete Stichsäge gefunden hat, kommt noch eine weitere Anzeige dazu. Daniels Augen leuchten: „Das sind so Zufallsfunde, damit rechnest du gar nicht."

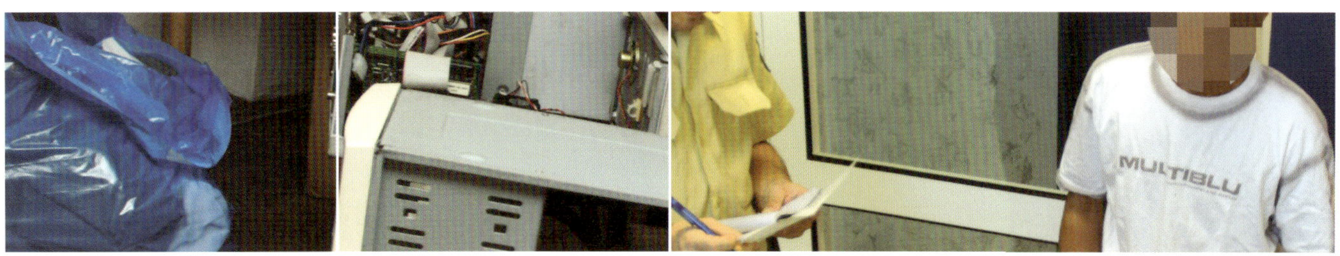

Achmed und Tim drehen eine Runde durch den Rotlichtbezirk. Ein Golf mit zwei jungen Männern ist dabei einzuparken. Als der Fahrer den Streifenwagen sieht, fährt er sofort Richtung Hauptstraße. Der Wagen ruckelt, der Fahrer hat offenbar Probleme, den Gang einzulegen.

Kelle raus, der Golf hält an. Der Fahrer zittert, als er Achmed seine Papiere überreicht. Haschischgeruch quillt aus dem Fenster.

Die beiden Männer müssen aussteigen. Achmed zieht zum Abtasten statt Leder Einweghandschuhe über: „Damit habe ich mehr Fingerspitzengefühl." Die Männer tragen keine Drogen bei sich. Tim durchsucht das Auto. In einer Zigarettenschachtel findet er ein paar Gramm Marihuana. Der Fahrer versichert, keine Drogen genommen zu haben. Der Beifahrer gibt zu: „Ich hab was geraucht."

Achmeds Jagdinstinkt läuft auf vollen Touren. Er schaut Tim an: „Wichtiger Grundsatz: Vom Erfolg nie von weiteren Maßnahmen abhalten lassen. Durchsuch mal den Kofferraum!" Tim öffnet die Klappe: „Ich ahne Schlimmes." Im Kofferraum stecken vier Beutel mit je 500 Gramm Marihuana.

01 Festnahme am Hauptbahnhof.

Verstärkung trifft ein. Der Golf wird sichergestellt. Achmed: „Ihr seid festgenommen." Die Männer, 22 und 20 Jahre alt, müssen mit zur Wache. Der Arzt kommt zur „Zapfung". Er leuchtet dem Fahrer in die Augen, prüft seinen Gang und die Motorik.

Die Festgenommenen werden einzeln in den Keller geführt. Vor den Zellen müssen sie sich ausziehen, ihre Kleidung wird gründlich durchsucht. Bis auf Schuhe und Gürtel erhalten sie alles zurück. Achmed schiebt die Riegel vor.

Die halbe Wache bestaunt die vier sofakissengroßen Drogenpacks. Die Handys der Festgenommenen klingeln ununterbrochen. „Da wartet schon jemand auf die Lieferung", grinsen die Polizisten.

Achmed befragt die Festgenommenen. Der Fahrer ist ein Azubi von 20 Jahren, er wohnt bei seinen Eltern. Jetzt sieht sich der Junge in einem neonbeleuchteten, voll gefliesten Raum drei Polizisten gegenüber.

Achmed: „Du musst nichts aussagen. Wenn du aussagst, bin ich persönlich ziemlich sicher, das dir das vor Gericht zugute gehalten wird. Der Richter sieht nachher, ob du kooperativ warst oder nicht."
Fahrer: „Das Zeug geht nicht auf meine Kappe."
Achmed: „Dein Kumpel hat gesagt, es sei nicht seins."
Fahrer: *(fassungslos)* „Das glaub' ich nicht!"
Achmed: „Hör' mal: Mir ist egal, ob du mir glaubst oder nicht und ob du singst. Ich krieg keinen Stern dafür, dass ich dich festgenommen habe."
Fahrer: *(erregt)* „Vor Gericht wird die Wahrheit rauskommen."
Achmed: „Ja. Aber das kann dauern."

01 Der Drogendealer wird auf die Wache gebracht ...

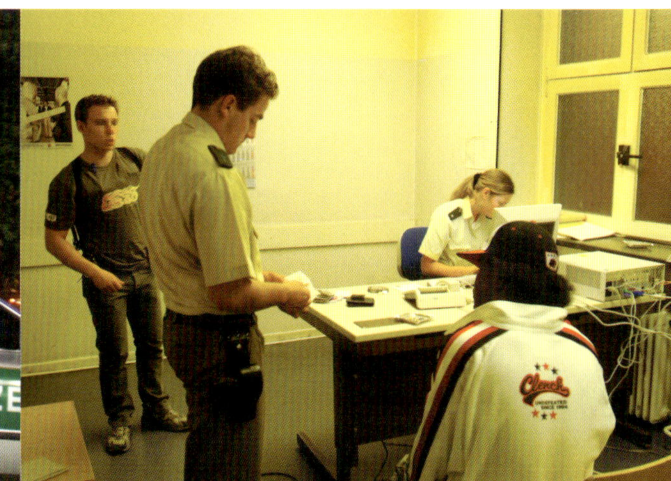

02 ... und dort vernommen.

Gegen beide ergeht U-Haftbefehl. Der gegen den Azubi wird außer Vollzug gesetzt. Der Beifahrer bleibt in Haft, nachdem die Kripo in seiner Wohnung 1.000 Euro in kleinen Scheinen und Fotos von Kifferparties gefunden hat.

Achmed und Tim schreiben bis abends: Festnahmeanzeige, Sicherstellungsprotokoll für die Drogen, Fahrzeugsicherstellungsprotokoll, Übergabeschein (Tatverdächtige an K-Wache übergeben), Bescheinigung über die Zuführung der Männer ins Polizeigewahrsam, Abschlussbericht.

Die Presse aber wird nichts schreiben. Wegen der laufenden Ermittlungen veröffentlicht das Präsidium nichts. Vom Polizeidirektor bekommt Achmed eine vierzeilige Belobigung.

01 **Frühschicht: Um 8 Uhr randalieren Betrunkene ...**

02 **... am Arbeitsamt. Drei Streifen sind im Einsatz.**

01 Routinearbeit: Aufgebrochene Autos, ...

02 ... Unfallschäden aufnehmen, ...

03 ... Unfallhergänge schildern und ...

04 ... Unfallorte detailliert skizzieren.

Es gibt noch mehr Post. Der Ehemann der verprügelten jungen Polin hat gegen Achmed Dienstaufsichtsbeschwerde eingereicht. Als er Anzeige gegen seine Frau erstatten wollte, hatte Achmed „30-mal versucht, ihm zu verklickern, dass wir zu dem einen Sachverhalt nur eine einzige Anzeige schreiben und seine Äußerung da reinkommt“ – vergebens. Die Kollegen haben – Strafverfolgungszwang – ein Ermittlungsverfahren eingeleitet wegen des Verdachts der Strafvereitelung im Amt. Achmed muss sich schriftlich äußern.

Die Besatzung von 1132 lässt sich nach dem 17. Einsatz auf die Stühle im Funkraum fallen. Der Funker schnauzt sie an: „Raus! Einsätze fahren!“ „Unser Wagen ist nass – vom Transport der Hilo.“ Funker: „Und wenn ihr in Scheiße schwimmt: rrraus!!“

22 Uhr, die Schicht ist vorbei. Der Tag noch nicht: Die Leitstelle meldet, dass Rot-Weiß Essen mal wieder den Aufstieg vergeigt habe und 150 als gewaltbereit registrierte Hooligans gleich übellaunig am Hauptbahnhof eintreffen werden. Am Bahnhof sind nur 30 BGS-Beamte. Dora wird als Verstärkung gebraucht.

Wer noch nicht auf dem Heimweg ist, setzt sich ins Auto. Für 22:17 Uhr wird der Zug erwartet. Der DGL der Nachtschicht weist die zusammengetrommelten Reserven ein. Zwei Mann bleiben als Fahrzeugwache zurück. Der Rest stellt sich ans Gleis. Noch drei Minuten. 20 Frauen und Männer in Mütze und Lederjacke stehen neben den behelmten BGS-Beamten im Kampfanzug, müde, abgekämpft. Die Bahn fährt ein, mit rotweißen Schals behängt, ein Kahlrasierter kotzt aus dem Fenster. Gesänge zur Melodie von „Von den blauen Bergen kommen wir“: „Ohne Helm und ohne Knüppel keine Chance“.

Der Zug hält. Die Türen gehen auf.

01 Nachtschicht, zwei Stunden vor Dienstschluss.

02 Frühstück vor dem Großmarkt um 4 Uhr morgens.

01 Feierabend für Dora. Die Kollegen der Früh-schicht rücken schon wieder aus.

„Kriminalpolizei, wir haben eine Frage an Sie.“

Die Arbeit der Kriminalpolizei. Von Pulloverfusseln bis zu DNA-Spuren.

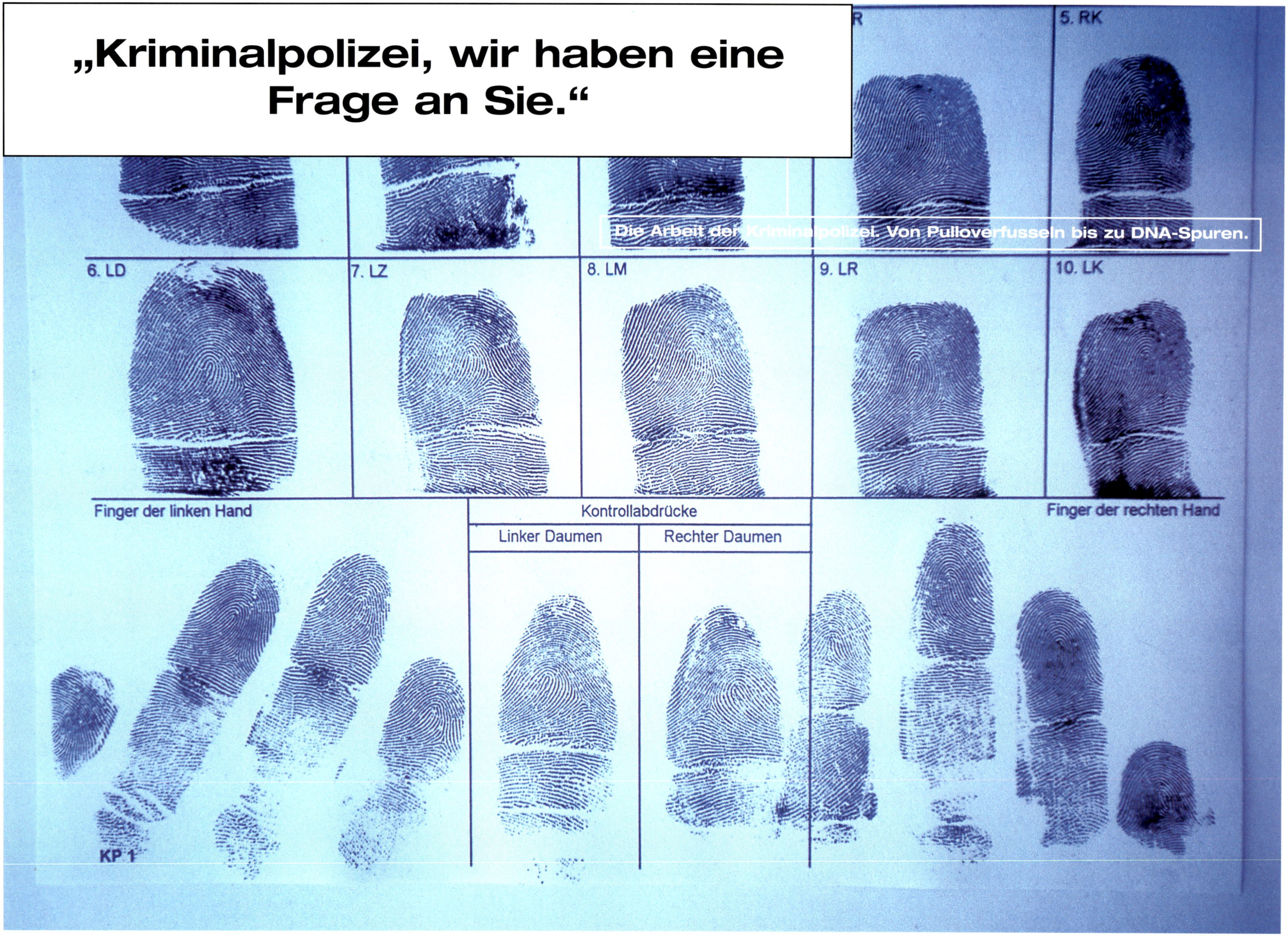

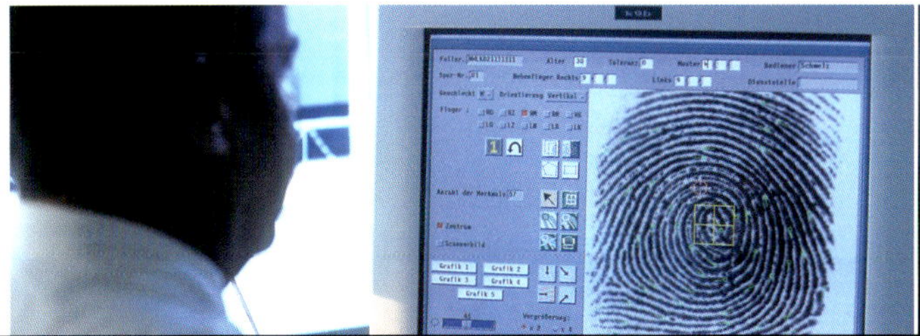

01 Fingerabdruck-Auswertung am AFIS.

02 Abgleich am Computer mit der Datenbank.

Die Kriminalisten

Annika Fischer

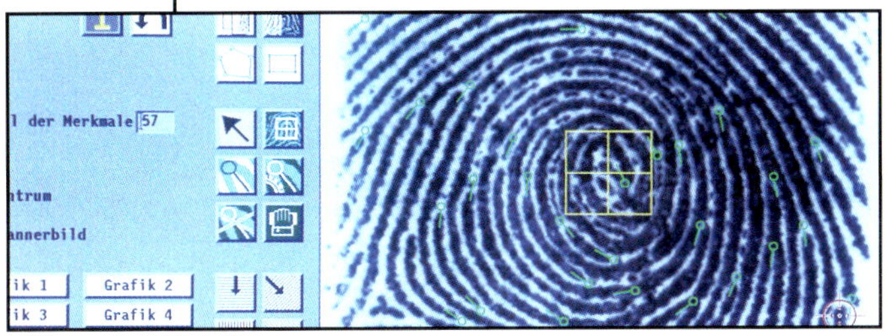

Kripo? Kennt jeder aus dem Fernseher: Einer fährt den Wagen vor, jeder Fall dauert rund 90 Minuten. Kombiniere: Die Wirklichkeit ist anders. Die Kriminalpolizei denkt, tüftelt, vernimmt, jagt zuweilen auch. Ermittlungsarbeit aber ist zugleich Wissenschaft und Sprengkraft – und leider nicht immer ein Erfolgserlebnis.

„Die von der Kripo denken wohl, dass alle Uniformträger Polizisten zweiter Klasse sind. Dabei: Wer ist denn der Erste am Tatort?" (Christoph, Schutzpolizei, Köln).

Da konnte der Junge noch so eisern schweigen, seine Hände redeten für ihn: Auf einer Schallplatte fanden die Ermittler fein geschwungene Linien aus Talg, Fett und Schweiß – den Abdruck eines Daumens. Seines Daumens. Es war die letzte Scheibe, die der Großvater hörte, sie drehte sich auf dem Teller, als der Enkel ihn erschlug. In dessen Zimmer entdeckte die Polizei schließlich den Rest der Plattensammlung. Mordmotiv: Habgier.

So geht das schon seit ewig und immer besser. Ein Übeltäter tut Übles, die Polizei findet am Tatort Spuren und erkennt – nicht immer, aber immer öfter – den Täter wieder. Am Fingerabdruck. An Fasern. An den Spuren seines Werkzeugs. Neuerdings am unveränderlichsten aller unveränderlichen Kennzeichen: dem Gen-Material. Die Gegenstücke finden sich in den Karteien nicht gefasster oder schon wieder entlaufener Krimineller. In den Registern stadtbekannter Schlingel. Man sollte meinen, die hätten davon inzwischen Wind bekommen. Ein Dieb, das weiß doch jedes Kind, trägt am besten Handschuhe. Tut er eben nicht: „Die meisten Täter", sagt Polizeioberkommissar Heinz Arning in Dortmund, „sind dämlich."

Und so erwischten die Kollegen schon 1913 den Mann mit der Mona Lisa – das Bild hatte er zwar geschickt aus dem Rahmen geschnitten, ihn aber mit bloßen Händen angefasst. So kriegten sie kürzlich einen Bankräuber, der durchs Fenster eingestiegen war: Der trug zwar Handschuhe, hatte aber den Handballen unter den Knöpfen frei. Und so entlarvten sie jahrzehntelang mehr böse Jungs als mit jeder anderen Methode der Kriminalistik. Erst im Jahr 2003 hat die DNA-Analyse die Daktyloskopie („Fingerschau") in der Erfolgsstatistik erstmals überholt.

01 Sichern eines Fingerabdrucks an einer ...

02 ... Flasche mit Rußpulver und Klebestreifen.

03 Hand- und Fingerabdruckkartei.

Gemeinsam haben sie eines: Mit dem bloßen Auge sieht man zunächst einmal – nichts. Erst feine Pülverchen und chemische Tricks machen etwa Fingerabdrücke sichtbar – Wirbel, Bögen, Schleifen, darin Gabelungen, Inseln, gar Augen. Feine Papillarlinien, die die Natur in die Haut zeichnet, zu 100 Prozent unverwechselbar.

Und eben unveränderlich: „Neue Papillarlinien", weiß Andreas König, Sachverständiger bei der Dortmunder Polizei, „wachsen dem Menschen nie." Und schleicht sich doch ein fremder Streifen ins Muster, dann ist es eine Falte. Oder eine Narbe. Tüfteln muss der Kriminalbeamte trotzdem: Es ist ja nicht so, dass ein Einbrecher seine Finger in Tinte wälzt und am Tatort fein säuberlich abrollt. In mühevoller Kleinarbeit, manchmal tagelang, sucht der Erkennungsdienst nach Spuren. Mitunter vergeblich: „Auch die Gegenseite versucht sich zu verbessern", sagt König. In einer Reisetasche voller Drogen entdeckte er jüngst einen einzigen Abdruck.

Der wurde dann verglichen – beim Bundeskriminalamt sind im „Automatisierten Fingerabdruck-Identifizierungssystem" (AFIS) inzwischen über 13.000 Finger-, Hand- und sogar Zehenabdrücke elektronisch registriert. Passt ein Daumen vom Tatort zu einem in der Datei, gilt der Satz von Heinz Arning: „Der Rest ist Verwaltung." Oder wieder eine Geschichte, die sich trefflich erzählen lässt: Ein paar Halunken planen einen Einbruch. Von Fingerabdrücken haben sie gehört, also ziehen sie Handschuhe an. Von Genanalysen haben sie gehört, also tragen sie Mundschutz. Von Fasern als Beweismittel haben sie gehört, also lassen sie alles aus. Sie gehen nackt. Und barfuß. An ihren Fußabdrücken hat die Polizei sie dann erkannt.

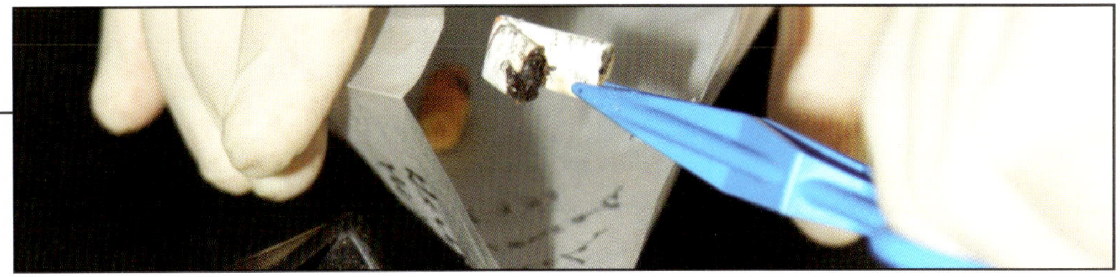

„Die Spurensuche und Spurensicherung muss das Wichtigste sein", sagt Günter Kulow. Wenn der Leiter der Abteilung für Kriminaltechnische Untersuchungen beim PP Duisburg behördendeutsch spricht, klingt das so: Man „sichert Fremdmaterial" und verifiziert es später „am Täter". Kulow kann lange und fundiert referieren über die Arbeit seiner Truppe, über Erfolge mit der DNA-Datei, über die Tricks, wie man Schuh- und Reifenspuren, ausgeschliffene Motornummern, Fingerabdrücke und Fasern sichtbar macht. Er redet mit einer emotionslosen Distanz über die Täter („Mit denen haben wir wenig zu tun, nur mit den Spuren, die sie hinterlassen"), redet über Folien und Klebe und Pulver, aber wenn er über sich spricht, hört sich das ganz anders an: „Ich denke schon mit Schrecken daran, dass ich mit 60 aufhören muss. Die Polizei ist mein zweites Zuhause. Vielleicht aber auch mein erstes."

Nun ist er erst 50 und muss noch nicht von früher erzählen. Es reicht ein Blick in jüngste Geschichte(n): wie der von der Frau im Angorapulli, die man nach einem Ausflug ins Tanzlokal erdrosselt im Garten fand. Fusseln des Oberteils entdeckten die Kollegen später an der Kleidung eines anderen Gastes – und dessen Kleiderfasern im BH der Toten. Er berichtet auch von gestressten Einbrechern, die gerade beim großen Coup aufs Rauchen nicht verzichten. So einer hinterlässt dann Kippen, „und danach kann man sie ja mal fragen – entweder sie haben eine Erklärung oder eben nicht".

01 **Kriminaltechniker suchen nach geeigneten ...**

02 **... Spurenträgern, an denen man DNS-Material ...**

03 **... für eine spätere Auswertung finden kann.**

01 **Im LKA-Labor werden die Spurenträger ...**

02 **... für die Gen-Analyse vorbereitet ...**

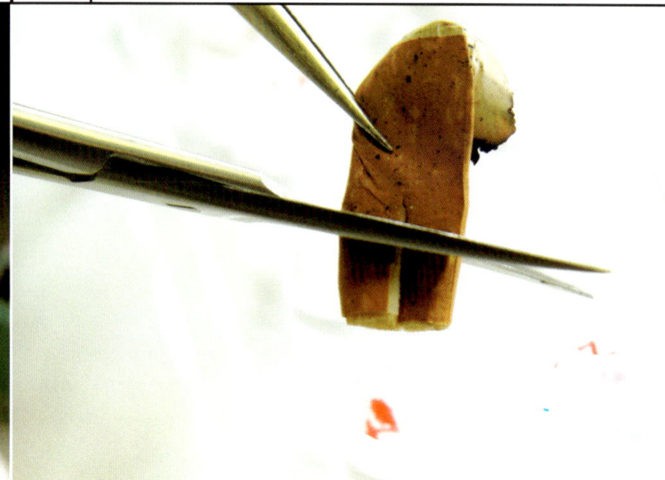

03 **... und dann die DNS herausgelöst.**

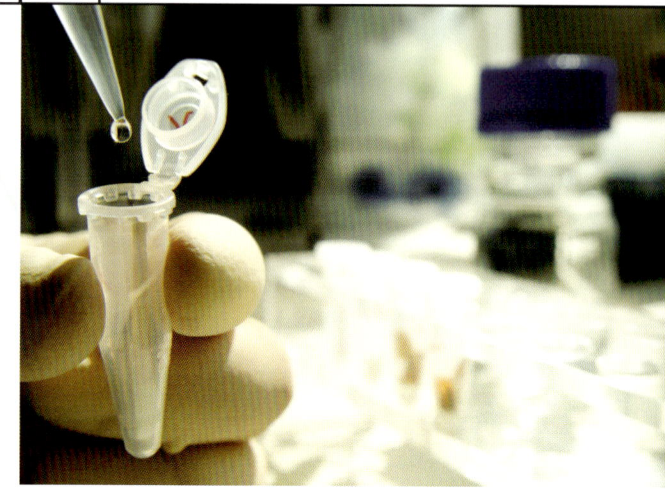

Aber sein Lieblingskind ist die DNA-Analyse. Er führt Statistiken darüber: Wie allein im Raum Duisburg zwischen 2001 und 2002 die Trefferquote – eine Tatortspur direkt zum Täter – von 26 auf 84 anstieg, und wie so im Jahr 2002 genau 121 Verbrechen aufgeklärt wurden. Besonders lieb ist Kulow ein Fall aus Wesel: Als dort ein alter Herr nach einem Raub verstarb, blieb DNA an seinen Fesseln zurück. Die gehörte keinem bekannten Räuber – passte aber zu einem Drogentäter. Was Kulow schimpfen lässt über den deutschen Datenschutz, der die Speicherung von Kleinkriminellen-DNA nicht erlaubt. „Warum soll ich warten, bis einer wegen Vergewaltigung eingesperrt wird, wenn ich sein Genmaterial aus seiner Vorzeit als Ladendieb schon haben könnte?"

Nun ist das aber nicht Günter Kulows einziges Problem: Einst besorgten sich die Kriminellen Handschuhe gegen die Fingerabdrücke, nun gebe es schon Sexualstraftäter, die Kondome überziehen – wegen der Genanalyse. „Wir wollen hoffen", sagt Kulow, „dass es nicht bald Einbrecher gibt, die sogar Mundschutz tragen." Aber wir wissen: Die gibt es ja schon.

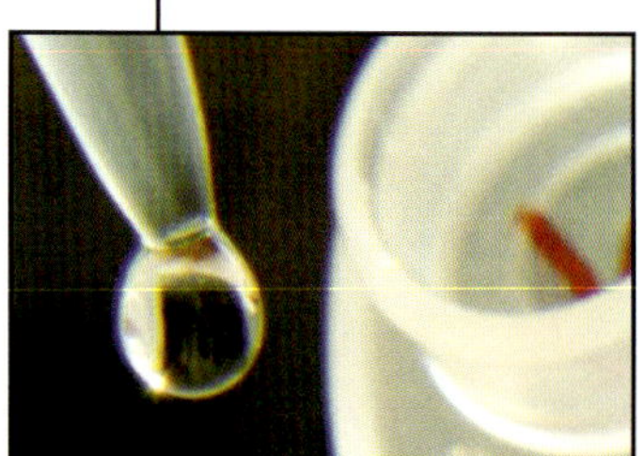

Auch beim Landeskriminalamt weiß man um gewisse Schwierigkeiten. „Wir sind nicht die Alleskönner", sagt Grit Meyer, „die mit der DNA-Analyse neuerdings jeden Fall lösen können." Es gibt Leute, die denken das, weil immer mehr Straftaten aufgedeckt werden, die Jahre zurückliegen – nur, weil irgendwo noch eine Genspur schlummerte. Die Zeitungen sind voll von solchen Nachrichten: Da wurde im Jahr 2000 der Mörder einer 16-jährigen Schülerin anhand seiner DNA identifiziert. Der Mord in Ulm lag 27 Jahre zurück. 13 Jahre, nachdem er seine damals 29-jährige Ehefrau erwürgt hatte, legte ein Mann aus Minden ein Geständnis ab: Auch ihm hatten die Ermittler eine damals gesicherte Genspur zuordnen können.

„Der Clou ist“, findet Meyer, „dass es ein ‚zu wenig‘ heute nicht mehr gibt.“ DNA-Material lässt sich trocknen und ewig aufbewahren. Es lässt sich aber auch kopieren. Stammt es aus ausgerissenen Haaren, Speicheltröpfchen oder der Haut eines Täters unter den Fingernägeln seines Opfers, das sich verzweifelt wehrte – ein nicht einmal stecknadelgroßer Blutstropfen reicht, um einen Täter zu identifizieren. Nicht persönlich natürlich: Die Wissenschaftler in der Forensischen Serologie bekommen nur Initialen, Datum, Nationalität mitgeliefert. Nicht einmal über Augenfarbe, Haarstruktur, Körperbau könnten sie später irgendetwas sagen. Sie sehen nach einem komplizierten Verfahren nur Zahlen, Wiederholungssequenzen immer gleicher Ziffern – das ist dann der Mensch. Winzig sind seine Bausteine, endlos ihre Reihungen. „Würde man die DNA aller Chromosomen aus einem einzigen Zellkern entwirren und hintereinander anordnen“, sagt Molekular-Biologin Gabriele Molsberger, „ergäbe das eine Kette von drei Metern Länge mit insgesamt sechs Milliarden Bausteinen.“ Eine Menge Text, würde man sich das als Buchstabensalat vorstellen: über 1,6 Millionen DIN A 4-Seiten, ein Buch käme damit auf 90 Meter Dicke.

Was beim „Lesen“ dann herauskommt, liest sich schlicht, ist aber absolut sicher – und wird dann abgeglichen mit der wachsenden DNA-Analyse-Datei. Deren Bestand hat sich binnen zwei Jahren mehr als verdoppelt, und wenn Grit Meyer darin einen Treffer landet, dann ist das ein prima Beweis. Beispiel aus einem Gutachten: „Diese DNA-Merkmalskombination kommt in der in Mitteleuropa lebenden Bevölkerung mit einer Häufigkeit von 0,000.000.106 Prozent vor. Das heißt, unter jeweils 942,9 Millionen Personen gibt es – statistisch gesehen – eine einzige Person, die die Spuren mit dieser Merkmalskombination verursachen würde.“ Leugnen? Zwecklos.

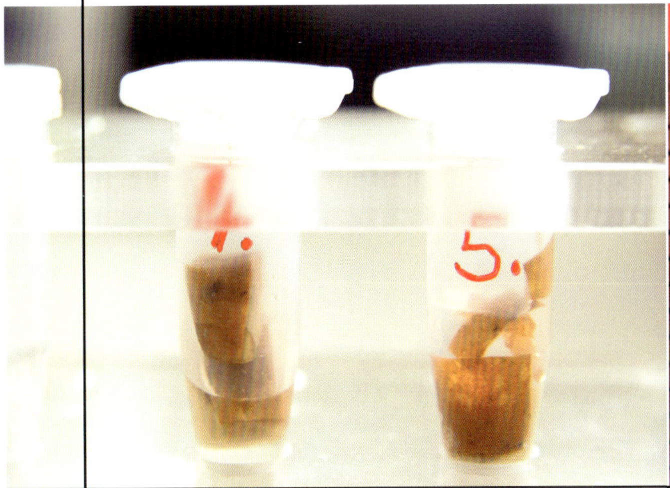

01 Der eigentliche Analyse-Prozess läuft ...

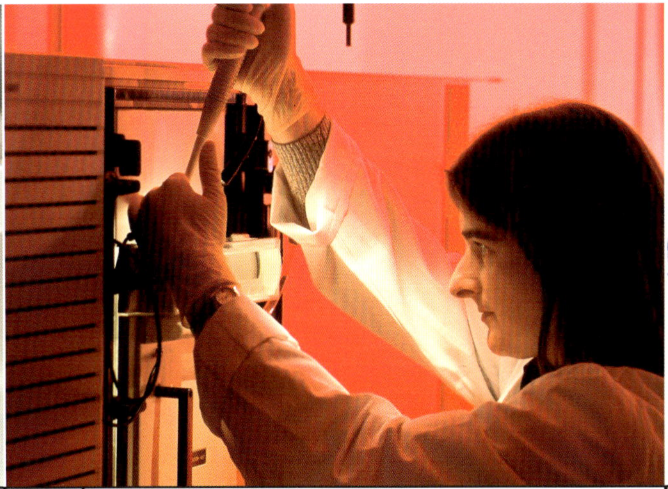

02 ... automatisiert und wird vom Computer ...

03 ... ausgewertet. Er zeigt das Ergebnis an.

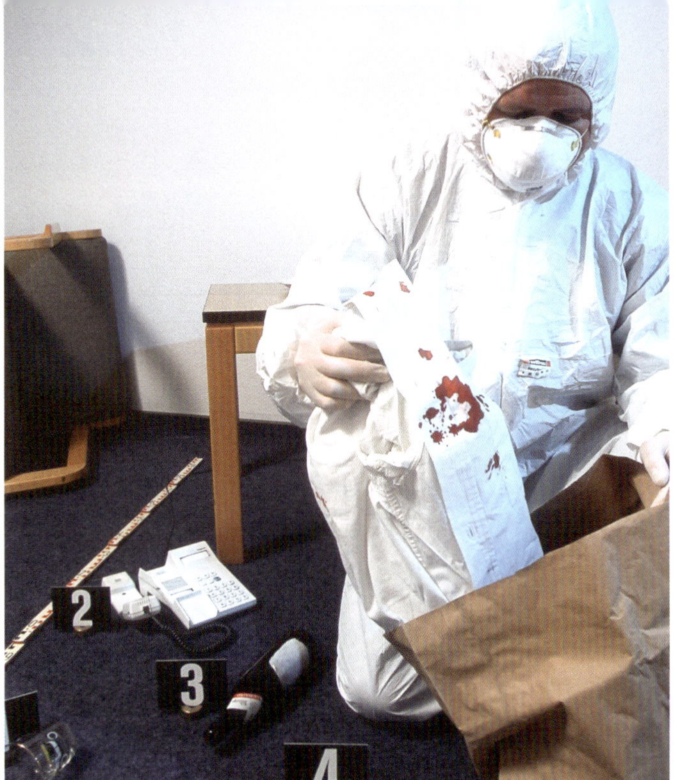

Da leuchten die Augen von Grit Meyer. „Davon lebt die Arbeit", sagt die promovierte Biologin, aus der eine begeisterte Verbrecherjägerin geworden ist. Nicht immer erfährt sie zwar, wie die Sache weitergeht. Manchmal aber hört sie Näheres im Gerichtsprozess. In ihrem Lieblingsfall jagte ein Mann in Abwesenheit sein eigenes Haus in die Luft. Die Spurensicherer schickten dem LKA die abgeschraubten Gashähne ins Haus – woran Grit Meyer des Hausbesitzers DNA entdeckte. Nicht vom Handschweiß des Herrn, „der enthält keine Zellen" und damit auch keine Erbinformation – aber von Schleimhautresten. Vielleicht hatte der Täter zuvor in der Nase gebohrt …

So kommt es, dass nicht nur die Summe der Erfolge steigt, sondern auch die Zahl der Mitarbeiter. Zwei bis drei Proben nehmen sie pro Tag entgegen, manchmal aber auch Hunderte, wenn ein halber Stadtteil zur Speichelprobe antreten muss. Aber auch hier gehen die Kriminellen mit der Zeit. Mindestens ahnen sie, was die Ermittler schon können, weshalb die oft nicht wissen: Was geben wir denn preis? „Noch", frohlockt einer, „gibt es ja Erpresser, die ihre Briefmarken persönlich anlecken."

Grit Meyer macht sich schon deshalb keine Illusionen: „Jedes Beweismittel, das die Kollegen am Tatort finden, kann doch auch von jemand anders dorthin gebracht worden sein – um den Verdacht umzulenken." Zuviel sind ihr die Optimisten, die in der DNA das Allheilmittel sehen. „Das ist doch sehr schade. Viel lieber setzen wir auf die Kombination mit anderen kriminalistischen Möglichkeiten."

01 **Die DNS-Analyse-Technik überführt immer ...**

02 **... mehr Täter. Eine sorgfältige Spurensicherung ...**

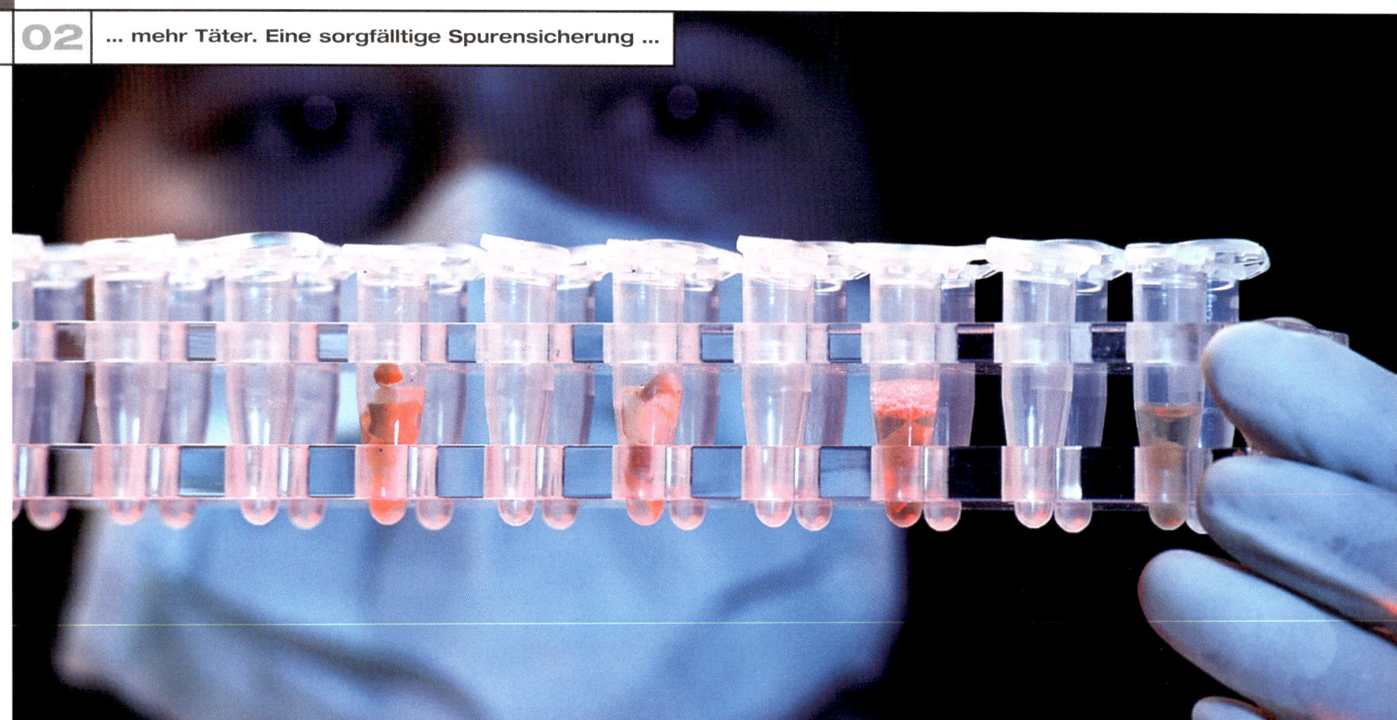

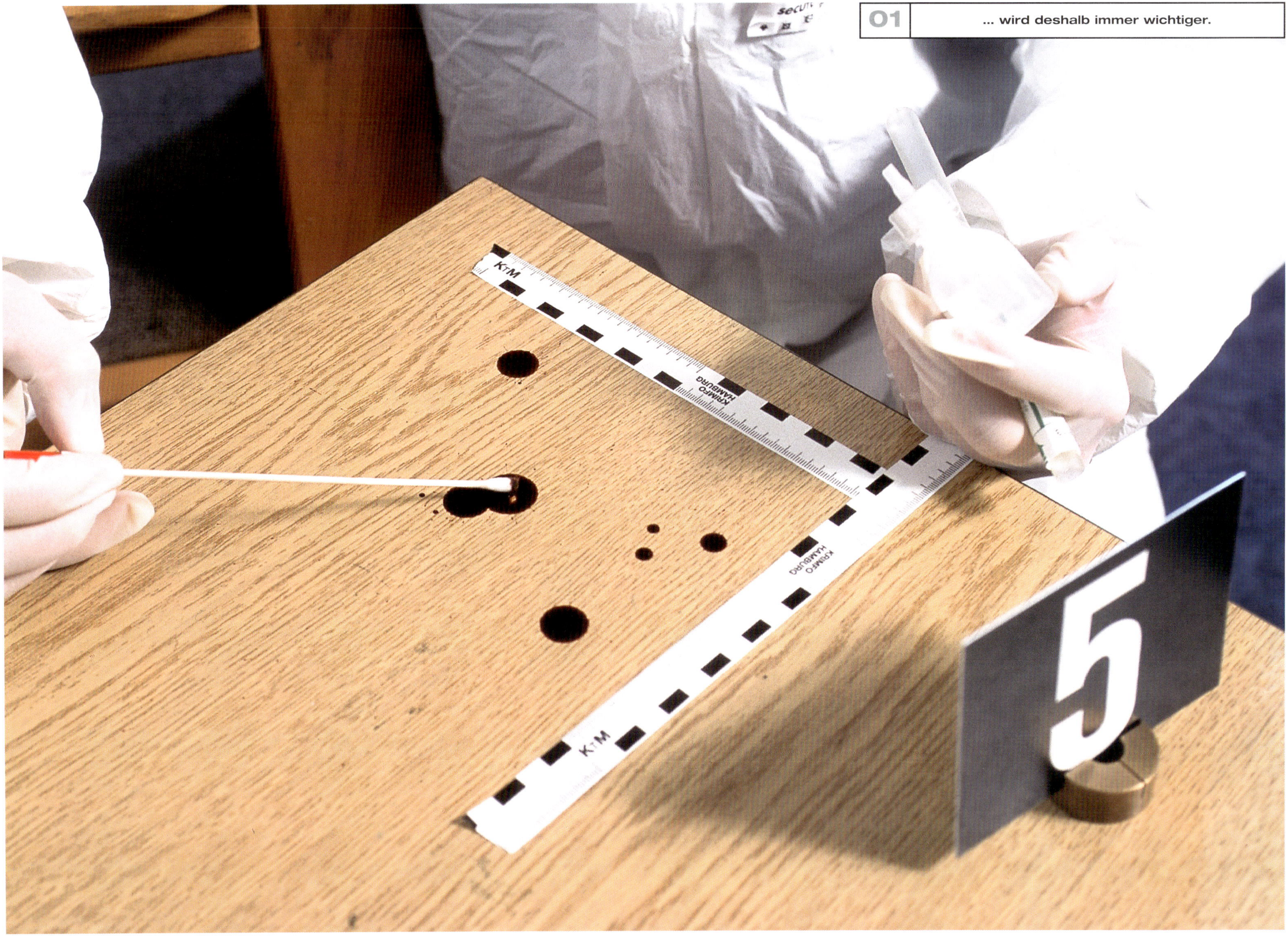

01 ... wird deshalb immer wichtiger.

Da wären zum Beispiel: Wolfgang Widura und seine forensischen Faserspuren. Weil Widura schon ein etwas älteres Semester ist – sagen wir erfahren – ärgert ihn immer noch eines: die Erfindung der Chemiefaser. „Ein Biologe", sagt er, „kann am besten gucken." Sieht Wolle, Blut, Sekrete, Haare unter dem Mikroskop, doch seit der Nylonstrumpf auf die Welt kam und nach ihm das Polyesterhemd – da war da nichts mehr zu sehen. „Pech gehabt", sagt dann der Wissenschaftler, und manchmal denkt er es sogar auf offener Straße: Wenn er einen sieht im Plastikleibchen, unschuldig und einfach so unterwegs, dann schießt ihm ein „ach, nö" durchs Hirn. Da wäre wieder nichts zu entdecken.

01 Feinste Details: Eine Spezialkamera macht Verschmelzungen am Kunststoff sichtbar.

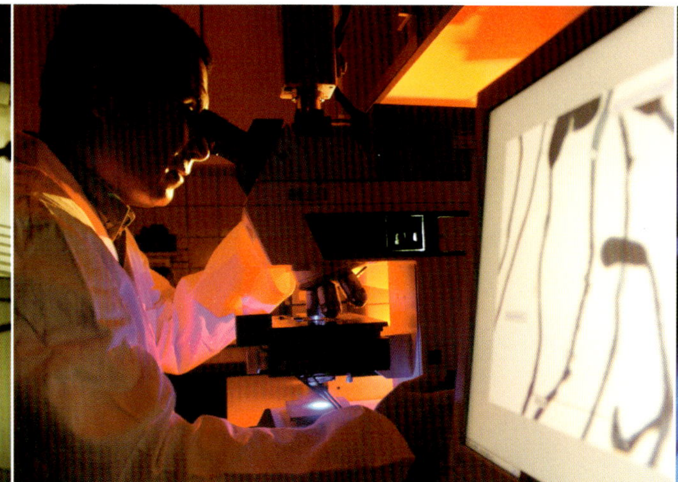

02 Unter einem Mikroskop werden Fasern vom Tatort untersucht und mit Proben von einem ...

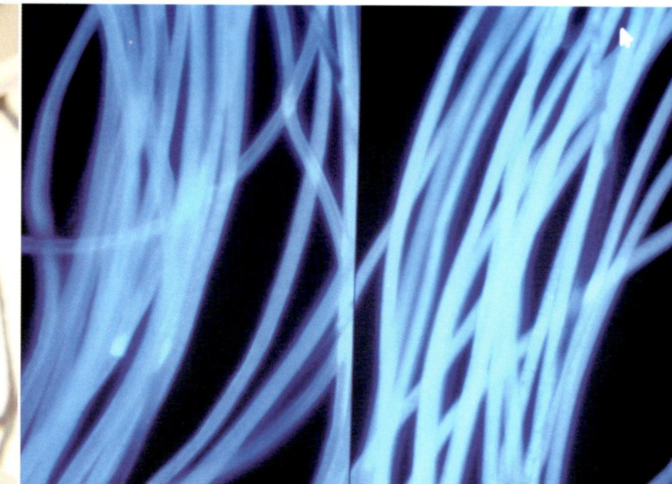

03 ... Tatverdächtigen verglichen. Sie erscheinen 1.000fach vergrößert auf dem Bildschirm.

Naturfasern nämlich, „die hinterlassen Brosamen". Berührt ein Kleidungsstück den Stuhl, den Teppich, ein Opfer – der Kontakt wird reichen, damit unter dem Vergrößerungsglas ein Fädchen sichtbar wird. Deshalb werden Tatautos, -orte, -opfer abgeklebt mit glasklarer Folie, auf jedem Millimeter wird Widura später sieben bis acht Fasern finden, „nach einer Vergewaltigung auf dem Teppich sind da Tausende". Bruchstücke nur – zuweilen nicht einmal millimeterlang, durchschnittlich 0,02 Millimeter dick und oft weniger als ein Millionstel Gramm schwer.

Textilkundler Wolfgang Widura ist einer, der sieht manchmal wenigstens noch aus wie Sherlock Holmes: wenn er fast Unsichtbares aufnimmt mit der Pinzette und es betrachtet durch seine Lupe. Und wenn er es dann vergleicht mit der Skizze einer Leiche, auf der die Folien eingezeichnet sind: Das ist seine „Landkarte".

01 An einem Kleidungsstück vom Tatort ...

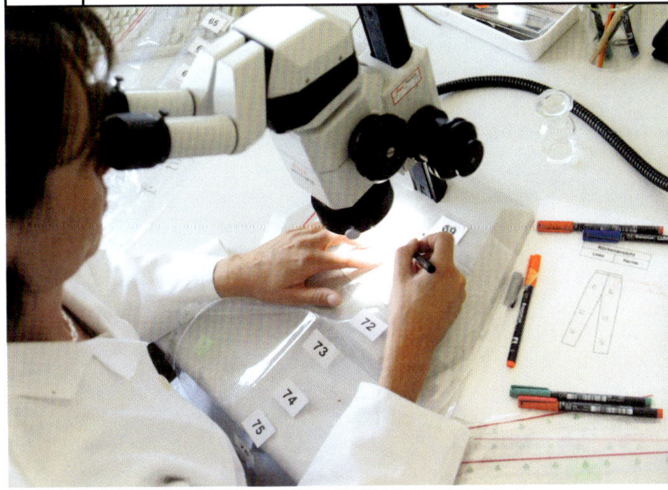

02 ... werden Fasern gesichert, katalogisiert ...

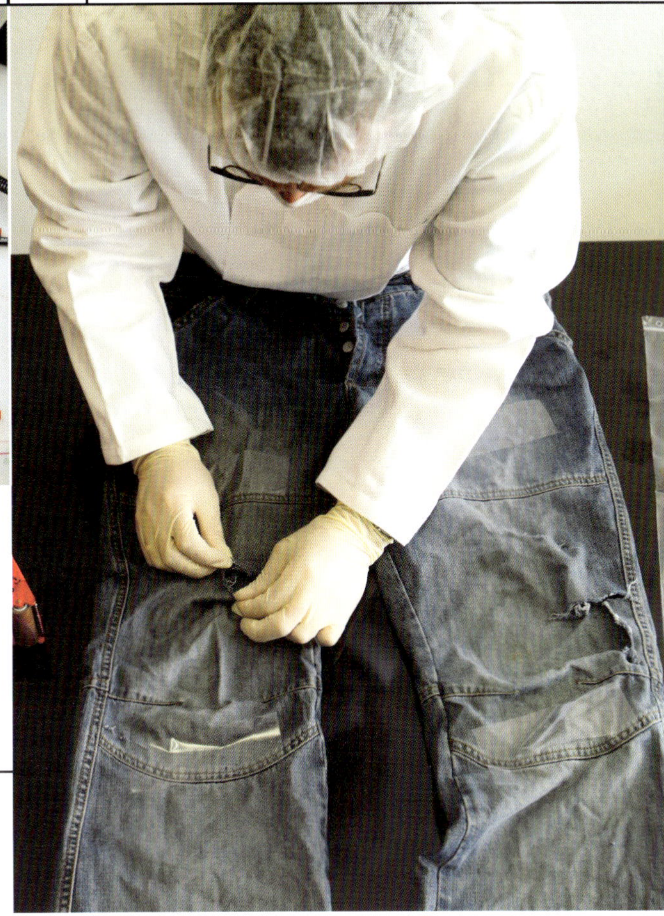

03 ... und unterm Mikroskop untersucht.

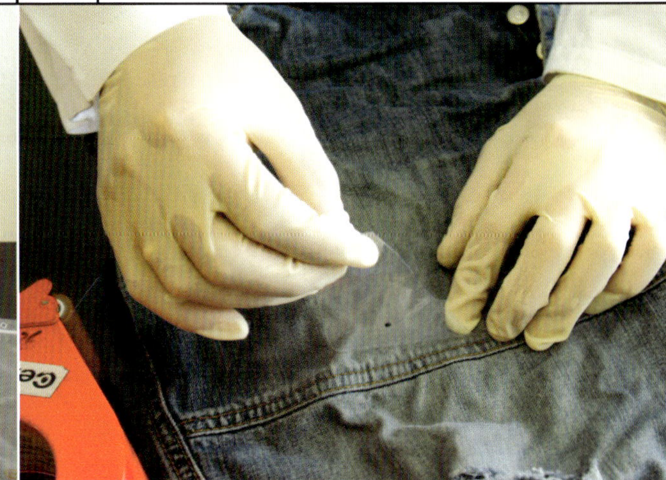

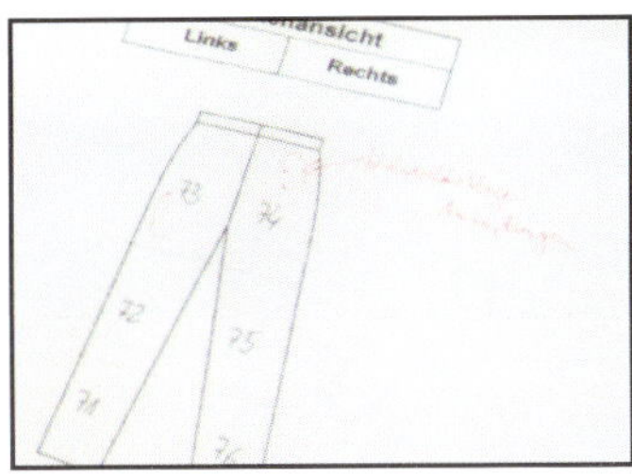

Da kann ein Täter den Staubsauger bemühen, wie er will, „das kriegen Sie nicht weg, das hält ewig", freut sich Widura, ein Schalk, der Mann. Und ein findiger dazu: Da war dieser Mord in Münster, der erst ein Vermisstenfall war. Die Eltern der verschwundenen Frau gaben den Ermittlern einen Pulli, „herrliche Farben", erinnert sich der Biologe, aber – Chemiefasern. „Da können wir nichts machen, tut uns leid, tut uns Leid", musste Widura sagen, und man spürt: Es hat ihn wirklich gefuchst. Weshalb er nicht aufgab – und als irgendwann die Leiche gefunden wurde, da war das schöne Oberteil aufgeschnitten, und da waren die Fäden, also doch. Man fand dasselbe Material später im Kofferraum des Verdächtigen. Gestanden hat der Mann nie, verurteilt wurde er trotzdem – die Indizien waren erschlagend. „Aber ohne Aufschneiden wäre da nichts gewesen."

Lieber, weil einfacher, ist ihm da die „Momentaufnahme eines Verkehrsunfalls". Man weiß so etwas ja nicht als Laie: Wenn einer gegen das Lenkrad knallt, dann wird im Augenblick der Kunststoff heiß – und die Kleiderfasern sitzen drin. Solche Verschmelzung beantwortet die Frage nach dem Fahrer, „wunderbar", sagt Widura. Denn der überlebende Unfallfahrer setzt in seinen Erzählungen gern den Toten ans Steuer: „Der ist ja eh tot." Und der andere ist ohne den Vorwurf der fahrlässigen Tötung fein raus – bis die Faserbiologen kommen.

So müsste eigentlich jeder Schlingel im Landeskriminalamt seinen Meister finden. „Moderne Kripoarbeit ist“, definiert POK Heinz Arning aus Dortmund, „wenn wir wissen, wer es war, ohne dass er etwas sagt.“ In Düsseldorf sitzen Biologen, Chemiker, Physiker, Ingenieure, Laborkräfte und zu Sachverständigen ausgebildete Kriminalbeamte, die Gutachten erstellen im Auftrag von Polizei, Staatsanwaltschaft und Gericht. Allein im Jahr 2002 gingen bei der Abteilung 5 – Kriminalwissenschaft und –technik, Erkennungsdienst – der Düsseldorfer Behörde insgesamt 16.540 Untersuchungsanträge ein.

01 Winzige Fasern können Täter überführen.

01 **Beschusstest: Im Wasserbecken wird das ...**

Wenn ein Übeltäter zum Beispiel geschossen hat, dann trifft er vielleicht auf Wolfgang Grube, der versteht was von Waffen. Allerdings feuert der Kriminalhauptkommissar nur im Keller. Wo in grauer Vorzeit ein paar Eierlagen die Wand beklebten, dämpfen nun dicke Polster den Schlag. Ein Wasserbecken fängt die Kugel auf, und nach einem Blick durchs Mikroskop kann Grube sehen: Diese Waffe funktioniert oder nicht. Sie schießt in diese oder auch jene Richtung. Dieses Geschoss passt zur Waffe. Oder diese Waffe zur Munition. 3.800 Schießeisen hat Grube in einer Kammer, Millionen gibt es auf der Welt – aber jede ist ein Individuum. Der Schlagbolzen drückt sich ins Zündhütchen, die Zügelfelder ritzt ein Profil in die Patrone, und kommt die aus ein und derselben Waffe, sind auch die Riefen und Rillen immer identisch. „Eine Superspur", freut sich dann Wolfgang Grube und erinnert sich gern, wie er einen Doppelmörder hinter Schloss und Riegel brachte: Der tummelte sich im Rotlichtmilieu irgendwo in der Eifel und legte in einem Nachtclub einen Zuhälter samt Leibwächter um. Notwehr, versicherte er später, sei das gewesen. Die Polizei aber sortierte die Projektile, probierte im Keller die Waffen aus – und konnte mit hoher Wahrscheinlichkeit sagen: „Die Reihenfolge stimmt nicht." Der Zuhälter hatte nicht zuerst geschossen.

02 **... Geschoss aufgefangen und dann unter dem ...**

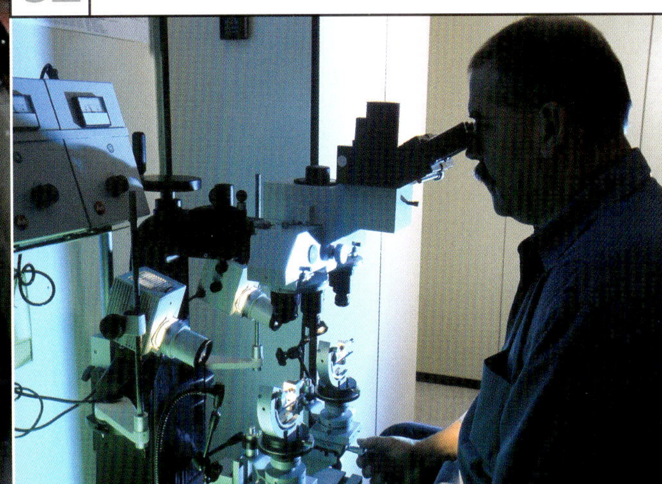

03 **... Mikroskop mit dem Tat-Projektil verglichen.**

01 **Werkzeugspuren: Auch ein Schlüssel ...**

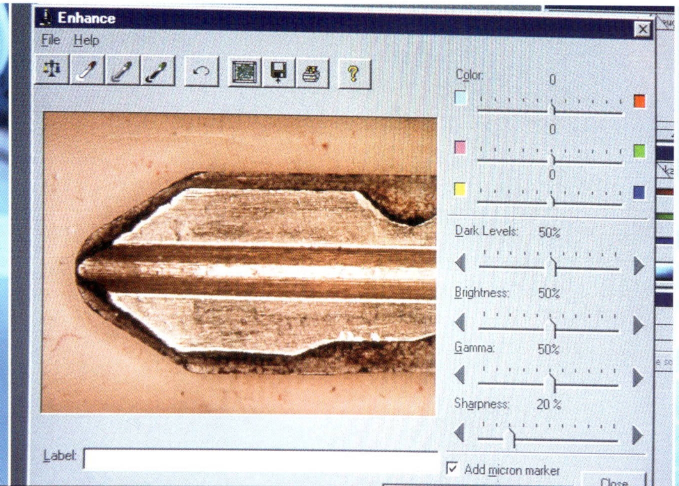

02 **... hinterlässt Spuren. Auswertung am Computer.**

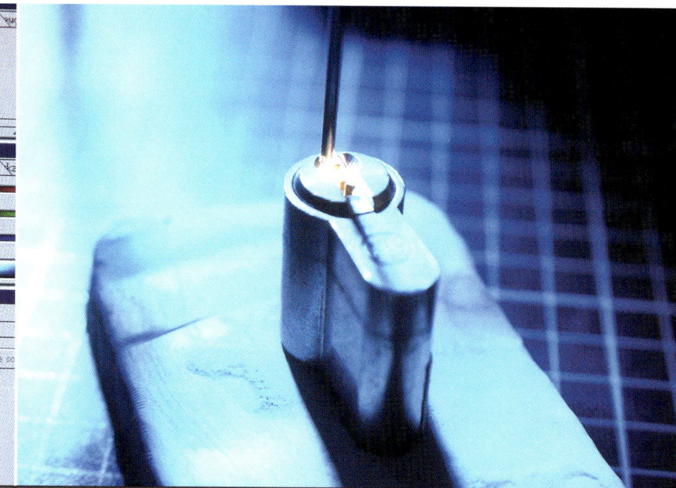

03 **Eine Mikrokamera sucht Spuren im Zylinderschloss.**

Es sind manchmal die stummen Zeugen, die die Wahrheit sagen. „Tote Dinge lügen nicht", sagt auch Karl-Heinz Rahner, „man muss sie nur lesen können." Der 1. Kriminalhauptkommissar liest Werkzeugspuren. Denn auch ein Schraubenzieher, ein Dietrich, eine Zange haben ihren Fingerabdruck, und seien sie noch aus maschineller Einheitsfabrikation. „Die Frage ist immer", so Rahner: „War die Zange am Tatort?" Nun kann die Polizei einen Tresor, einen Schreibtisch, eine Kegelkasse nach einem Aufbruch noch mitnehmen, ein Fenster aber lässt sich schlecht sicherstellen. Also macht Rahner es wie beim Zahnarzt: Er nimmt einen Abdruck mit einer ähnlichen Masse, formt die Spur ab – und vergleicht auch hier wieder mit dem elektronischen Auge.

Finden die Ermittler an einem Schloss Spuren, die nicht vom Schlüssel stammen – dann ist auf Bürokratendeutsch „Fremdwerkzeug zum Einsatz gelangt". Was für eins – oh, da hat Karl-Heinz Rahner schon die abenteuerlichsten Sachen Marke Eigenbau gesehen. Die originellsten bewahrt er auf in einem Koffer für Schulungszwecke. Pfiffig muss so einer sein – und gelassen. Talentiert auch? „Ach, ich mach das mit Geduld und Spucke."

Das kann mancher Kriminelle auch. Nehmen wir die „einfachen" Einbrecher. Die spazierten mit Geschick – und entgegen dem landläufigen Klischee meist am helllichten Tage – im Jahr 2002 allein in Nordrhein-Westfalen 45.552 Mal in fremdes Eigentum, um mitzunehmen, was Geld ist oder sich dazu machen lässt. Tendenz steigend, die Aufklärungsquote aber steht: bei 15,7 Prozent. Allein die Großstadt Köln kommt schon einmal auf knappe 400 ausgeräumte Wohnungen in einem einzigen Monat. Weil sich das ändern soll, richtete die dortige Polizei im Dezember '02 eine „Einsatzgruppe Wohnung" ein. Die koordiniert nun Haftsachen, Ermittlung, Spurensicherung und hat, man könnte das so nennen: neuerdings den Überblick.

01 Dem Fälscher mit Hightech auf der Spur.

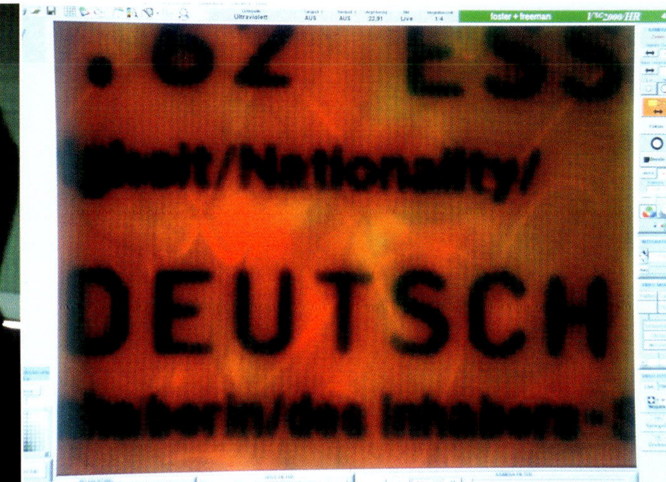

02 Dokumenten- und Schriftenanalyse im LKA.

Oder nehmen wir die Fälscher. In der Halbwelt ist ein halber Berufsstand damit beschäftigt, falsche Ausweise in Umlauf zu bringen, unechte Zertifikate und Schecks mit falschen Summen. Manfred Kutschach fragt nicht mehr nach dem Warum. „Ich gucke nur auf Tatsachen." Schriftsetzer hat der Mann gelernt, seinen Druckerei-Ingenieur gemacht und kam am Ende aus einer Werbeagentur zum Landeskriminalamt. Nun liest er die Schriften anderer Leute, studiert Maschinentypen, Handschriften, Dokumentvorlagen und bringt Dinge ans Licht, die es eigentlich längst nicht mehr gibt.

Dieser Zettel etwa mit der schwarzen Tinte: Da stand doch einmal was? Irgendjemand hat das Wort durchgestrichen, mit festen Linien. „Gertrud" stand da einmal. Kutschach hat's gesehen: „Das Auge ist das wichtigste Werkzeug", aber diesmal war es die Maschine. Ultraschall, Infrarot, UV-Strahlen, das Mikroskop und die verschiedensten Filter legten offen, was einer zu verbergen suchte. So kann die Abteilung falsche Scheine unterscheiden von echten und eine nachgemalte Acht auf einer Zahlungsanweisung von einer drei, die da eigentlich war. Die Mitarbeiter können erkennen, ob eine Handschrift authentisch ist oder nicht, sie können den unbekannten Schreiber entlarven.

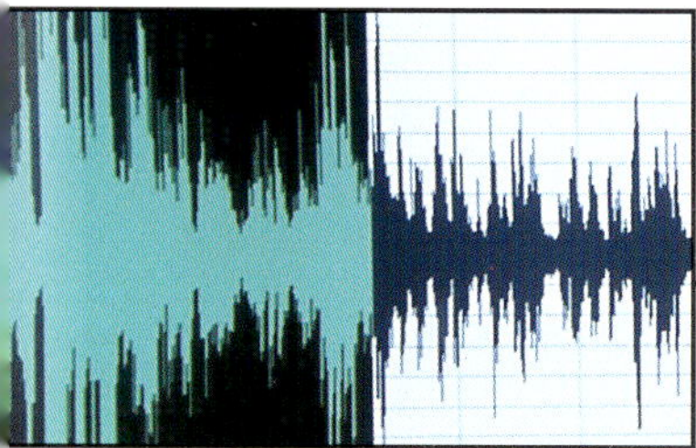

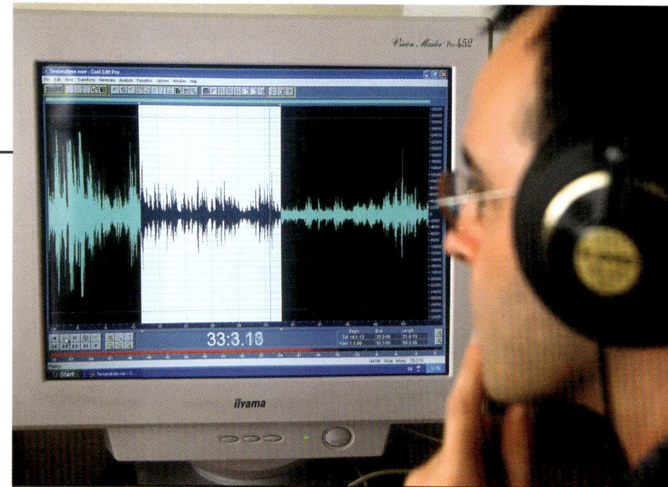

01 Die Stimme des Erpressers wird im LKA analysiert und mit der eines ...

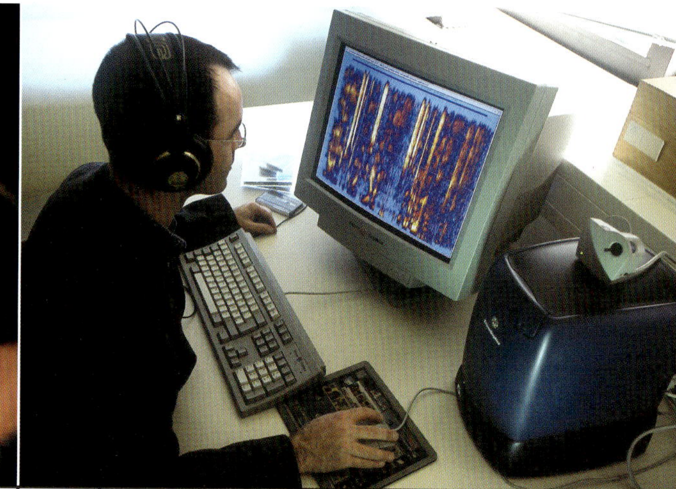

02 ... Tatverdächtigen verglichen. Selbst Dialekte können detailliert zugeordnet werden.

03 UV-Licht macht Manipulationen an Dokumenten, z. B. an einem Pass, sichtbar.

Nun sind die Leute hier keine Biologen, betreiben aber trotzdem „Erbsenzählerei", sagt Kutschach: Wenn er Handschriften erkennen muss, jede individuell, dann werde alles bis ins Kleinste aufgedröselt. Zum Ziel führt auch das nicht immer, und nicht jeder Erfolg hat denselben Wert: Im Fall einer Waffenschieberei ging es um 350 Millionen, aber nachweisen konnte Manfred Kutschach nichts. Dass aber eine Rentnerin aus 2,98 eine 1,98 gemacht hatte – das konnte er auf dem Bon erkennen. Auch Gerechtigkeit ist nicht immer gerecht.

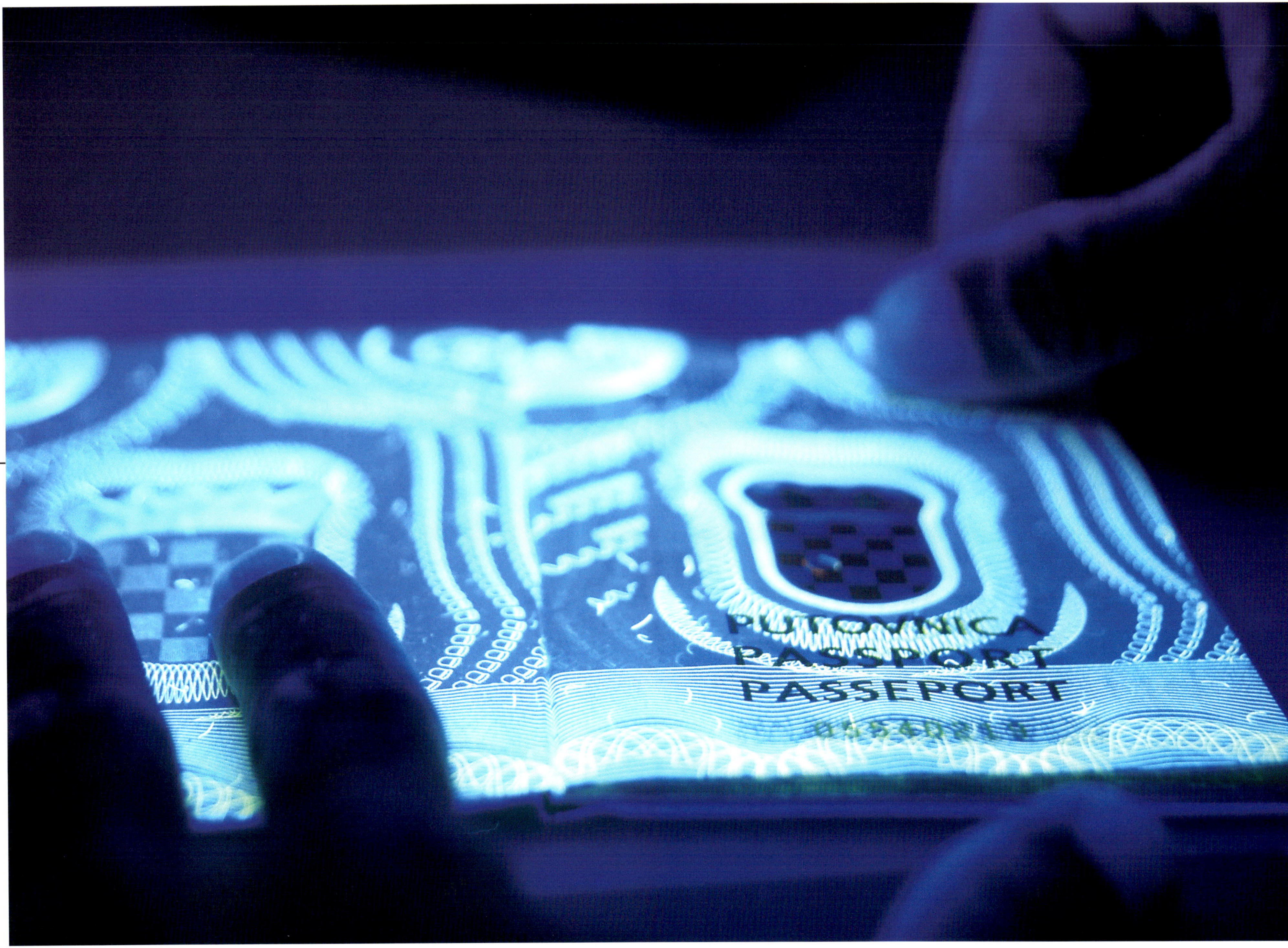
PUTOVNICA
PASSPORT
PASSEPORT

01 **Erstellung von Phantombildern: Am Computer *...**

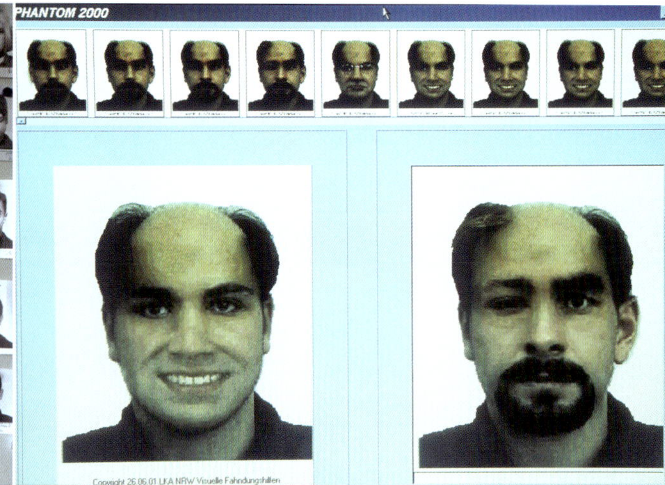

02 **... können die Spezialisten des LKA Gesichter *...**

03 **... nach Zeugenaussagen rekonstruieren.***

Frank Sippli hat nicht wirklich das Zeug zum Künstler, aber er zeichnet fast jeden Tag ein Porträt. Sippli braucht dazu keinen Pinsel und selten einen Stift: Sein Handwerkszeug ist der Computer, und Modell sitzt ihm allein die Erinnerung – die anderer Leute. Der Kriminaloberkommissar erstellt Phantombilder. Man kennt sie aus der Zeitung: schiefe Grimassen oft, gruselige Kerle, zu hässlich, um wahr zu sein. Und doch hilft die Polizeizeichnung bei der Aufklärung eines knappen Drittels der Straftaten. Bei Mordfällen liegt die Quote aber deutlich höher.

„Prägende Dinge", weiß Sippli, „werden im Unterbewusstsein gespeichert." Und die fallen vielen Zeugen wieder ein, wenn sie erst mal einen Blick in Sipplis Vorschlagsliste geworfen haben: 1.800 Visagen hat ISIS gespeichert, das „Interaktive System zur Identifizierung von Straftätern", neuerdings in Farbe. Gesichter, die verfremdet sind, die es so nicht gibt und nie gegeben hat – aber irgendeines wird dabei sein, das den Menschen neben ihm an etwas erinnert. „Die Nase von dem da, die könnte es gewesen sein." - „Der Blick unten rechts, der kommt mir bekannt vor." - „Jetzt, wo ich es sehe: Ich glaube, der hatte einen Pickel." Stunden kann das dauern, in einem kargen Polizeibüro, aber auch am Laptop etwa am Krankenbett. „Dreimal auf den Knopf drücken reicht nicht." Einfach malen mit der Maus auch nicht. „Jeder hier muss sehr einfühlsam sein", sagt Sippli, viele haben Angst, manche brechen zusammen, wenn das Bild auf dem Schirm ihrem Widersacher plötzlich ähnlich sieht.

*

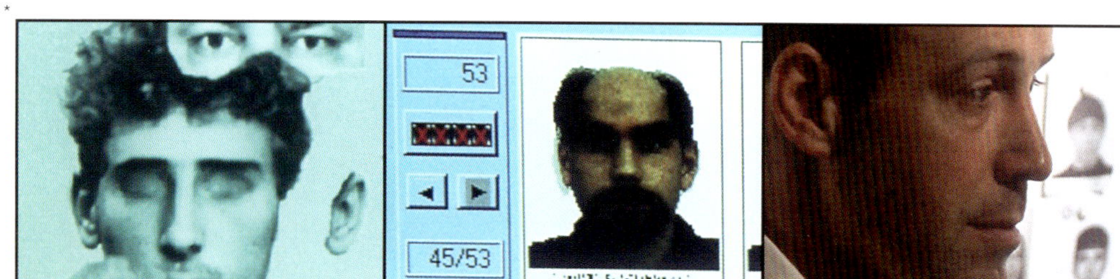

*Alle Phantombilder für das Buch erstellt

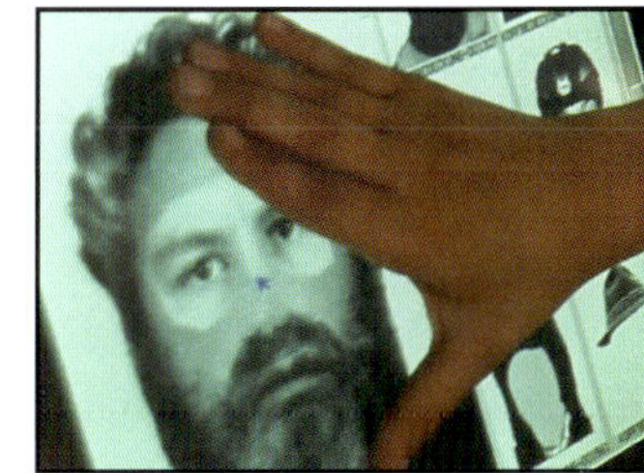

Es gibt aber auch Leute, die halten ihre sieben Sinne mit bewundernswerter Konzentration beisammen. Respekt gebührt dem Vater, der im Dunkel der Nacht vor dem Krankenzimmer seines Sohnes ein Gesicht am Fenster sah. Das Gesicht, sollte er später erfahren, gehörte zu dem Mann, der am selben 30. Oktober 2001 in Herford eine Vierjährige aus ihrem Klinikbettchen stahl. Er missbrauchte die Kleine auf übelste Weise – und brachte sie kaltblütig zurück. Hinweise gab es später keine, nur den Vater, der mehr als Schemen kaum gesehen hatte. Das Phantombild, das Sippli nach seinen Angaben schuf, zierte zwei Tage die Titelseiten nicht nur der Boulevardpresse. „Oh Gott", hat der Kommissar damals nicht nur einmal angstvoll gedacht, „wenn das nix ist, dann muss ich demnächst im Keller Akten abstauben."

Zwei Tage später wurde der Täter gefasst: Er wollte tanzen in einer Disco, der Türsteher hatte ihn erkannt.

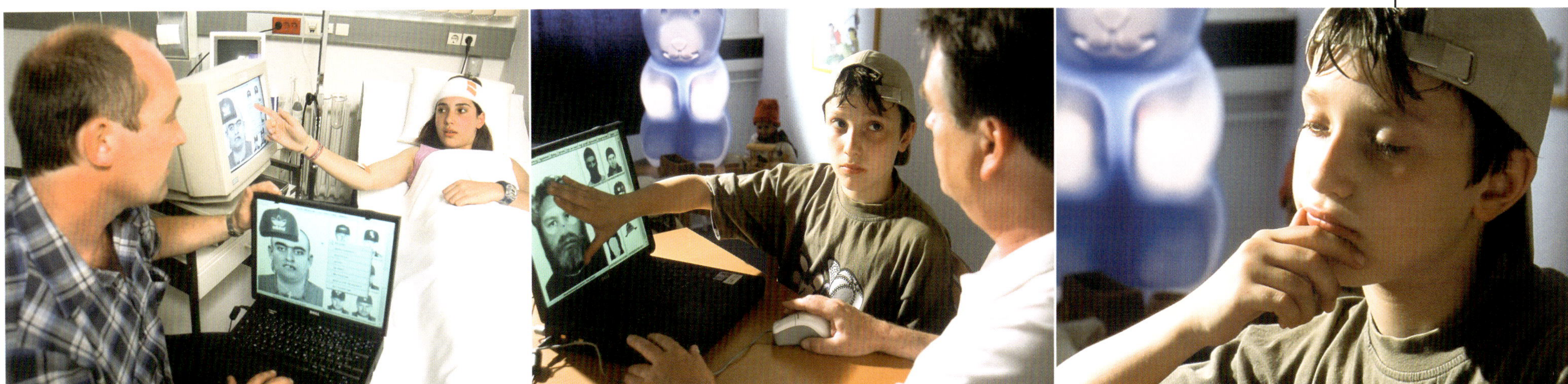

01 **Auch vor Ort, z. B. im Krankenhaus, können ...** * **02** **... Phantombilder gezeichnet werden.** * **03** **Für Kinder gibt es spezielle Vernehmungsräume.**

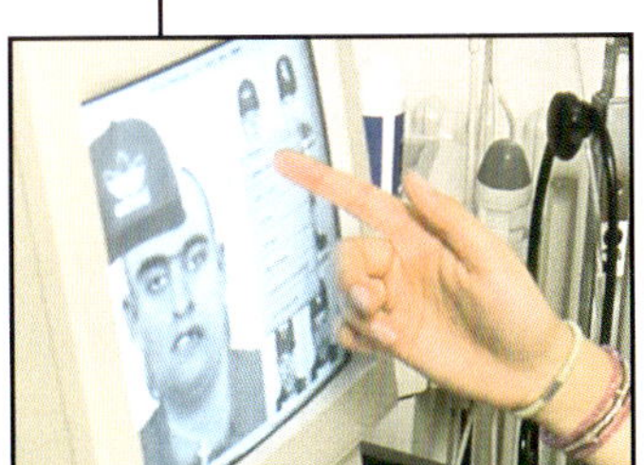

Natürlich passiert es bei 530 Zeichnungen im Jahr, dass die Sache nicht hinhaut. „Da malen sie mir so einen Plattkopp, der Typ sieht ganz anders aus", ärgert sich ein Ermittler in einer Mordkommission im Ruhrgebiet. Oder dass sie doch hinhaut, wenn man es am wenigsten denkt: Frank Sippli erinnert sich noch an eine Seniorin, die schimpfte resolut über einen Handtaschenräuber. „Der sah aus wie ein Frettchen!" Hilflos begann der Beamte mit der Arbeit, entlockte der Dame dann doch noch Beschreibungen, nach und nach. „Sehen Sie", sagte die Zeugin nach mehrstündiger Arbeit, „hab ich doch gesagt: Der Typ sieht aus wie ein Frettchen." Seither hat sich Sipplis tierisches Wissen um eine Gattung erweitert – und der Dieb wurde auch gefasst.

*Situation und Phantombilder nachgestellt

Es war keine russische Handgranate. Alle haben das behauptet: die Reporter im Fernsehen, die vom Radio, die von der Zeitung. Und die Leute auf der Straße. Aber es war keine russische Handgranate. Es gibt noch immer nicht viel, was Dirk Spliethoff weiß über den Anschlag Ackerstraße, Düsseldorf. Aber das weiß er sicher. Er hat dafür jeden Grashalm umgedreht rund um den S-Bahnhof Wehrhahn, an dem am 27. Juli 2000 um 15.03 Uhr zehn Menschen schwer verletzt wurden und ein Ungeborenes starb. Russlanddeutsche die meisten, sechs Juden. Terror, wie es ihn in Krisengebieten gibt, aber doch nicht vor unserer Haustür. Da verbreiteten sich die Gerüchte schneller, als die Polizei erlaubt.

Dirk Spliethoff und seine Kollegen aus der Abteilung Sprengstoff im LKA haben alles getan, was sie konnten, um das Gerede zum Schweigen zu bringen, noch bevor es begann – aber das war nach der Bergung der Verletzten, nach dem Einsatz von Feuerwehrleuten und Rettungskräften schon zu spät. Sie haben den Tatort mit Folie überspannt, damit der Regen keine Spuren wegwusch, aber er hat es trotzdem getan. Sie haben das Sprengzentrum gefunden am Geländer, mit seinen Verformungen, Abdrücken, Ausstanzungen. Haben für die Suche alles abgesperrt im Umkreis von 300 Metern, den Zugverkehr lahmgelegt, haben Dachrinnen geleert und sind durchs Unterholz gekrochen: oben Nieselregen, unten Brombeerdornen. Sie haben jeden Millimeter abgesucht, sogar eigens ein Gerät aus den USA dafür beschafft. Später haben sie das Grün sogar gerodet und in einer Turnhalle noch einmal durchwühlt. Aber sie haben kein größeres Stahlteil, keinen Hinweis auf den Sprengsatz gefunden. Und die Wahrheit auch nicht.

01 Der Entschärfungsroboter des LKA ...

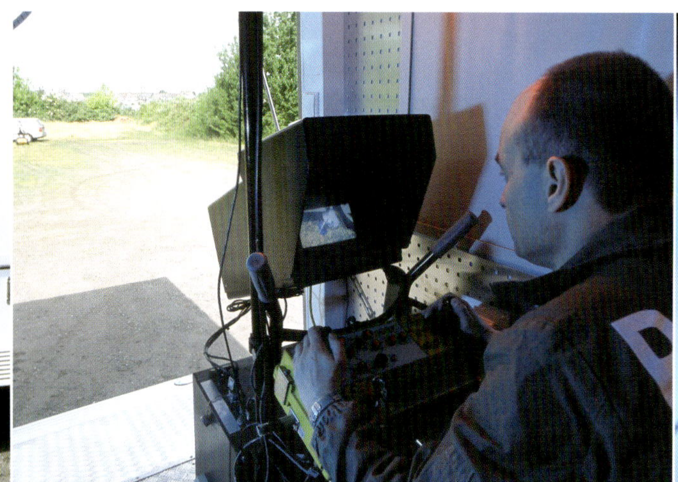

02 ... kommt immer dann zum Einsatz, wenn ...

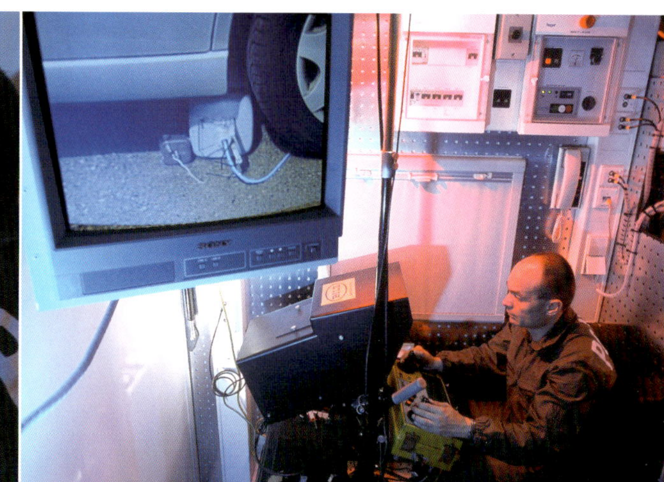

03 ... es extrem gefährlich wird. Aus einem ...

01 ... sicheren Fahrzeug wird der Roboter ...

02 ... gesteuert. Manchmal müssen die Experten ...

03 ... aber auch selbst an die Sprengkörper.

Zeitgleich trennten die Kollegen Kommissare die Zeugen zur Befragung, sammelten Gegenstände vom Ort des Geschehens und Hinweise aktenweise, bevor sie überhaupt Akten angelegt hatten. Es war ein Gewusel wie in einem Ameisenhaufen, und natürlich waren die Journalisten auch schon da. Sie wollten Antworten, sie sahen braune Gespenster, sie klagten, die Polizei würde mauern – und fällten auf allen Kanälen das erbarmungslose Urteil: „Die Ermittler tappen im Dunkeln." Bitter sei das gewesen, schreibt später Dietmar Wixfort, Leiter der zuständigen Ermittlungskommission. „Es ist wie in jeder Ermittlung bei spektakulären Fällen – jede neue Möglichkeit führt zu einer Hoffnung. Und jedes negative Ergebnis führt zu einem tiefen Absacken." Es gibt ja Spuren, die dann doch nach nirgendwo führen und Hinweise, die nichts als Racheakte sind: „Das gibt es leider immer wieder, dass eine Tat nur als Vehikel genommen wird, um persönliche Fehden auszufechten."

Die Splitter in den Körpern der Opfer hätten weiterhelfen können, waren aber zu klein, um sie zu identifizieren; „es ist nun mal leider eine Eigenart von Sprengvorrichtungen, dass sie sich mit der Sprengung in etliche Bestandteile zerlegen, die kaum auffallen, die vielfach winzig klein sind", vermerkt Wixfort leicht frustriert: „Zaubern ist unser Handwerk nicht." Erst ein heißes Stück Metall auf einem Balkon in der Nähe der Ackerstraße reichte den Experten schließlich für einen Materialtest: Warschauer Pakt, TNT, das ja. Schon schossen Spekulationen über die Russenmafia ins Kraut. „Aber es war keine russische Handgranate", beteuert Dirk Spliethoff, „definitiv nicht."

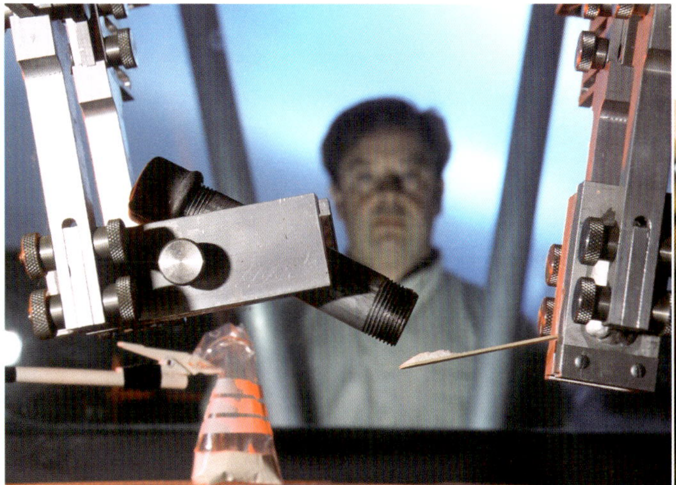

01 In den LKA-Laboren werden Sprengstoffe ...

02 ... bzw. das, was nach der Explosion übrig bleibt, ...

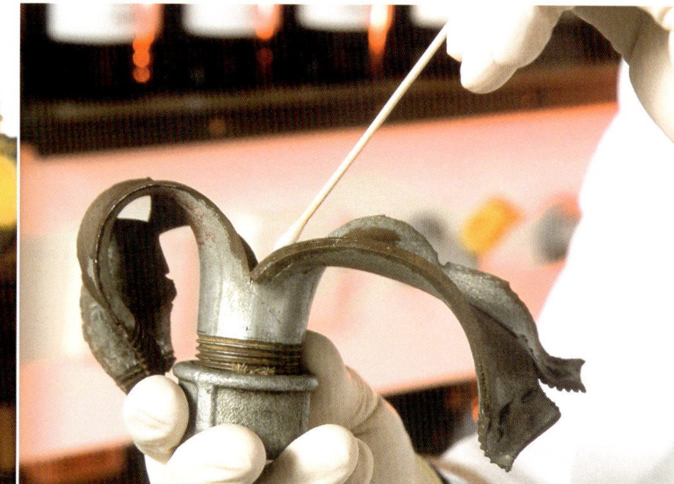

03 ... analysiert, um die Herkunft zu bestimmen.

Die Sprengstoff-Experten im LKA, zugleich Entschärfer die meisten, haben heute mehr Arbeit als zu Zeiten, in denen organisierte Kriminelle und rachlüsterne Familienangehörige ihre Fehden mit dem Messer austobten. „Seit Öffnung der Grenzen kommt man ran an das Zeug, da werfen viele sofort eine Handgranate." Kürzlich entdeckten Ermittler in einem Wohnhaus in Castrop-Rauxel ein Waffenlager, das problemlos ausgereicht hätte, das ganze Ruhrgebiet für einige Tage zu verteidigen. Ein paar ansehnliche Beispiele verwahrt die Abteilung in Pappkartons: „Weltkrieg, Dt. Reich", steht darauf, „diverse Ausland" oder „Volksgr. Jug.", drinnen lagern – längst entschärft – Granaten, selbst gebaute Sprengkapseln, Panzerfäuste.

Das verlangt eine gute Ausbildung, Bundeswehrlehrgänge über NATO-Waffen, Prüfungen über zivile Sprengstoffe, einen sicheren Bunker für Tests und Vernichtung – und viel praktische Erfahrung. Die Akribie hat sich bezahlt gemacht, einen Unfall beim Entschärfen hat es in Nordrhein-Westfalen bisher nicht gegeben.

Dafür mussten sich die Beamten die Unglücke anderer ansehen: den Chemiker, der sich im Rheinland die Finger wegsprengte (mit einem Sprengsatz aus dem Internet, wie die Polizei herausfand). Immer wieder Kinder, die zu Silvester den „Superknall" wollen. Oder den Mann, der eine Bombe in seiner Küche bastelte – und selbst hochging. „Die Bude", sagt Spliethoff mit der Abgeklärtheit eines Menschen, der das Schlimmste gewohnt ist, „sah richtig super aus."

Denn während die Polizei einen Röntgencomputer vorschickt, herrenlose Koffer, alte Bomben, tickende Schließfächer erst aus sicherer Entfernung prüft, bevor die Entschärfer ihnen zu Leibe rücken, herrscht im Volk der blanke Leichtsinn: Im Münsterland geschah es, dass die Kinder eines Bauern beim Spielen eine Panzerabwehrmine fanden. Der Vater erschrak wohl, fuhr die heikle Fracht aber im Kofferraum zur Wache mitten im Dorf – wo andere Landwirte dann eilends Stroh hinschaffen mussten, um die Folgen einer Detonation abzuwehren. Ein Spiel mit dem Feuer.

01 **Hightech hilft bei den Analysen. Oft müssen ...**

02 **... die Fahnder aber auch aus winzigen Teilen ...**

03 **... den Sprengkörper identifizieren.**

Sicherer ist, erst zu kommen, wenn alles schon verloschen ist, aber weniger spannend ist es nicht. Die Brandexperten der Polizei verfolgen zunächst keinen Täter – sie verfolgen den Funken. Wo sprang der erste über und warum? Wo loderte es weiter, welche Spuren blieben in der Asche zurück? War der Auslöser eine Zigarette, ein Brandstifter, ein Blitz? Letzteres lässt sich rasch klären: „Da rufen wir beim Wetteramt an", sagt Diplomchemiker Dirk Seinsche, anderes dauert länger. Da werden Zeugen befragt, Sicherungskästen und elektrische Geräte untersucht, zuweilen wird der Brandschutt gesiebt. Stinken tut das, dass man die Flucht ergreifen möchte, aber Brandspuren wollen mit Geduld gelesen sein: Trichterförmiges weist auf viel Hitze zu Beginn hin, ein Tulpenmuster verrät, dass es ein Schwelbrand war. „Feuer", sagt ein Beamter im westlichen Ruhrgebiet, „ist wie ein lebendiges Tier. Es bewegt sich fort, atmet, schläft."

01 Testsprengung: Ist der Böller gefährlich?

02 Illegales Feuerwerk wird ausprobiert und ...

03 ... hätte in diesem Fall fatal gewirkt.

Und manchmal hat dabei der Mensch die Hand im Spiel. „Ein schlauer Täter", sagt Seinsche, „würde für das Anstecken einer Werkstatt das dort vorrätige Reinigungsbenzin verwenden." Ein weniger schlauer mischt vielleicht Heizöl bei – „und schon haben wir die Lösung".

Was natürlich nicht immer so einfach ist. Reste eines Brandbeschleunigers oder Russpartikel verstecken sich gern in Ecken, Fugen, hinter Fußleisten und unter Schränken. Immer wieder vernichtet auch die Feuerwehr belastende Spuren, schließlich muss sie Leben retten, unter Umständen. Und dann ist die halb verbrannte, aufgebrochene Tür eben nicht vom Brandstifter so zugerichtet worden, sondern vielleicht vom Brandmeister mit seiner Axt.

Hilfe kommt auch hier von technischem Gerät – und von Hunden. Die Nasen sind besser als jede Maschine, finden ein Benzinteilchen in einer Milliarde anderer Teilchen, „das ist", sagt Seinsche, „als entdeckten Sie einen Münchner in China." Und solche Beweise sind wichtig. „Heute gesteht keiner mehr was unter Druck, die Zeiten sind leider vorbei", weiß Seinsche. Beweise aber können erschlagend sein. Wie im Fall Villa Völler. Zu Silvester brannte „Tante Käthes" Hütte, doch was heißt Hütte, es war ein großer Jugendstilbau, „so einer hat ja was an den Füßen". Deshalb ließ der Trainer sein Haus auch umbauen, Kabel lagen überall herum zwischen den Baumaschinen, „eine Riesenarbeit" für die Ermittler. Ein Kurzschluss konnte es nicht gewesen sein, da gab es Brandherde, wo gar kein Strom war, aber im Brandschutt fand sich Benzin. Ha, frohlockte da vor Gericht der Verteidiger des Angeklagten, wo Baumaschinen seien, da sei doch auch Benzin!? Sachverständiger Seinsche aber konnte kontern: Die intensiven Spuren, hier und da und dort, seien „nicht erklärbar" durch den Treibstoff eines Betonmischers. Rudi Völler persönlich hat er trotzdem nicht kennen gelernt.

„Wenn nach einem Unfall Schuhe auf der Straße stehen, ist nichts mehr zu machen. Die zerfetzten Körper - manchmal sieht das aus wie an der Fleischtheke, nur weniger sortiert. Wenigstens erkennt man so das Leben nicht mehr." (Marcela, Tatortvermessung, LKA)

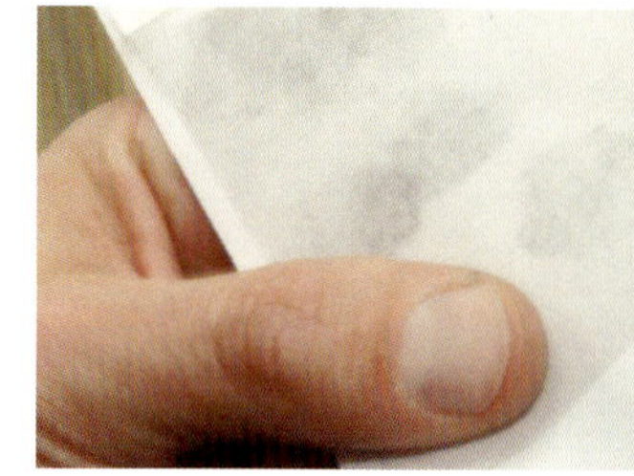

„Bei uns kann jeder alles", behauptet Frank Feyerabend, „vom kleinen Einbruch bis zum Mord." Den Satz möchte man so wirken lassen, aber was der Kriminalkommissar meint, ist: die Spurensicherung des Polizeipräsidiums Duisburg, KK 33. Ein Ort im vierten Stock, wo sich beim Erkennungsdienst Mittelalter (Druckerschwärze für den Fingerabdruck) und Moderne (Digitalkamera für das Verbrecherfoto) treffen.

Zwei kleine Einbrüche beschäftigen die Spurensicherer an diesem Morgen, und die haben nicht einmal richtig geklappt. Wir zählen den dritten Juni und schon den 368. Tatort, es wird ein hartes Jahr. Draußen wartet ein Einsatzauto, das bessere Tage gesehen hat, dieser ist verdammt schwül und zum Glück kein Montag – da ist mehr los.

In einer Eckkneipe grüßt der Wirt mit einem Lächeln. Er kennt das schon. Er hat auch diesmal wieder ein bisschen Geld herumliegen lassen, „damit die Jungs nicht die ganze Bude auseinandernehmen". Das Geld ist jetzt weg, der Täter auch, die Bude steht noch. Bis auf das Hinterfenster, es ist ein Notausgang und deshalb das einzige, das zu öffnen ist. Der Einbrecher, nachts um 4.18 Uhr, erledigte das mit einem Schraubenzieher. Frank Feyerabend, mit seinem Köfferchen eine Art Handlungsreisender in Sachen Spurensuche, fotografiert, pinselt den Abdruck eines Turnschuhs von der Fensterbank, „den können wir gleich mal mitnehmen". Wäre dies ein Mordfall, er hätte den Rahmen vielleicht chemisch bedampft, „aber nicht bei einem normalen Kneipeneinbruch". Der Wirt lächelt wieder, grüßt und geht zum Tagesgeschäft über: „Besser hier, als bei mir zu Hause." Er wird das Fenster mit einem trockenen Lappen sauber machen, es gäbe sonst eine Schmiererei, hat Feyerabend gesagt.

01 Spurensicherung: Ein Kriminaltechniker ...

02 ... macht nach einem Einbruch Fingerspuren ...

03 ... sichtbar und sichert sie.

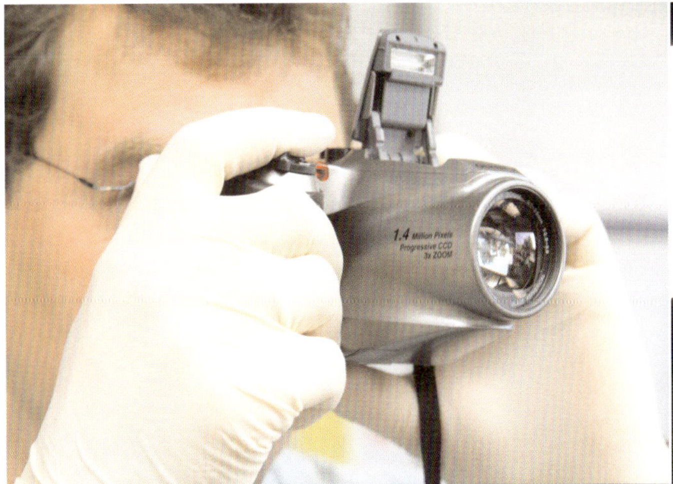

01 Spurendokumentation am Tatort.

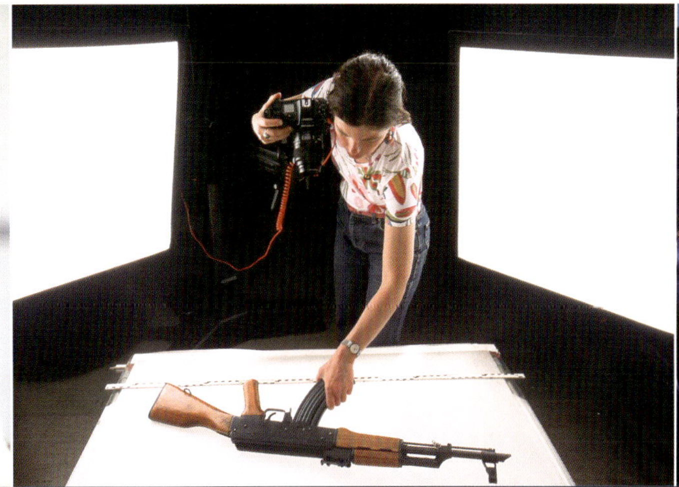

02 Fotografische Beweissicherung im LKA.

03 Auswertung von Überwachungsvideos.

Der nächste Tatort ist wieder eine Eckkneipe, auch hier ging die Alarmanlage los, es war eine schlechte Nacht für böse Jungs. Trotzdem: „Wenn ich hinfahr, will ich auch den Täter", sagt Feyerabend. Hier hinterließ er eine umgekippte Topfpalme, eine Lampe in Einzelteilen und Scherben dieser braunen Glasbausteine altmodischer Gaststätten. Eingestiegen ist der Unbekannte direkt neben der Spargelkarte, empfangen hat ihn die Sirene. „Sie dürfen dann sauber machen", sagt der Kripomann zur Wirtin, sie trägt einen grünen Morgenrock.

„Tja, so ein kleiner Sparkassen-Überfall, da könnte man jetzt schön arbeiten", sinniert Feyerabend auf dem Rückweg, aus dem Funkgerät plärrt Egon. Egon ist immer dabei, so heißt die Einsatzzentrale, aber die hat keinen Bankraub an diesem Morgen. Der originellste Fall des 41-Jährigen, das war ein Dieb, der an den Tatort zurückkehrte, als die Spurensicherer noch fotografierten. Das Geklaute hatte er tatsächlich noch in der Tasche. Warum nur? „Das interessiert mich nicht, Hauptsache, ich hab meinen Pappenheimer."

Das klingt lustig? Nun, es ist auch schnell Schluss damit. Denn Frank Feyerabend, zwei versuchte Kneipeneinbrüche an diesem Junitag, war auch der Mann, der beim „Pokemón-Mord" den Koffer entdeckte – und darin den Kopf des ermordeten Sedat fand. „Da braucht man eine Zeit, bis man das verarbeitet", sagt der Kommissar, er hat die Geschichte herausgesprudelt, und man merkt daran: Diese Zeit ist noch nicht vorbei.

„Sie nennen es Sachverhalt, aber es geht ihnen nah." Thomas Jungbluth sagt das, er leitet die Zentrale Kriminalitätsbekämpfung in Düsseldorf, und er weiß, was seine Leute leisten müssen. Er zieht den Hut vor denen, die ein Näschen für die Bewertung von Hinweisen haben. Er weiß, dass der Aufwand immer höher wird und dass die Fallzahlen steigen. Wo drängt es am meisten, Herr Jungbluth? „Unser besonderes Augenmerk gilt ...", beginnt der Leitende Kriminaldirektor, und dann zählt er auf, bis sich seine Stimme ins Nichts verliert: „Organisierte Kriminalität, Wirtschaftskriminalität, Menschenhandel, Korruption, Tötungsdelikte, Drogen, Gewaltkriminalität, Jugendkriminalität, Kinderpornographie ..." Fast überall sinkt die Hemmschwelle und mit ihr die Altersgrenze. Das Schlimme daran: Das meiste davon berührt irgendwo das ganz alltägliche Leben, auch der Polizisten. „Dieser Beruf", sagt Jungbluth, „ist eine echte Berufung."

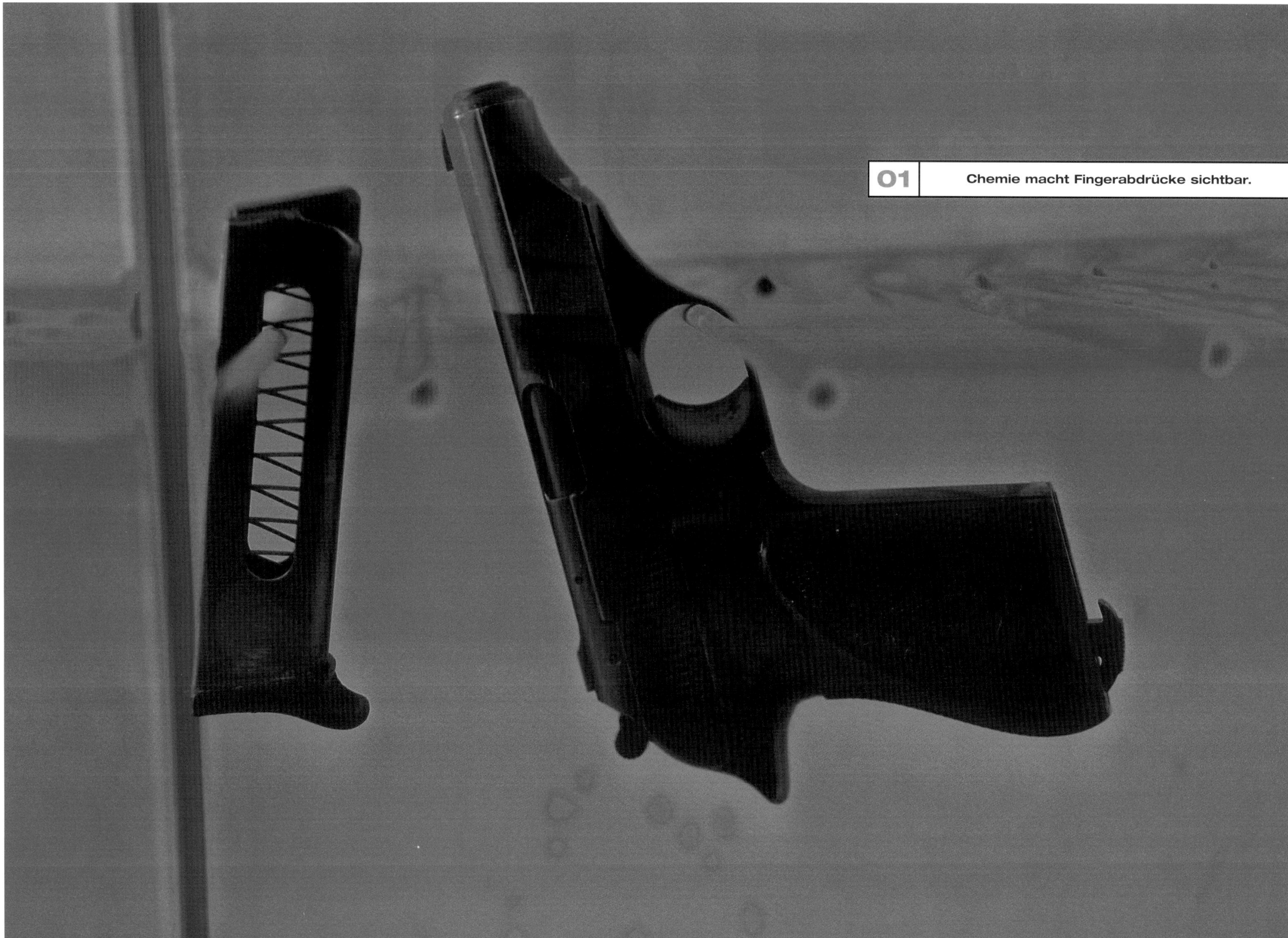

01 Chemie macht Fingerabdrücke sichtbar.

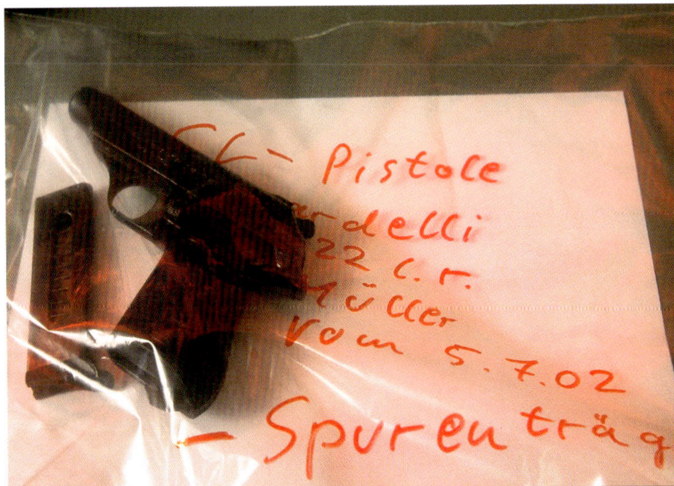

02 Eine Tatwaffe wird in der Kriminaltechnik ...

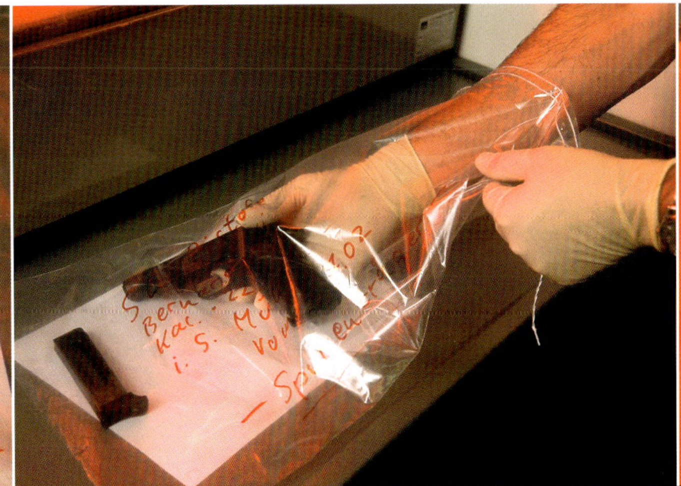

03 ... katalogisiert und auf Spuren untersucht.

04 Ein Bedampfer macht Fingerabdrücke sichtbar.

„Das Schlimmste ist, wenn einer einem Kind etwas antut. Missbrauch, das ist mindestens so schlimm wie Mord. Denn da wird eine Seele ermordet" (Heinz, Polizeioberkommissar, Dortmund)

Kriminalhauptkommissar Ensink, Mordkommission, heißt Hubert, nicht Horst. Aber er ist, was man einen „Typ" nennt, Duisburger, auch das noch, und deshalb nennt man ihn schon mal so: Horst Schimanski. Aber Hubert Ensink ist kein harter Hund, er ist einer mit Herz, der sich leidenschaftlich freut, wenn er einen Täter erwischt, „ein Riesenspaß", sagt er – aber er ist auch einer, der leidet. An der Kälte mancher Täter, auch an ihrem Schicksal, an den Qualen der Opfer. Hubert Ensink sind Kollegen unheimlich, die alles wegstecken, die immer nur den Panzer zeigen, er findet, dass es gut ist, wenn man über die Dinge redet. „Probleme sind nichts Schlimmes", sagt er, und es gibt sie einfach, diese Fälle, die unerträglich sind. „Wer da sagt, er geht zur Tagesordnung über, der lügt oder ist ein Gefühlskrüppel."

Der Fall Sedat sei so einer gewesen, sagt er. Schon wieder Sedat. Es gibt andere, grausige Beispiele, aber der Pokemón-Mord hat sich eingebrannt wie vielleicht kein zweiter in das Gedächtnis der Polizisten in Nordrhein-Westfalen. Es war ja wieder ein Kind, das da sterben musste, auf bestialische Weise, und Kinder hat jeder in seinem Umfeld, der Schmerz, die Angst sind nachvollziehbar. Sowieso sind die Beamten froh, wenn sie einen Mörder kriegen, „aber dieser unbedingte Wille wird bei einem Kind noch getoppt", sagt Ensink. Und dann noch ein Motiv, man hätte zufrieden sein können – doch dieses Motiv war zu schrecklich, „das kann man einfach nicht ertragen".

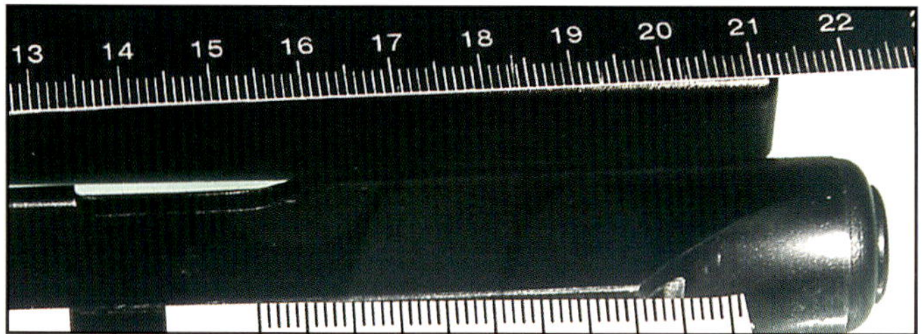

Mit Pokemón-Karten hatte ein 24-Jähriger den neunjährigen Sedat in seine Duisburger Wohnung gelockt, hatte ihn getötet, um sich zusammen mit seiner Freundin an der Leiche sexuell zu befriedigen. Die Einzelheiten sind zu furchtbar, nur soviel: Ein Spaziergänger fand die verstümmelte Leiche des Jungen im Januar 2001 in einem Koffer. Den Kopf entdeckte Spurensicherer Feyerabend später im Altkleidercontainer daneben. Der Täter, „er wollte einfach nur mal ein Kind sterben sehen. Er wollte einen Körper von innen angucken und Sex haben neben einer Leiche". Und Ensink sagt etwas, was ein Arbeitnehmer öffentlich eigentlich niemals sagt, weil es nach Schwäche klingt: „Die Grenze der Belastbarkeit war erreicht." Als dieser Mörder in seiner Vernehmung über die schreckliche Tat sprach, tat er das, „als wenn irgendeiner schildert, wie er sich eine Scheibe Brot abschneidet". Ungerührt. Emotionslos. Kalt.

01 **Die Abdrücke auf der Waffe werden ...**

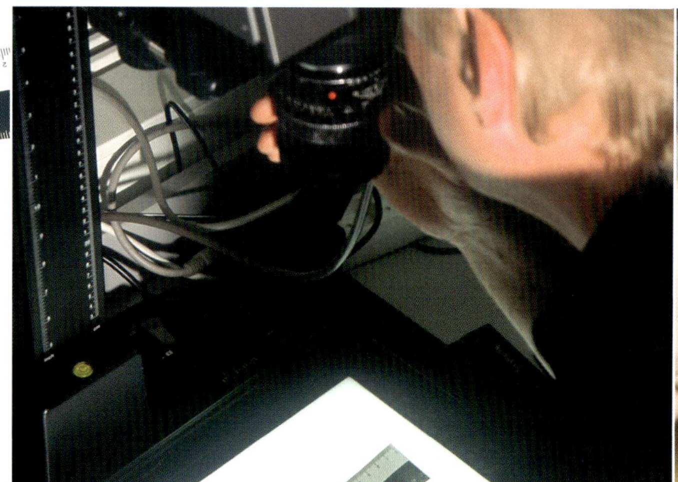

02 **... fotografiert und analysiert.**

03 **DNS-Spuren werden gesichert.**

Sedats Bild hängt in diesem winzigen Büro des Kriminalkommissariats 11, Todesermittlungen, an der Wand. Zweimal – einmal gerahmt. Ein freundliches Kind. Auch das Gesicht einer vermissten Prostituierten blickt von der Tapete, an der Pinnwand: der Geiselnehmer von Hamminkeln, ein Mann, der seinen eigenen Schwiegersohn wegen Spielschulden umbrachte, ein anderer, der Frau und Kind tötete auf „Befehl vom Nikolaus", ein Messerstecher, die „Kirmesmörderin", ein Phantombild, das dem daneben aufgehängten Originalbild nicht im mindesten ähnlich sieht. Und das Foto der kleinen Nicole, die in den 80er Jahren sterben musste: Der Täter hatte vorher schon 14 andere Kinder vergewaltigt. Trophäen? Nur Erinnerungen. An Fälle, die den Kommissar bewegt haben, aufgewühlt, nie wird er die Namen vergessen. Auch Frank Gust hat hier seinen Platz, man nannte ihn den „Rhein-Ruhr-Ripper". Von ihm liegt noch Mordwerkzeug im Schrank, es gab mal eine Vitrine, als noch mehr Platz war auf dem engen Flur: Handschellen, Elektroschocker, eine selbst gebaute Waffe. Die Geschichte Gusts hätte sich wohl kein Horrorfilmer getraut zu erfinden. Manchmal ist die Wirklichkeit schrecklicher als die Fantasie.

Gust, ein Mann mit zwei Gesichtern. Einfühlsam, so erlebte ihn seine Frau, „der beste Ehemann von allen". Grausam, so erlebten ihn seine Opfer, er hat es selbst erzählt, sich „daran geweidet", sagt die Polizei. Wie er sich an den Leiden ergötzte, die er Frauen antat. Seine Tante hatte er zerstückelt, sie den Wildschweinen vorgeworfen. Dann, in den 90er Jahren war das, nahm er sich Mädchen vor an Rhein und Ruhr: fesselte sie, missbrauchte sie, brachte vier von ihnen um. „Du stirbst auf jeden Fall", hat er ihnen gesagt, „du kannst dir aussuchen, wie." Doch die Taten waren nie zu Ende nach dem Mord. Der „Ripper" wollte die Finder schockieren, „er hat die Frauen regelrecht drapiert", erinnert sich Hubert Ensink und schlägt mit der Hand auf die Armlehne seines Stuhls. Er zögert nur einen Moment. Soll man erzählen von abgetrennten Händen und Köpfen, davon, wo die Herzen der Opfer lagen?

Später erst erfuhr man, dass dieser Täter eine Geschichte hatte. Eine von 400 Einbrüchen im jugendlichen Alter, viele davon in Leichenhallen. Eine von geschändeten Toten mit Besenstielen im Leib, von Verkehr mit Tieren, die er ausweidete und mit geometrisch geformten Wunden im Leib hinterließ. „Der beste Ehemann von allen." Und ein geschickter Krimineller: Er vergaß nie etwas am Tatort, er zog die Schuhe seiner Opfer an, um keine Spuren zu hinterlassen. „Unglaublich, der Typ", sagt der Kriminologe in Hubert Ensink. „Ob man das je richtig verarbeitet oder nur verdrängt?", fragt der verletzliche Mensch in ihm.

Sie haben ihn gekriegt mit Hilfe übersinnlicher Kräfte: Die Mutter legte ihrem Sohn die Karten, entdeckte den Tod im Blatt. Worauf der Sohn bereitwillig erzählte, was ihm niemand glaubte. Bis auf eine Kusine – die ging zur Polizei. So kam der Stein ins Rollen. Letztlich wird die Mordkommission meist im sozialen Umfeld des Opfers fündig. Wenn ein Mann seine Frau umbringt, das ist einfach, geht es manchmal in 24 Stunden, zuweilen dauert es drei Tage. Aber „je kürzer die Vorbeziehung, desto kniffliger" – dann werden es vielleicht Monate ... Man muss den „Kreuzpunkt" finden, an dem Täter und Opfer sich begegnet sind, sie nennen das ihr „Packende". Es kribbelt, wenn sie eines haben, manchmal aber entpuppt es sich als leere Hoffnung.

01 Tatwaffen im Asservatenschrank der KTU.

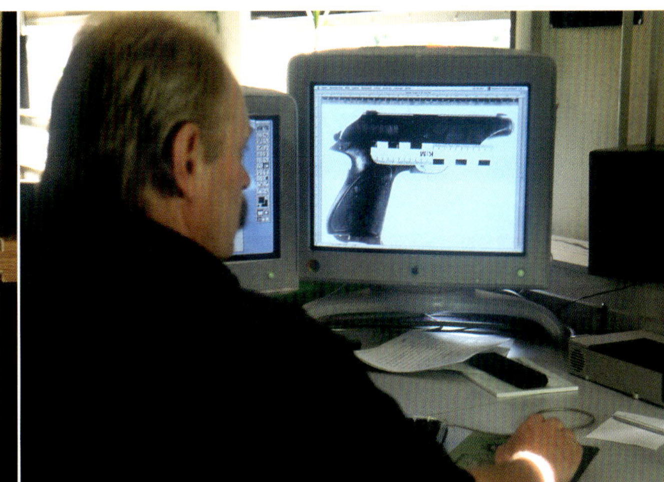

02 Spurenauswertung am Computer.

01 Tatortarbeit nach einem Tötungsdelikt.*

Der Teufel steckt, das tut er ja immer, im Detail, Banalitäten gibt es nicht für Mordermittler. Man darf auch nicht einfach warten. „Die Leute", sagt Ensink, „melden sich nicht, wenn sie einen grünen Regenschirm gesehen haben. Aber genau das kann entscheidend sein." Weshalb es nur einen Weg gibt: „Wir befragen jeden Wellensittich." Und fliegen anfangs auf alle Fährten gleichzeitig, denn „was da verloren geht, ist nicht mehr zu heilen". Da muss ein Team ran, in dem jeder etwas kann. Das einen Tatort lesen kann wie ein Buch: Was ist hier eigentlich los gewesen? Wo war der Täter? Ein Ermittler sieht das, ein Spurensicherer überprüft das, ein Tatortvermesser kann es berechnen.

Denn bei größeren Flächen wird die Arbeit mit Zollstock und Rädchen schwierig – Kameras und Luftaufnahme-Techniken aber, wie sie auch Scotland Yard und FBI benutzen, machen Zeichnungen möglich, die Tatorte genau erfassen. Als etwa im Februar 2000 in Brühl ein Zug entgleiste, machten Kriminaloberkommissar Dirk Heisterkamp und sein Team aus dem LKA „unendlich viele Bilder aus dem Hubschrauber, aus allen erdenklichen Winkeln". So ließ sich später bestimmen, wo welches Teil lag, wo Gleise verschoben, Bohlen gesplittert und Trümmer gelandet waren: ein untrügliches Bild, das Geschwindigkeit und Unfallursache entlarvte. Die Tatortvermesser liefern Gutachten nach Unfällen mit Toten und Schwerstverletzten, fotografieren zwei-, sogar dreidimensional die Lage nach Kapitalstraftaten, bestimmen die Körpergröße eines Täters anhand von Bildmaterial aus Überwachungskameras.

Das ist die technische Seite (was die Bilder nicht harmloser macht). Die Mordkommission arbeitet mit den Menschen. Wer einen Verdächtigen vernimmt, baut ein Vertrauensverhältnis zu ihm auf, da hat jeder seinen eigenen Vernehmungsstil. Dann brüten die Polizisten über den Ergebnissen, Tag und Nacht, schlafen wenig, reden viel, und wenn sie der Presse sagen: „Wir ermitteln in alle Richtungen", dann heißt das, sie haben wirklich alle gefragt – Kneipenbekanntschaften, Freunde, Familie, Bekannte, Kollegen. Nach dem Umfeld, nach Hobbys, nach Vorlieben. Und dann denken sie wieder, puzzeln, fangen hier an und denken dort um die Ecke. „Kombinieren?" – nein, das klingt den meisten zu geschwollen. „Kriminalistische Bewertung", sagt der Experte, „Gespür", könnte man es auch nennen. „Das kann man nicht auf der Schulbank lernen", glaubt KHK Ensink, „das muss man mitbringen."

*Tatort nachgestellt

02 Jede Spur am Tatort wird genau vermessen, …

03 … katalogisiert und gesichert für eine …

04 … spätere Auswertung im Labor.

„Ich müsste lügen, wenn ich sagen würde, ich gucke keine Fernsehkrimis. Die Menschen wissen aber, dass wir nicht so arbeiten wie Schimmi – sonst wären wir längst alle entlassen." (Hubert, Mordkommission Duisburg)

Rund 1.000 Mal im Jahr rückt das KK 11 aus, immer dann, wenn ein Notarzt sein Kreuzchen bei „nicht natürlicher Tod" gemacht hat. Meist ist es dann doch ein Herzinfarkt gewesen, ein Selbstmord, aber oft, 20 Mal, 30 Mal, ist es eben mehr. „Die Motive für einen Mord", sagt Kriminalbeamtin Bärbel Solf in Bochum, „sind so vielfältig, das kann man sich nicht vorstellen als normal denkender Mensch." „Die wenigsten", weiß Hubert Ensink, „wissen schon, wenn sie morgens aus dem Haus gehen, dass sie abends Mörder sind". Ein trauriger Job, denn es hängt immer ein Begräbnis daran, die Trauer, oft der Schock der Hinterbliebenen. Auch die unangenehme Pflicht, den Angehörigen die Nachricht zu überbringen. „Was sagt man da – ‚Guten Tag'?", fragt sich Ensink auch nach Jahren noch. „Was ist an dem Tag schon gut …?" Der Tod als Tagesgeschäft. Einen Täter zu erwischen, das empfinden Kripobeamte manchmal, „als würden wir dem Opfer die letzte Ehre erweisen".

Da war diese Sommernacht auf der Kriminalwache in Bochum, es war im August 2002. Da erschien zunächst dieser verstörte, blutverschmierte Mann, in dessen Wohnung die Beamten später die Ehefrau und zwei kleine Kinder fand – alle erstochen mit einem Küchenmesser. Der Streifenwagen war noch unterwegs, als eine Frau mit ihrem Sohn bei der Polizei klingelte: Sie habe soeben ihren Mann erschossen in seinem Bett gefunden. Vor der Wache parken genau zwei Autos – für ganz Bochum, Herne, Wanne, Wattenscheid und eben Witten. Es war die Nacht der langen Messer.

Aber es muss auch solche Dienste geben: Die Zeitungen auf dem Tisch sind zerlesen, der Kaffee ist alle, in den bunten Prospekten aus den Samstagsblättern sind alle Sonderangebote verglichen. Irgendjemand fordert drängend den Beitrag für die Lottokasse ein. Ein ruhiges Wochenende. Es war warm vor ein paar Tagen noch, nun aber hängt feuchte Luft über dem Bochumer Polizeipräsidium. „Bei schlechtem Wetter gehen auch die Straftäter nicht raus."

Die Dienstgruppenleiterin vernimmt eine Frau, die ihren Freund anzeigen will, mal wieder, man kennt sich schon. Diesmal sei Blut an der Wohnungstür, der Kerl ist eingebrochen, eine Beziehungskiste. Vernehmungsprotokoll, ein Team fährt los und nimmt ein paar Blutspuren vom Türrahmen. „Manchmal", sagt Kriminalhauptkommissarin Bärbel Solf, „fühlen wir uns missbraucht." Das kommt vor, wenn eine Frau einem gewalttätigen Mann abschwört und ihn dann doch wieder aufnimmt. „Aber wenn es wieder kracht, rufen sie die Polizei." – Danach sitzen die Polizisten wieder. Und warten.

Später am Nachmittag behauptet ein Mann am Telefon, er hätte Kinder geschändet. Er will sich nun selbst anzeigen. Hinterher wird er dann sagen, er hat die Kinder nur gefragt, ob sie mitkommen, aber sie haben nein gesagt. Das ist noch keine Straftat, nach dem Gesetz. In seiner Polizeiakte steht, er war bis jetzt nur ein Ladendieb. Ein Mann für die kleine Beute: eine Zange, ein Braten, ein toter Fisch.

01 Die Hülse stammt aus der Tatwaffe.

02 Später kann sie den Täter überführen.

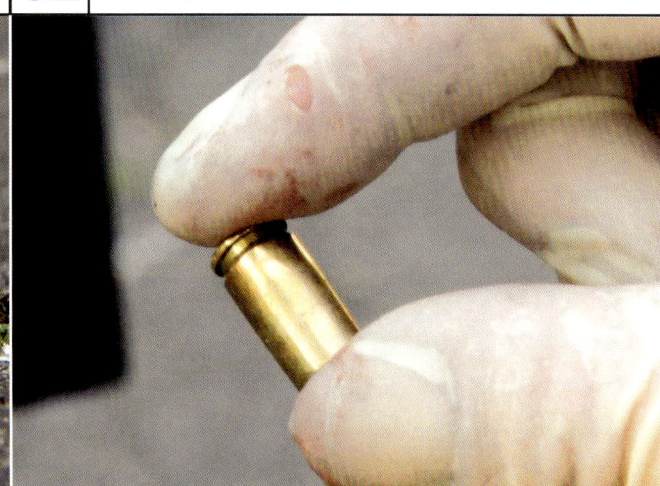

01 **Kleidungsstücke werden später im Labor auf Faserspuren untersucht.** *

02 **DNS-Spuren werden gesichert. Vielleicht stammen sie vom Täter.**

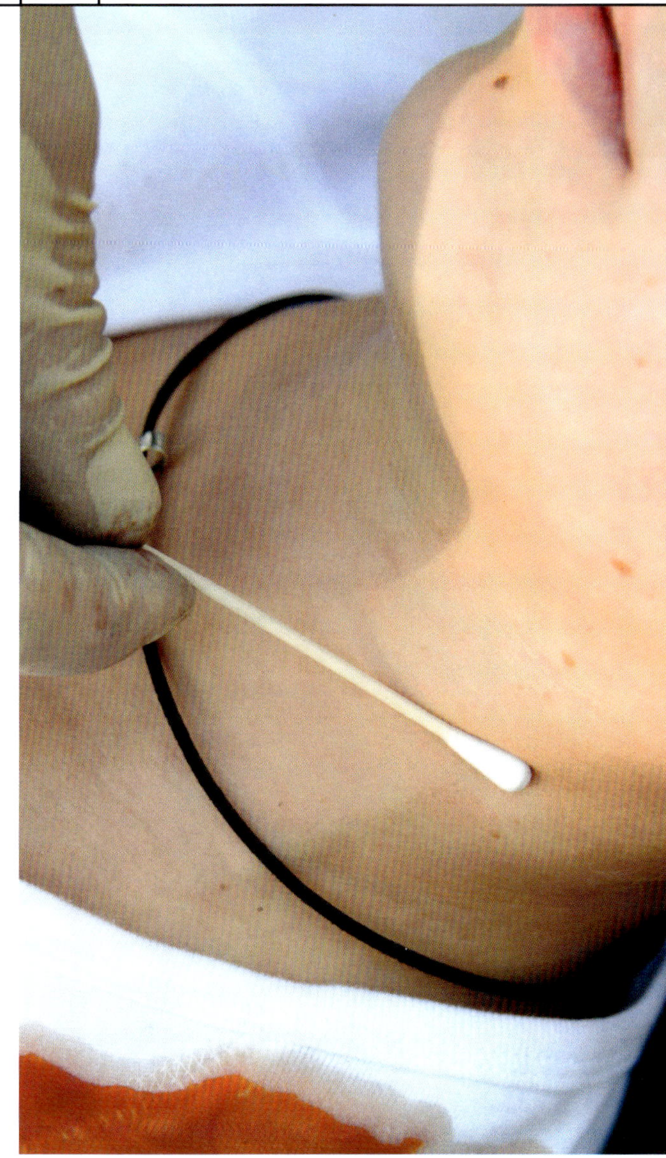

Aber wenn man lauert, passiert nichts. Und wenn man entspannt, holen einen die Ereignisse ein. Der Nachtdienst hat die Jacke noch nicht aus und die Kaffeemaschine noch nicht an, da meldet die Leitstelle eine Leiche. „Eine normale Notarztleiche", davon haben sie hier um die 200 im Jahr: eine, wo der herbeigerufene Doktor „das Kreuz an der falschen Stelle macht" – im Kästchen hinter „Todesursache unbekannt". Es passiert oft am Wochenende, wenn Verwandte zum Kaffee die Oma besuchen wollen – und sehen, sie ist nicht mehr. Dann muss die Kripo prüfen, ob vielleicht doch jemand nachgeholfen hat beim Sterben, schön ist das nicht. Zumal, wenn der Tote schon länger liegt. Der Kollege aus der Todesermittlung hatte kürzlich einen, den sie erst nach Monaten fanden. Es stank zum Himmel in seiner vermüllten Wohnung, „das ist das Schlimmste, den Geruch vergisst du nie". Der Körper war schon schwarz, die Schleimhaut zerfressen, „Teppichkleber" nennen sie die, deren Haut schon verschmolzen ist mit dem Boden, auf dem sie liegen. Es ist nur mit schwarzem Humor auszuhalten.

Die Leiche jetzt ist sauber, Christian** starb in der Badewanne. Er wurde nicht einmal 30. Seine Mutter hat ihn gefunden, als sie nach Hause kam von einem Besuch bei der Nachbarin. Christian war untergegangen, sie hat ihm das große Kissen in den Rücken geschoben, eine Decke gebracht und das Wasser abgelassen – es war schon kalt. Der Notarzt hat den Toten aus der Wanne gehoben, nun stehen Wasserlachen im Bad, im Flur, in der Küche, Christian liegt jetzt im Türdurchgang. Die Mutter ringt die Hände, aber sie sagt „Gott sei Dank". Es ist zu Hause passiert, nicht auf der Straße. Der Sohn war drogenabhängig, mit 13 schon, die Familie hat sich oft gefragt, wie der Körper das aushielt. Geisteskrank war er auch, man weiß nicht genau, was zuerst da war: die Drogen oder die Krankheit. „Nun ist es vorbei", sagt die Mutter, sie weiß noch nicht, ob die Trauer stärker ist oder doch die Erleichterung. „Sein Leben war durcheinander, es wäre ja nicht mehr in Ordnung gekommen. Aber er wollte so leben." Sie steht unter Schock.

*Tatort nachgestellt / ** Name geändert

01 **Jedes Detail am Tatort wird dokumentiert, um es später rekonstruieren zu können.**

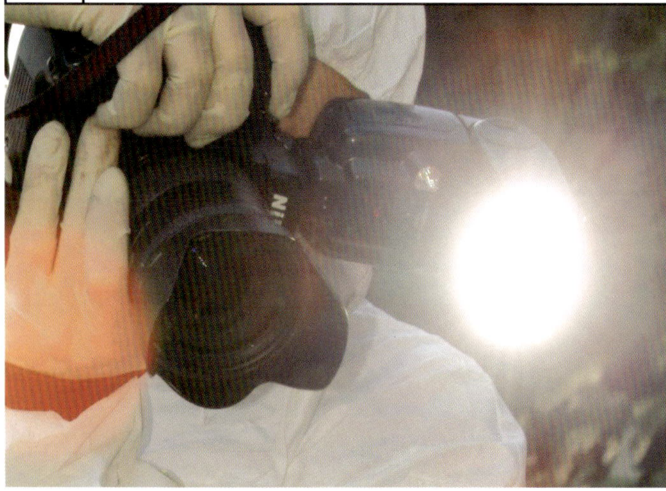

02 **Die Kriminaltechniker tragen Schutzanzüge, um keine eigenen Spuren zu hinterlassen.**

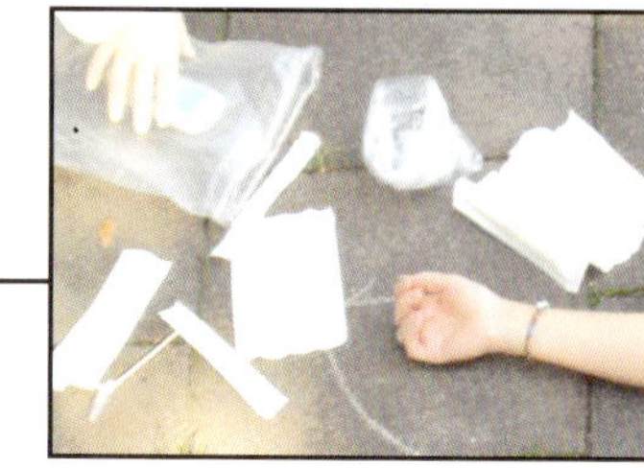

Die Kripobeamten schicken sie ins Wohnzimmer, führen sie zum Sofa an einer Wand voller fröhlicher Kinderfotos – sie müssen jetzt Leichenschau halten. Sie prüfen die Augen, sie zählen die blauen Flecken auf der wachsweißen Haut, ein paar Einstiche, sie schreiben die Gesichtsfarbe auf: blauviolett. Christian sieht friedlich aus, so regungslos; seine Polizeiakte, entdeckt die Kripo später, besteht aus vier Bänden. Bis der Bestatter kommt, sitzt die Mutter neben diesem Gesicht, streichelt es und weint. Neben ihr auf dem Küchentisch liegt ein Stapel Beileidskarten. Erst vor drei Wochen ist ihr eine Tochter gestorben: Krebs.

Der Bestatter wickelt den Leichnam, ein Namensband am Fuß, in eine Plastiktüte, der Tote gurgelt noch einmal, als sie ihn anheben mit einem kräftigen „Eins, zwei, hopp“. Im Wohnzimmer die Familie, sie muss das hören. „Da hört die Würde auf“, sagen die Kommissare. Auf einer ihrer praktischen Arbeitstaschen steht „Take it easy.“ Dieser hier, Christian, wird wohl obduziert werden.

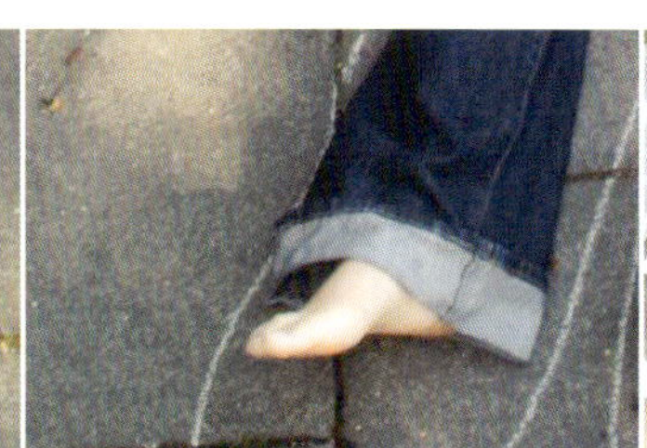

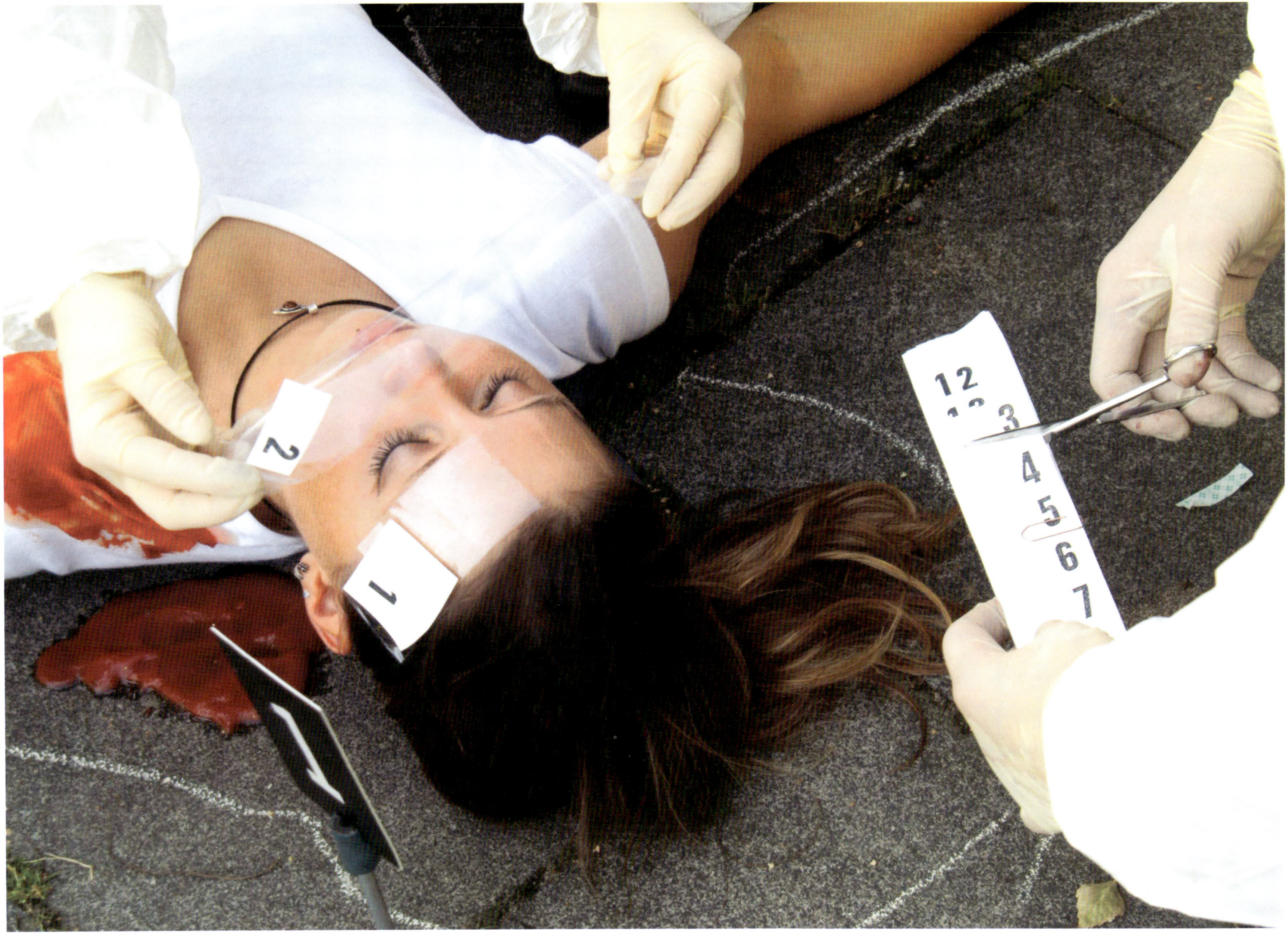
2
1
12
3
4
5
6
7

Der nächste Fall in dieser Nacht ist eine Vergewaltigung. Und ist es doch nicht: Die Tat, gemeldet von der jungen Ebru*, liegt schon eine Woche zurück, es war der Tag vor ihrer Scheidung, und eigentlich hat sie mitgemacht. Aus lauter Angst vor dem Mann. Ein Drittel der Vergewaltigungen, hat eine erfahrene Beamtin gesagt, werden nur angezeigt aus Angst vor Schwangerschaft oder vor der Strafe der Eltern. Ebru ist erst 21, ihr Kind kann schon laufen, danach hatte sie zwei Abtreibungen. „Ich dachte, der ist mein Mann, dann muss ich das machen", sagt Ebru. Gewehrt hat sie sich nicht, nur „immer geweint". Es ist nicht leicht, einer verletzten Frau klar zu machen, dass das nicht reicht für den Straftatbestand der Vergewaltigung.

Nun ist diese Anzeige nicht die erste, es gibt schon einen Gerichtsentscheid: Ebrus Ex-Mann darf sich ihr nicht mehr nähern. Das letzte Mal, als er kam, hat sie die Tür trotzdem aufgemacht, „ich wusste ja nicht, wer davor stand". Sie wiederholt das immer wieder, es ist, als sei sie taub gegen die guten Ratschläge der Kommissare, die einfühlsam mit ihr reden, ihr sagen, wie man sich schützt, ihr Beratungsstellen empfehlen. Sie reden von Sicherheitsschlössern und Ketten, die man vorlegen kann. Als sie gehen, sehen sie im Flurregal den Türspion. Ebru hat ihn schon lange, nur immer noch nicht eingebaut. Es ist nach Mitternacht. Im Wohnzimmer zerbröselt ihr Kind gerade Schokolade.

Urplötzlich springt ein Schatten aus der Nacht, stürzt sich auf die junge Frau, die allein nach Hause geht. „Spektakulär", sagen entsetzte Journalisten, die entsetzten Lesern am nächsten Tag die Geschichte einer brutalen Vergewaltigung erzählen. „Untypisch", sagt die Kriminalpolizei. Statistisch ist die viel beschriebene Konstellation „unbekannter Täter – zufälliges Opfer" eher die Ausnahme. „In zwei Dritteln der Fälle", weiß Andrea Scheuten, „sind beide sich schon vorher begegnet oder waren sogar besser bekannt." Nur bestünden dann, salopp ausgedrückt, „unterschiedliche Vorstellungen über die Vertiefung dieser Bekanntschaft". Da passieren Hunderte Straftaten, auch innerhalb enger Familienbande, die, so Scheuten, „genauso großes Leid verursachen" – aber die Öffentlichkeit schaut nur auf den einen Fall. Den untypischen. Den, der Schlagzeilen macht. Den, der so schrecklich wirkt, weil jeder denkt: Das kann mir auch passieren.

* Name geändert

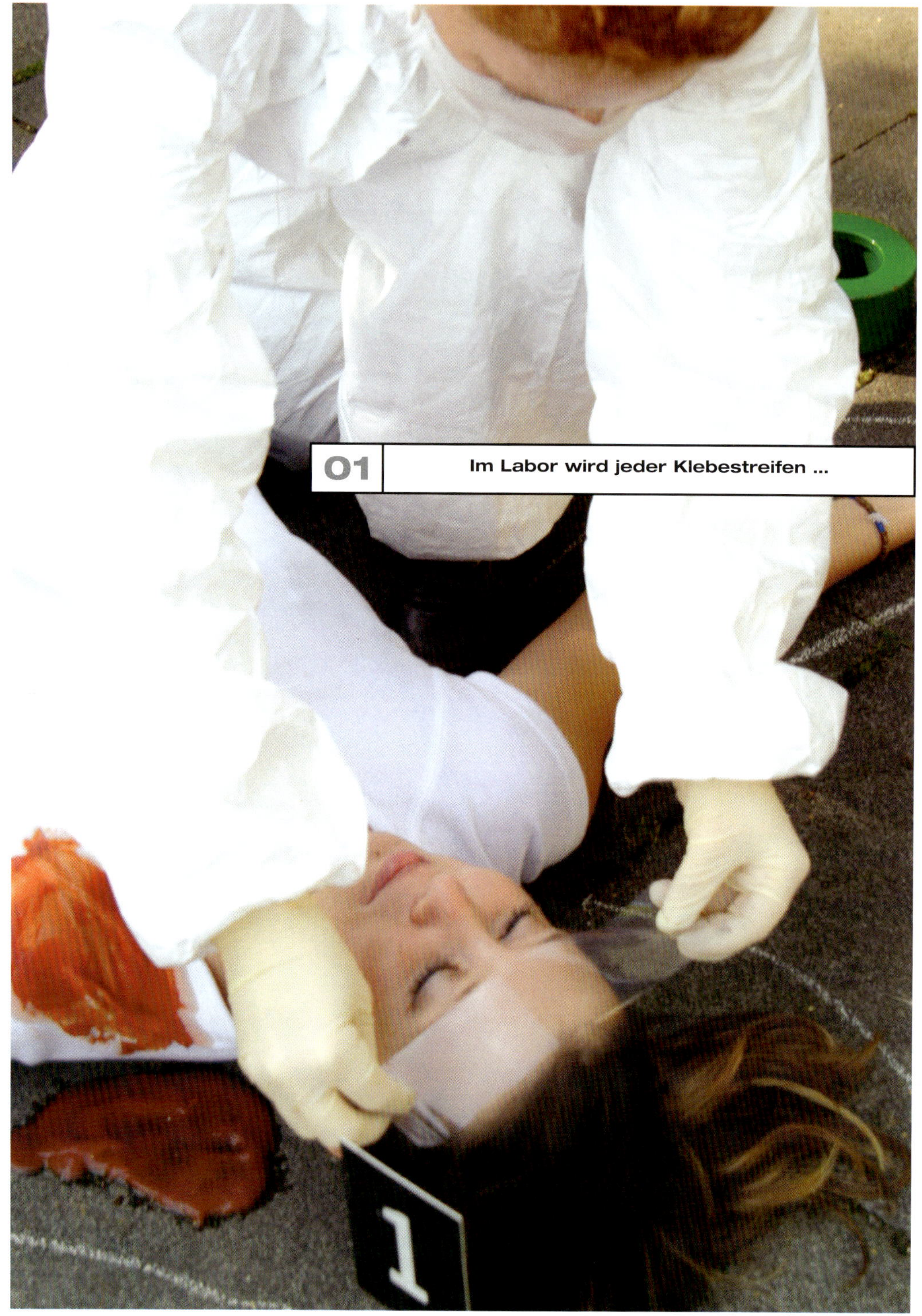

01 Im Labor wird jeder Klebestreifen ...

Den, der Andrea Scheuten beschäftigt: Als Leiterin der „EK Messer“ sucht die Kriminaloberrätin seit dem Frühsommer 2002 den Mann, der in Bochum, Hattingen, Sprockhövel mindestens 21 Frauen aus dem Hinterhalt überfiel. Im Januar 1994 schlug er zum ersten Mal zu, agierte danach in unregelmäßigen Abständen und meist an Haltestellen von Bussen und Bahnen. 21 Fälle, das ist viel, selbst für einen Serientäter. Die Opfer waren um die 20 Jahre alt, einmal 44, beim ersten Überfall sogar erst zwölf. Der Unbekannte nötigte das Kind, zwang es mit vorgehaltenem Messer zu sexuellen Praktiken, drohte: „Ich töte dich.“

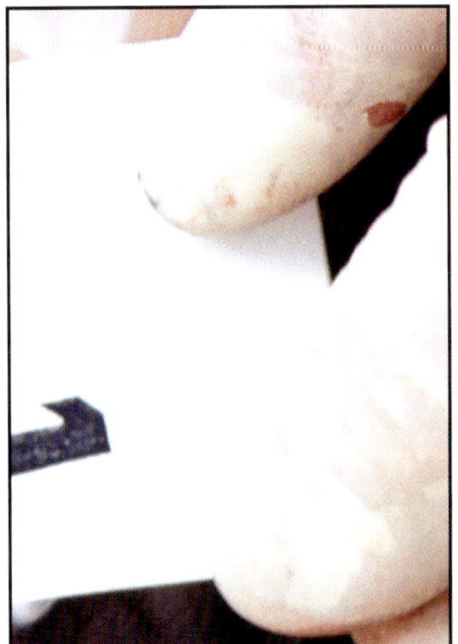

Auf der Internetseite gibt es einen Link „Neues zum Fall“. Wie bist du? Wer bist du? Was tust du?, fragt hier die Ermittlungskommission den Täter. Im August 2003 ist die Seite dahinter leer. Alles, was man weiß, ist, dass er meist einen Schnurrbart trug. Dass er oft ein Messer dabei hatte. Dass er seine Opfer mit Kabelbindern fesselt. Dass er einen breiten Ruhrpott-Dialekt spricht. Und dass er Mundgeruch hat.

„Der ist so unscheinbar oder hält sich so gut verborgen – wir ermitteln jetzt schon eine recht lange Zeit.“ Und der Täter kann überall sein. Oft verschwand er für längere Zeit aus den Nachrichten, zuweilen länger als ein Jahr. Andrea Scheuten und die EK Messer haben „alle Register gezogen“. Sie suchen draußen, im Internet, auch durch das Fernsehen. Mehr als 10.000 Männer aus der Gegend haben bereits Speichelproben abgegeben, man hat gepuzzelt, Nachtwache geschoben, die Bevölkerung intensiv befragt. „Aber ich habe die Hoffnung noch nicht aufgegeben“, sagt Andrea Scheuten nach mehr als zwölf erfolglosen Monaten. „Und das werde ich auch nicht.“

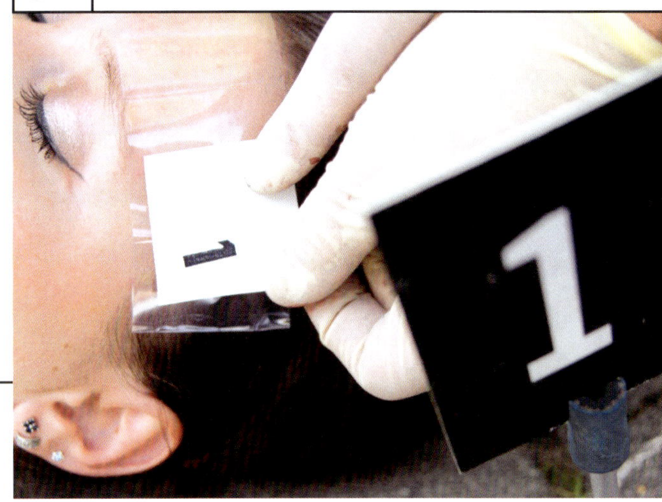

02 **... untersucht und die gefundenen Spuren, ...**

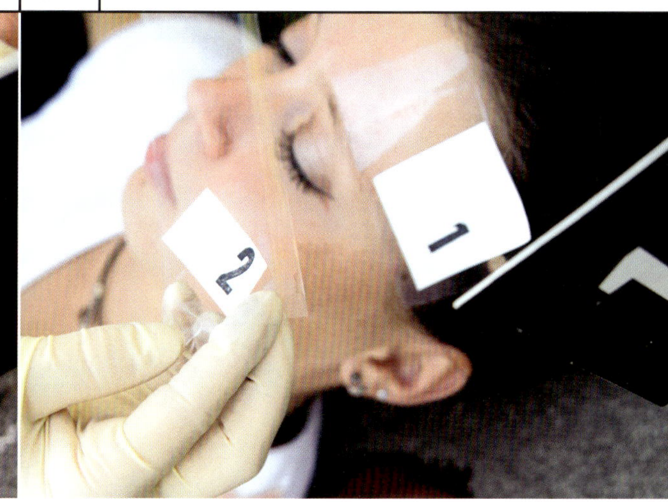

03 **... wie z. B. Fasern, gesichert.**

Zurück auf der K-Wache, in dieser schwülen Bochumer Nacht, gibt es doch endlich Kaffee, dann klappern die Schreibmaschinen. Der Todesfall muss dokumentiert werden, die angebliche Vergewaltigung auch. Jemand aus Herne hat angerufen: Er habe 550 Euro verdaddelt an einem einzigen Tag, jetzt ist er überzeugt, dass der Spielautomat ihn betrogen hat. „Was sollen wir machen, die Kiste versiegeln?“ Die Polizisten lachen über die komische Vorstellung und nehmen Abstand von der Idee. Der Wochenspruch auf dem Küchenkalender stammt von Theodor Fontane: „Gute Laune ist die Würze aller Wahrheit.“

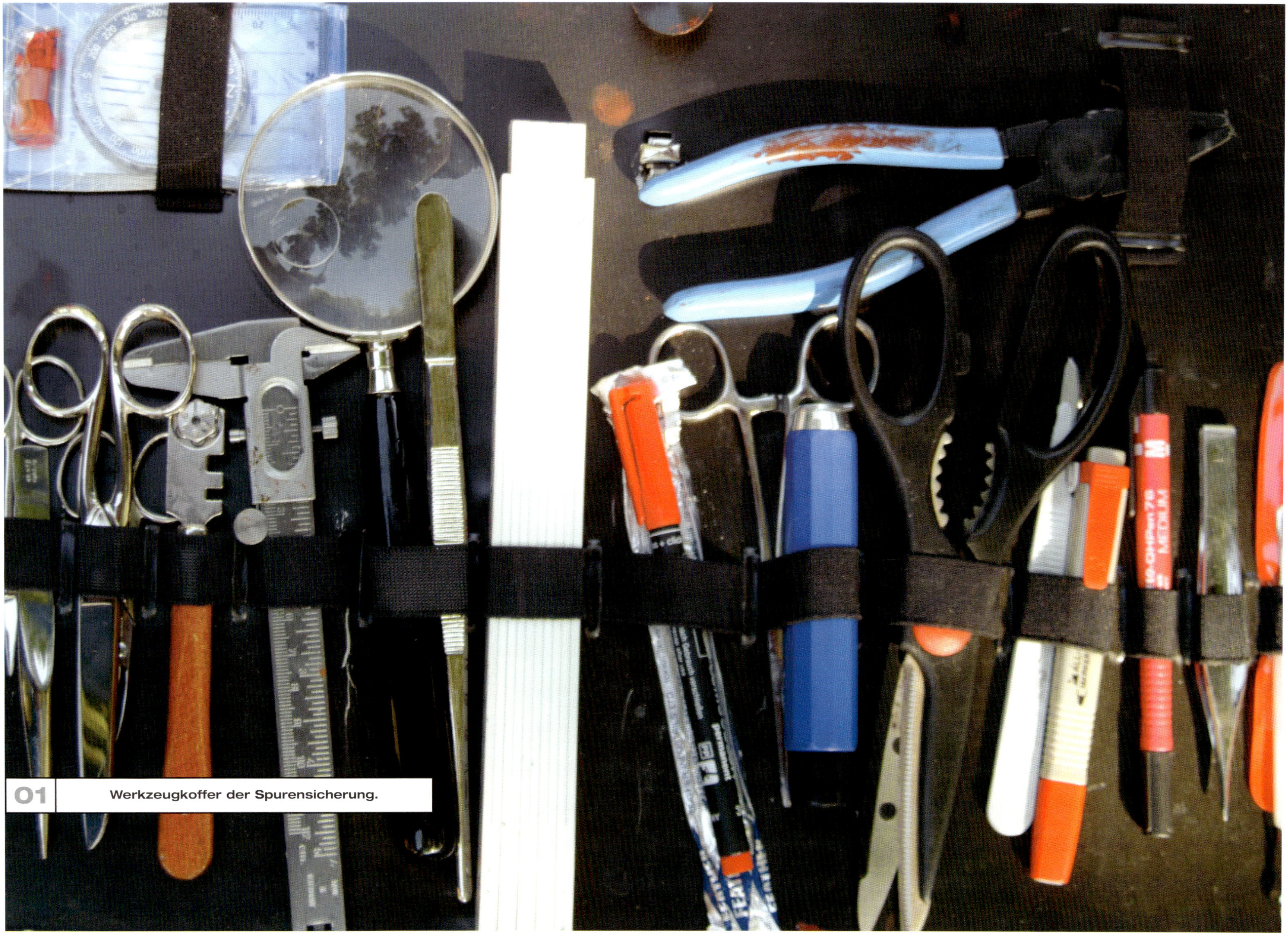

01 Werkzeugkoffer der Spurensicherung.

01 Fahnungsarbeit vor Ort: Fahrgestellnummern ...

02 ... und Passdaten von Verdächtigen werden erfasst.

03 Sichergestellte Computer werden untersucht.

Manchmal sind es also Wut, Hass, Leidenschaft, die Menschen zu Verbrechern machen. Meist aber treibt sie wohl das Dollarzeichen in den Augen – treibt den einen in die Unterwelt, dem anderen jede Vorsicht aus. Denn es gibt eine Eigenschaft, die ist bei anständigen wie bei weniger anständigen Menschen ziemlich gleich: die Gier nach Geld. „Jeder will mehr rausholen, als die Bank verspricht", das versteht Elisabeth Dressel noch. „Aber dann", beobachtete die ehemalige Vizechefin des Düsseldorfer KK 23 (Wirtschaftskriminalität), „schicken die Leute nach einem einzigen lockenden Anruf Unsummen von Geld durch die Weltgeschichte." Und, schwupps, ist das Ersparte weg, das Erbe weg, die Alterssicherung weg. Und zum schlechten Schluss vielleicht auch noch der Partner. Das ist die eine Seite des Kapitalanlagebetrugs, man könnte sagen: des Weißen Hais unter den vielen großen und kleinen Fischen in den Untiefen der Wirtschaftskriminalität. Auf der anderen Seite stehen Profis mit Profitorientierung, die schmutzige Geschäfte aufziehen in den Strukturen einer mittelständischen Firma und Gutgläubigen Gewinne versprechen.

Gerade in Düsseldorf haben viele dubiose Unternehmen ihren Sitz: edel ausgestattete Niederlassungen mit schicken Broschüren und psychologisch geschulten Anwerbern am Telefon. Manchmal aber wird ihnen die Landeshauptstadt auch zu klein. Im Knast lernten sich zwei kennen, die verkauften Aktienanteile einer Schweizer Holding an den halben Ostblock. Dann gründeten sie Niederlassungen rund um den Erdball – in Panama, Spanien, Rumänien, Uruguay, Irland, in den GUS-Staaten und auf den Antillen, im Yemen, in Japan und auf Guernsey ... 47 Unternehmen waren es zum Schluss, „mit nix dahinter", ermittelte das KK 23. Dressel: „Das waren die reinsten Kapital-Verschiebebahnhöfe." Mindestens sieben Millionen Euro von 900 Anlegern fand die Polizei allein auf der Spitze des Eisbergs. Das heißt, das Geld fand sie nicht wirklich: Das hatte sich in Luft aufgelöst, der Haupttäter hatte sich verspekuliert.

Als alles aufgeflogen war, sah die Kommissarin Mitarbeiter des kriminellen Duos weinen. Sie lernte einen Steuerberater kennen, der als Treuhänder ebenfalls auf die ganze Geschichte hereingefallen war und einen Betrüger, der mit Aura und Ausstrahlung jahrelang Ostdeutsche und -europäer über den Tisch gezogen hatte, indem er ihnen den Teufel in Gestalt des deutschen Fiskus an die Wand malte. Der treuherzig erklärte, dass er in Russland gescheitert sei: Dort sei es „wie im Wilden Westen". Dass die Düsseldorfer ermittelten, kam im übrigen so: Der Haupttäter musste dort wegen einer alten Straftat in den offenen Vollzug – und verlegte den Hauptsitz seines Unternehmens mit den 47 Standbeinen notgedrungen wieder an den Rhein.

Seine Verhaftung, mehr als ein Jahrzehnt nach den ersten Verkäufen, war ein später Erfolg für die Ermittler. Trotzdem: Wenn es die Abteilung Wirtschaftskriminalität nicht gäbe, vielleicht würde es nicht einmal jemand merken. Denn sie deckt Delikte auf, die kaum einer anzeigt. „Wenn keiner prüft, passiert auch nichts", sagt Elisabeth Dressel. Vieles ist nur schwer durchschaubar, die Beweise füllen Papiercontainer, Betroffene legen oftmals Schwarzgeld an oder Ersparnisse, von denen das Finanzamt nichts ahnt. „Organisierte Wirtschaftskriminalität und auch Korruption sind sehr heikel", sagt ein Insider – oft seien Amtsträger involviert, manches Mal auch Kollegen. So landen scheinbar ehrenhafte, gut betuchte Menschen mit Macht im Kittchen, hin und wieder auch ein Rechtsanwalt. Weil er mehr helfen wollte, als Justitia lieb ist, weil ihn mehr mit der Mandantin verband als eine Geschäftsbeziehung (Liebe, hieß es in einem Zeitungsartikel zum Thema, mache nicht nur blind, sondern auch blöd).

01 **Viel Ermittlung findet im Büro statt.**

02 **Akten wälzen, Daten beschaffen, analysieren.**

03 **Großrechner beim LKA.**

01 Observieren und im richtigen Moment zugreifen. Fahnder recherchieren lange ...

02 ... im Milieu der organisierten Kriminalität. Lange Recherchearbeit mündet in Festnahmen.

15 Tore schoss Jürgen Sobieray Anfang der 80er Jahre in der Fußball-Bundesliga für Schalke 04 und Borussia Dortmund. 20 Jahre später aber verpasste der einstige Abwehrrecke sich selbst ein folgenträchtiges Eigentor – und brauchte plötzlich auch einen guten Verteidiger. Der Vorwurf: Kapitalanlagebetrug. Schaden: mindestens drei Millionen Mark. Sobieray hatte, das bestätigte im September 2001 der Bundesgerichtshof, mit 40 Anlegern Foul gespielt. Mit einer in der Realität gar nicht existierenden Spielerbörse köderte der Dorstener finanzkräftige Anleger, die Renditen sollten durch den Wiederverkauf von Starspielern fließen. Mit kleinen Größen wie Sascha Borodjuk (Schalke) gab man anfangs an, behauptete später sogar, an einem Sensationstransfer Ronaldos beteiligt zu sein.

Ein Anleger kannte den brasilianischen Ballkünstler nicht einmal – und investierte trotzdem 140.000 mühsam zusammengesparte Mark. Kleinere Sümmchen hatten sich zunächst rasch vermehrt, typische Taktik der Betrüger. Um den schönen Schein zu wahren, fuhren Sobieray und der ehemalige Trainer und Vorsitzende eines Landesligisten dicke Autos, schwadronierten über Spielerbörsen in Turin, Eindhoven oder Stuttgart und nebenbei von Kontakten zu Paul Schockemöhle und Gerhard Meyer-Vorfelder.

Das Geld aber steckten sie nicht in Beine, sondern in Steine: ein kränkelndes Bauprojekt in Castrop-Rauxel. Sobieray zeigte sich schließlich selbst an, als ihm die Beschwerden aufgebrachter Kunden über den Kopf wuchsen. Seinen Komplizen nahm die Kripo auf dem Fußballplatz fest. Vom Gericht gab's schließlich die Rote Karte: dreieinhalb Jahre Haft. Das Geld allerdings war – und ist – futsch.

Da kann man jammern, kann Lösungen suchen, kann vorbeugen, ermitteln, verhaften. Doch es bleibt das immer gleiche Bild: Am Tatort sind die Halunken, mal Schmuddelkinder, mal adrett in weißen Kragen, immer die Ersten. Die Polizei läuft hinterher. Und die Opfer: hören auf viel Lärm um nichts, aber selten auf Warnungen. Glauben an das Gute, aber nicht der Aufklärung. Können vielleicht Genugtuung erfahren. Wiedergutmachung so gut wie nie.

01 **Drogenfahnder observieren einen Drogendealer.**

02 **Eine verdächtige Wohnung wird gestürmt.**

03 **Dealer verhaftet, Heroin gefunden.**

Sie nennen sich Jim, John oder James. Und sie verkaufen die Illusion, man könnte davonlaufen vor dem Leben. Die Illusion steckt in winzigen Beutelchen, die sie herunterschlucken, wenn die Polizei ihnen noch die Zeit dazu lässt. Ein Schwarzafrikaner, eigens ausgebildet, schafft bis zu 40 solcher „Bobbels“. Schlucken, staunen, unschuldig gucken. Sagen, man wollte nur die Freundin besuchen, alternativ den Anwalt, oder afrikanische Lebensmittel kaufen in der Worringer Straße. Keine Ahnung, keine Aussage. Und dann gehen sie als freier Mann. Mit 40 Tütchen Kokain oder Heroin im Magen. So können sie höchstens dem Großhändler noch in die Finger fallen, nicht aber der Polizei. „Für uns ist dann Ende“, sagen die Fahnder.

Beim Einsatztrupp des KK 35 in Düsseldorf, Rauschgift und Beschaffungskriminalität, werden an diesem Tag die Dienstwagen gewechselt, es wurde dringend Zeit. Die Szene wusste längst Bescheid, es wird ja alles weiter erzählt. Nur ihre Gesichter, die können die Fahnder nicht ändern. Man kennt sich. Viele Abhängige sind im Bilde, wenn sie einen der Beamten sehen. Aber in der Regel sagen sie aus. Sie wissen, dass sie selbst vielleicht davonkommen, wenn sie nur reden.

Wie Michael*, der nachmittags auf die Wache gebracht wird. Er zittert, aber mit Angst hat das nichts zu tun. Michael kennt das hier schon. Die engen Räume mit den abgeschabten Möbeln, die Fragen der Polizisten, die wissen wollen, woher er den Stoff hat. Wenn sie ihn fragen: „Alles klar?“, dann fragt Michael mutig zurück: „Bei dir auch?“ Dreimal war er schon in der Sonderwache Eisenstraße, versteckt hinter einem schweren Tor in einem alten Haus. Er zählt das an den Fingern nach, zuckt dann die Schultern. Vielleicht auch öfter.

* Name geändert

01 Folgeermittlungen: Eine weitere Person ...

02 ... wird verhaftet, die Personalien überprüft.

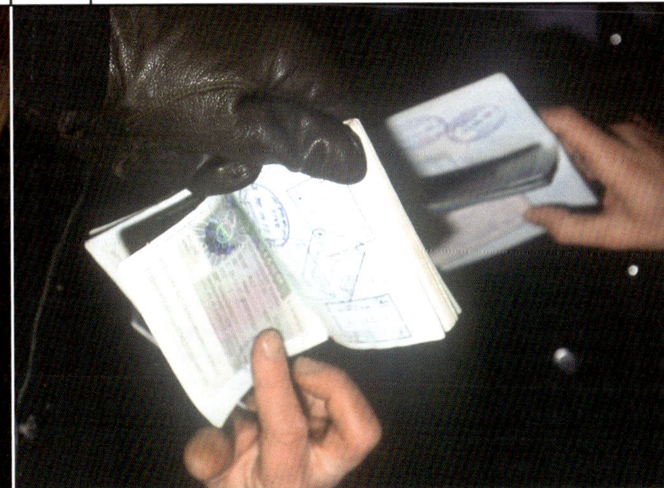

03 Festnahme auf der Straße: Der Dealer fuhr Taxi.

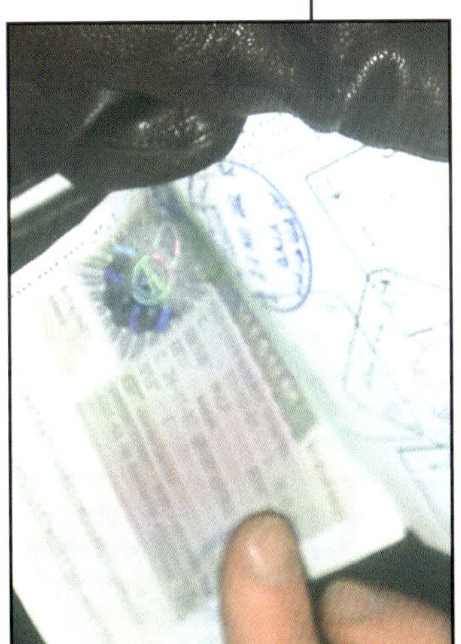

Michael ist 25 und doch noch ein Kind. Er sieht aus, als würde er gern heulen. Wo seine Schwester arbeitet, die ihn abholen soll, weiß er nicht, nicht einmal, was sie eigentlich macht. Dabei wohnt er bei ihr. Jedenfalls im Moment. Nächsten Monat geht es in die Entgiftung, sagt er. Er sagt auch, er hätte die Drogen nicht bezahlt, wovon auch. „Ich hab den Typ genervt, und dann hat er eins ausgespuckt." Michael hat ihm gesagt, wenn das Zeug in dem Bobbel in Ordnung ist, werde er wiederkommen.

„Ich nenne das nicht Angst. Ein ungutes Gefühl, vielleicht. Wenn ich eine Wohnung durchsuchen muss und nicht weiß, wer drin ist. Angst habe ich, dass ich einen erwische, und der haut doch noch ab." (Drogenfahnder, Düsseldorf)

An diesem Abend ist es wieder passiert. Eigentlich hatten sie alles gewusst: wann der Kurier kommt, woher, wohin und vor allem – womit. Hasch war da unterwegs von Amsterdam nach Düsseldorf, kiloweise. Die Telefonüberwachung lief noch, da war der Stoff schon auf der Autobahn. Sie hatten den Ort der Übergabe im Blick, das Wohnhaus des Empfängers, der ungeduldig Befehle ins Handy schnarrte. Sie saßen bereit in ihren Wagen, sie mussten nur noch hinterher. Und dann rasen sie los, dem Händler immer auf der Spur, sie hetzen um die Ecken, lassen sich zurückfallen, überlassen die Verfolgung dem nächsten. Der Typ da vorn in seinem Mittelklassewagen, das ist ihr Mann, sie lassen sich nicht abschütteln. Doch vielleicht sind sie zu unvorsichtig gewesen, vielleicht hat er ihren Funk abgehört, jedenfalls: Am Ende, Stunden sind vergangen, parkt er vor seiner Stammkneipe. Und bleibt. Trinkt Bier, ohne den Kurier. Es ist spät geworden, die Polizei zieht sich zurück. Es war nicht ihr Tag.

Schon morgens nicht. Der Vormittag: keine besonderen Vorkommnisse. Der Mittag: alles ruhig. Sie sind Streife gefahren, sie haben geguckt. Nur einmal sind sie hinter jemandem her gespurtet, den sie beobachtet haben beim Handel, gerannt wie die Verrückten mitten durch die Feinkostabteilung eines Lebensmittelmarktes. Aber als sie den Verdächtigen hatten, unten in der U-Bahn, waren seine Taschen leer.

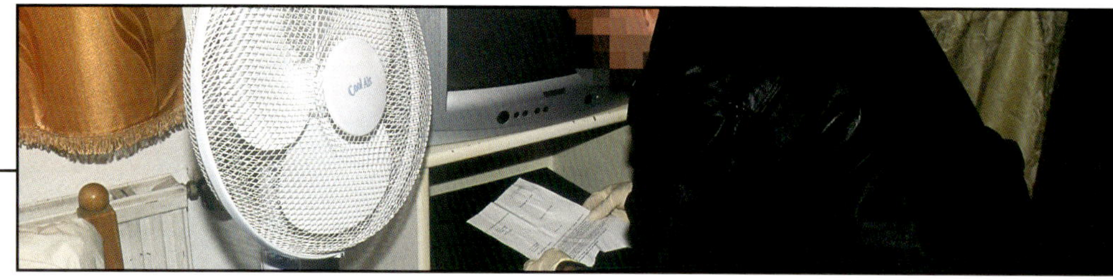

Sie haben ihre Täterkartei umsortiert in neue Schachteln, selbst gekauft im Lidl, „da waren sie noch billiger als bei Aldi“. Das Geld kam aus der Kaffeekasse. Sie haben Abhängige gesehen, die bei ihnen neutral „Konsumenten“ heißen, viele, aber keinen Dealer dazu. Sie haben sie beobachtet, wie sie in Straßenbahnen stiegen, das ist jetzt das Neueste: Geschäfte zwischen zwei Haltestellen – aber der Verkäufer hat sie auch gesehen. Die Polizei kann sie nicht alle verfolgen, die großen Geschäfte im Straßenkleinhandel. So heißt das, wenn ungezählte Dealer an bis zu 5.000 Abhängige Stoff verkaufen. Minderwertigen oft. Allein in Düsseldorf.

Es lässt sich ganz gut erzählen, wenn man so sitzt im Schutz der verdunkelten Windschutzscheibe, das Fernglas vor den Augen, dass sich Ringe bilden in der Haut, die gefunkten Stimmen der Kollegen im Ohr. Letztens erwischten sie zwei Bandenmitglieder, die wanderten später für vier Jahre in Haft. Das sind Erfolge: die Hausdurchsuchung, bei der sie mehrere Bobbels fanden auf dem Bett und den Besitzer dazu im Hausflur. Oder diese wahnsinnige Aktion des Kollegen, „weißt du noch“? Die Fahrrad-Geschichte. Da war ein Schwarzer, der Beamte hatte genau gesehen, wie er verkaufte, er sah ihn rennen. „Polizei! Ich brauch ihr Rad!“, brüllte er eine Passantin an. Die war so verdutzt, sie gab es ihm sogleich. Der Polizist erwischte den Dealer tatsächlich, er sprang ihn an, machte einen Salto – und schlug mit dem Kopf auf. Tagelang hatte er Schmerzen, wochenlang den Spott der Kollegen sicher. Aber auch deren Sorge. Seitdem weiß er, warum keiner allein losrennen soll, warum sie immer zu zweit gehen müssen. Die Frau übrigens, die stand später immer noch an derselben Stelle wie angewurzelt. Sie wartete auf ihr Fahrrad.

01 **Wohnungsdurchsuchung. Neben Drogen ...**

02 **... werden noch Papiere gefunden, die ...**

03 **... Hinweise auf weitere Personen liefern.**

01 Jede Ecke der Wohnung wird untersucht.

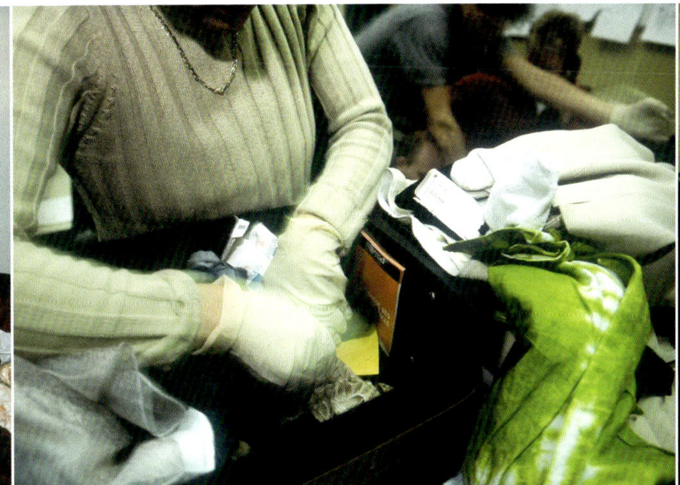

02 In Taschen finden sich Drogen und Dealgeld.

03 Erstes Verhör auf der Wache.

An der Wachenwand über dem Kühlschrank hängen Polaroids von den letzten Erfolgserlebnissen, die Düsseldorfer haben beachtlich viele davon: 55 mal 5 Gramm am 22. Januar. 400 Gramm am 11. April. 80 halbe „Lutschbonbons" im Juni. Der Bademantel eines 63-Jährigen: In den Taschen steckten Bobbels, an der Haut darunter hielt mit Klebeband reinstes Kokain. Solche Typen, die können fröhlich plaudern mit Drogen für andere in der Backe. Wütend schlägt ein Polizist auf den Tresen in der Wache und macht dann selbst einen klitzekleinen Deal: die Reste vom Nutella im Kühlschrank gegen – „Okay, okay, ich hol neues". Es mag nicht jeder jeden in diesem Einsatztrupp, aber zusammenhalten müssen sie. Sie sitzen in einem Boot. Müssen ihre privaten Handys nutzen im Dienst, schreiben die Berichte unter anderem auf zwei eigenen PCs, zu Hause ausrangiert. Wenn es einmal eng wird, vernehmen sie in der Kaffeeküche, gleich neben den Butterbroten. Die Klientel ist nicht die sauberste, natürlich nicht, „die haben alle Krankheiten, die man sich vorstellen kann".

Schon deshalb ziehen sie Handschuhe an, als sie endlich einen erwischt haben. Es war an einer Straßenecke, Kollegen haben den Deal gesehen, nun fährt eine Streife dem Verkäufer unauffällig hinterher. Der riecht Lunte, geht ein bisschen schneller, der Wagen biegt ab, die Beamten springen heraus, so schnell kann keiner gucken, da fliegt seine Mütze, und der Kerl liegt auf dem Boden, zwei Polizisten in Zivil obendrauf. Eine junge Frau eilt herbei, sie sieht ja nur dies: zwei Weiße auf einen Schwarzen, „hört auf!", schreit sie schrill. Aus einem Fenster in der zweiten Etage antwortet zufrieden die Stimme eines älteren Mannes: „Weg damit, gleich weg damit." Aus dem Tumult wird der Verdächtige abgeführt, er ist hektisch, wiederholt hastig das immer gleiche „I'm not doing anything wrong – Ich habe nichts falsch gemacht".

In seinem Mund, in der Tat, „da ist nichts mehr drin", sagt der Beamte, der sich die Hand reibt vor Schmerz. In der Hosentasche aber stecken geknickte Scheine in Fünf-Euro-Stückelung, Handynummern, Tickets verschiedener Verkehrsbetriebe. Der junge Drogenabhängige, auch ihn hat der Einsatztrupp festgehalten, bestätigt: „Das war er." Als der Festgenommene sich in der Zelle ausziehen muss („Solche Markenklamotten kann ein Polizist sich nicht leisten"), klingelt im Wachraum sein Handy. Wieder und wieder. Es sind die Kunden, sie brauchen Stoff. Von diesem hier werden sie vorläufig keinen mehr kriegen.

01 Razzia im Stadtpark. Der erwischte Dealer will die Drogenpäckchen schlucken.

02 In einem Versteck wird nach weiteren Drogen und Hinweisen gesucht.

03 Heroin-Bobbels, für den Verkauf auf der Straße abgepackt.

04 Auf der Wache werden die verhafteten Dealer erkennungsdienstlich behandelt.

„Das Schlimme", sagt Hellmuth Mahler, „das Schlimme ist die Verharmlosung." Wie oft hat der Toxikologe diesen Satz gehört von jungen Leuten, die „ab und zu mal" einen Joint rauchen: „Ich genieße das wie ein Glas Rotwein." Das haben doch schon die Eltern gemacht. Und schließlich: Das macht ja nicht süchtig. Mahler weiß es besser: Die Elterngeneration nämlich, die habe sich den Joint geteilt. Gemächlich machte der damals die Runde, einer für alle. Und hatte in den 70ern vielleicht zwei Prozent Wirkstoffgehalt. Heute raucht einer die Haschzigarette allein. Und öfter. Man teilt nicht mehr gern, man teilt sich auch nichts ein. Und der Wirkstoffgehalt, sieht Mahler bei seinen Analysen immer wieder, liegt mittlerweile bei bis zu 30 Prozent. Dabei, was heißt schon „Wirkstoff": „Jeder Stoff ist Gift."

Und schon nach drei Herzschlägen im Gehirn. Hellmuth Mahler ist Wissenschaftler durch und durch. Der Laie versteht nur die Hälfte von dem, was er vorträgt, bei seinem Rundgang im Laufschritt durch das hochmoderne Labor des Landeskriminalamts. Aber er spürt die geballte Wut, die in diesem Mann steckt. Er referiert seine Analysen wie gedruckt, und dann sagt er Sätze wie: „Die denken alle, sie könnten mit den Drogen ihr Hirn verarschen." Oder: „Amphetamine sind verdammt ernst zu nehmen", wobei das „verdammt" zwischen seinen Zähnen knirscht. Mahler könnte davon erzählen, wie beliebt Zauberpilze geworden sind, seit es Harry Potter gibt. Er könnte berichten von Leuten, die haben im Rausch ihr eigenes Spiegelbild als Kalb erkannt. Er könnte vielleicht schmunzeln über die Kreativität der Kriminellen, die Snoopies und Smilies in Tabletten stanzen, Schweine und Tulpen, Hammer mit Sichel oder Herzen mit Pfeil.

Aber der Toxikologe kann das nicht witzig finden, nicht einmal originell. Er hat die „schnuckeligen Kartons" jeden Tag vor Augen, in denen skrupellose Dealer ihre Giftküchen verstauen: Schnapsflaschen voll seltsamer Flüssigkeit, voll Spiritus und Lösungsmitteln. Er hat den Geruch der Haschischplatten, die er untersuchen muss, jeden Tag in der Nase. Und er weiß, was die angesagte Partydroge Ecstasy anrichten kann: Wenn einer sich erst aufputscht und dann wieder beruhigt, „da sind fast immer mehrere Stoffe im Blut". Einmal war da diese Supermannpille, die wirkte kaum, weshalb die Konsumenten in der Disco nachlegten – und am Ende gab es Todesfälle wegen Überdosis.

01 Sichergestelltes Cannabis im LKA-Labor.

02 Ecstasy-Pillen mit szenetypischen Logos.

01 **Sichergestellte Drogen werden gewogen, ...**

02 **... analysiert, ...**

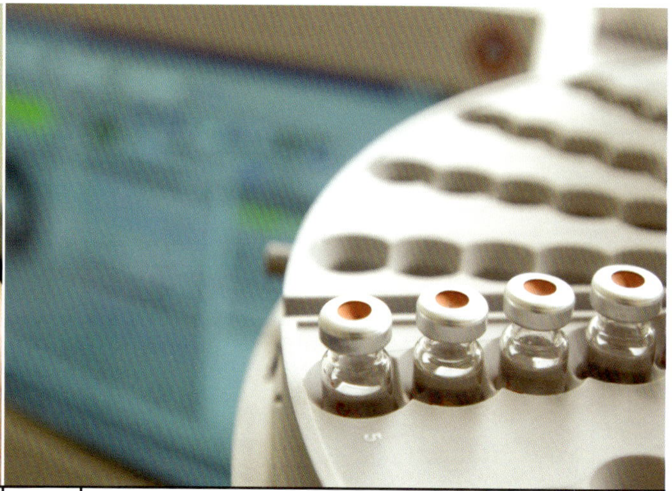

03 **... und ihr Reinheitsgrad gemessen.**

Allein im Jahr 2002 bearbeitete Hellmuth Mahler bald zweieinhalbtausend Fälle – Asservate in Filmdöschen, eingeschweißt in Folie, portioniert in Bobbels. Darunter: 200 Mal Amphetamine, 300 Mal Kokain, 600 Mal Heroin – und 1.100 Fälle Cannabis.

„Wenn der Schreibtisch mit Massendelikten zugeworfen wird, stellt sich zuweilen die Frage: Ermitteln oder nur noch verwalten?" (Thomas, Zentrale Kriminalitätsbekämpfung, Düsseldorf)

Wie rein die Drogen sind, die er kranken Menschen andreht, womit sie gestreckt werden für den höheren Gewinn, das schert den Dealer wenig. „Mancher", sagt ein Fahnder offen, „ist ein richtiges Arschloch. Den treibt bloß die Profitgier, selbst ist der gar nicht drauf" – aber er verdient an der tödlichen Sucht anderer. Wut eint deshalb die verschiedenen Fahndertypen und der Wille, möglichst viele einzusperren. Aber es kommen immer neue, es ist wie bei den Fliegen: Erwischst du eine, kommen 100 zur Beerdigung. Eine Sisyphusarbeit. Eine einfache Rechnung: 5.000 Junkies in der Stadt mal vielleicht ein halbes Gramm hartes Zeug – macht 125.000 Euro, die zu verdienen sind, an jedem einzelnen Tag des langen Jahres. Das ist ein Markt.

01 Giftgrün: Aufgelöste Drogen zur Bestimmung des Reinheitsgrades im LKA-Labor.

„Düsseldorf Tower, Hummel 6 ready for take off for police mission.“

Die Fliegerstaffel: Sicherheit, die von oben kommt.

Einsatz aus nicht immer heiterem Himmel

Stefanie Bisping

Von oben sieht vieles anders aus. Die Hubschrauber der Polizeifliegerstaffel unterstützen ihre Kollegen auf dem Boden mit dem Überblick aus der Luft. Ob Vermisste gesucht oder Bankräuber aufgespürt werden sollen, die Piloten können schnell und effektiv große Gebiete überwachen. Und das nicht nur bei Sonnenschein, denn auch in der Nacht fliegen und suchen sie mit Hightech vor den Augen.

Eigentlich sollte es eine ruhige Nachtschicht am Düsseldorfer Flughafen werden. Draußen klirrte winterliche Kälte, innen gurgelte beruhigend die Kaffeemaschine. Und dann das: In einem Waldgebiet sollen zwei junge Frauen mit geöffneten Pulsadern liegen. Dass sie sterben wollten, ging aus einem Abschiedsbrief hervor. Nicht bekannt war jedoch der Ort, an dem sie sich befanden. Der Wald war dicht und unwegsam, die Nacht dunkel und eiskalt. Ein Einsatztrupp zu Fuß hätte enormes Glück haben müssen, um zufällig auf die Mädchen zu stoßen – wenn es denn überhaupt Wege gegeben hätte. Innerhalb weniger Minuten saßen zwei Piloten und ein Operator der Fliegerstaffel im Hubschrauber und hoben ab in die schwarze Nacht.

01 Die Alarmcrew: Piloten und Operator.

02 Start zum Einsatz in die Dunkelheit.

03 Vermisstensuche per Wärmebildkamera.

01 **Der Operator bedient die Kamera und sucht.**

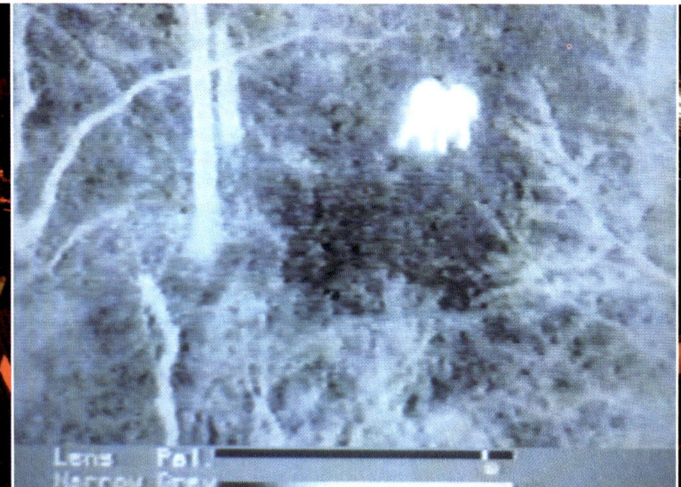

02 **Die zwei Frauen im Wald sind deutlich zu erkennen.**

03 **Der Pilot sieht im Dunkeln mit Bildverstärker.**

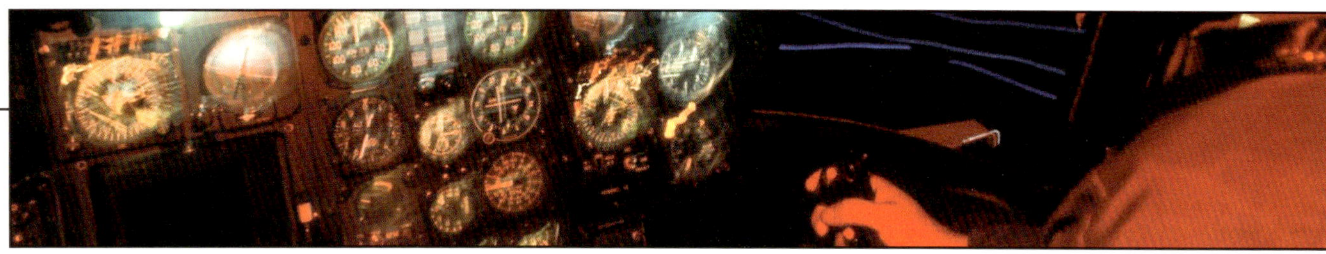

Mit Nachtsichtgeräten ging es zu dem Gebiet, in dem die zwei Frauen vermutet wurden. Der Lärm der Rotoren zerriss die Stille, als der Hubschrauber den Wald systematisch absuchte. Da erkannte der Operator auf dem Bildschirm der Wärmebildkamera zwei Silhouetten. Seite an Seite lagen die Sterbenden im Dickicht. An eine Landung war auf diesem Terrain überhaupt nicht zu denken. Also blieb der Hubschrauber in der Luft stehen, die Crew erleuchtete den Wald per Scheinwerfer und dirigierte die Rettungsmannschaft am Boden per Funk an die richtige Stelle. Buchstäblich in letzter Minute wurden die Mädchen gerettet.

01 Die BIV-Brille verstärkt das Licht 130.000fach.

Die Wärmebildkamera hängt neben Scheinwerfer und Videokamera unterm Hubschrauber. Sie zeichnet ein Schwarz-Weiß-Bild, das auf einen Monitor vor der Rückbank übertragen wird. Dort sitzt der Operator, der die Kamera bedient. Wie sensibel sie reagiert, zeigt sich schon beim Probelauf im Hangar der Fliegerstaffel am Düsseldorfer Flughafen: Dort lässt sie anhand hellerer Flecken erkennen, wo ein vom Einsatz zurückgekehrter Pilot kurz zuvor das Tor angefasst und somit minimal erwärmt hat. Denn schon ein Temperaturunterschied von 0,3 Grad Celsius ist in unterschiedlichen Graustufen darstellbar.

„Hubschrauber fliegen ist jede Minute Arbeit, weil man sich immer in instabiler Lage befindet und ständig mit Händen und Füßen zugleich tätig ist", erklärt Polizeihauptkommissar Heiko Durke, der seit 1989 für die Polizei in NRW fliegt. Muss diese Arbeit in schwarzer Finsternis getan werden, erhellt nur durch das Nachtsichtgerät im drei Kilogramm schweren Helm, das die Welt in Grüntönen zeigt, wird sie noch anstrengender. Die Augen belastet es, als habe man sich zwei kleine Fernseher vors Gesicht geschnallt. Die Brille erlaubt dem Auge weder die Anpassung ans Licht noch räumliches Sehen, verstärkt aber vorhandenes Licht ums 130.000fache: „Da sieht man jeden Hasen auf der Wiese, und eine Laterne wird zum Ätna."

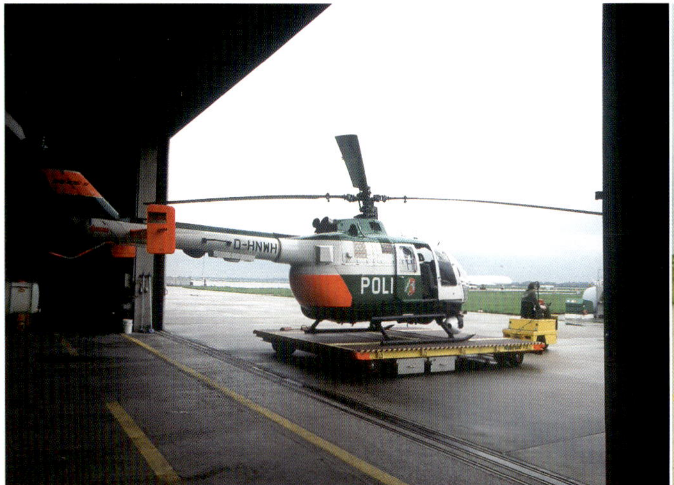

01 **Alarmstart nach gemeldetem Banküberfall.**

02 **Binnen weniger Minuten ist die BO 105 ...**

Ein Pilot kommt angerannt, und schon ist die Unterweisung in Sachen Wärmebildkamera und Nachtsichtgerät vorbei. „Banküberfall in Neuss-Mitte", ruft er, „Fehlalarm ist ausgeschlossen". Minuten später hebt „Hummel 5" ab. In der Regel fasst eine Hubschrauberbesatzung bei solchen Einsätzen nicht den Täter. Fälle wie der in Krefeld, wo die Piloten einen Bankräuber bei der Flucht in ein Maisfeld beobachteten, haben Seltenheitswert: Der Hubschrauber verharrte direkt über dem Täter, bis die Kollegen am Boden zur Stelle waren.

01 ... in der Luft und startet zur Suche nach den ...

02 ... Bankräubern. Der Hubschrauber arbeitet ...

03 ... mit den Kräften auf dem Boden zusammen.

Häufiger haben die Flieger einen indirekten Fahndungserfolg: wenn sie ein auffälliges Auto finden oder einen Hinweis von der Leitstelle aufgreifen und die Verfolgung aufnehmen, wobei sie dank ihrer Geschwindigkeit und des größeren Überblicks die Einsatzwagen am Boden dirigieren können. Manchmal kommt es vor, dass ein Bürger, der den Polizeihubschrauber sieht, sich dadurch erinnert, einen Flüchtenden gesehen zu haben. Dann gibt es Fälle, in denen sich ein Täter stellt, weil er sich im Lärm der Rotoren gefasst glaubt. Hauptaufgabe der Piloten ist es aber, den Ermittlern am Boden neue Ansätze zu vermitteln: indem sie bei einer Ringfahndung schnell jene Flächen benennen, auf denen ein Fluchtwagen garantiert nicht zu sehen ist, oder beliebte Orte für einen Wechsel des Fluchtmittels checken – zum Beispiel entlegene Parkplätze.

„Und, hattet ihr Erfolg?“ fragt ein Kollege auf der Wache, als die beiden Piloten eine knappe Stunde und 135 Liter verflogenes Kerosin später zurück kommen. „Ja“, antwortet Durke lakonisch, „Wo wir waren, war kein Täter.“ Es ist keine Ironie, sondern umreißt ziemlich genau die Aufgabe der Flieger bei dieser Art von Fahndungsunterstützung.

01 BK 117 Alarmhubschrauber.

01 **Wendiges Einsatzmittel mit Überraschungseffekt.**

02 **Ein abgesetzter Polizeihund verfolgt den Flüchtigen.**

Die hohen körperlichen und mentalen Anforderungen an die Piloten – neben hohem Stress durch die Notwendigkeit, schnell und unter Druck die richtige Entscheidung zu treffen, sind das vor allem Mehrfachbelastbarkeit und die Fähigkeit, mit Händen und Füßen gleichzeitig völlig verschiedene Bewegungsabläufe auszuführen – lassen sich in Zahlen abbilden: Von durchschnittlich 50 Polizisten, die sich jedes Jahr in NRW für diesen Dienst bewerben, werden nur vier nach der dreizehn Monate dauernden Ausbildung zum Berufshubschrauberführer sowie der anschließenden polizeitaktischen Ausbildung und Einweisung tatsächlich als Piloten arbeiten.

Dass es nicht mehr Kandidaten sind, liegt neben der über einjährigen Abwesenheit von zu Hause während der Ausbildung auch an den besonderen Anforderungen des Jobs: Wer bei der Polizei Pilot werden will, muss lebenslang weiter lernen, regelmäßig Schulungen besuchen und bei Nachprüfungen beweisen, dass er nach wie vor in allen Bereichen auf dem Laufenden ist. Zudem ist die Entscheidung für die Fliegerstaffel wegen der hohen Ausbildungskosten als endgültig zu betrachten. Bislang sitzt keine Frau in NRW auf dem Pilotensitz, eine arbeitet aber als Operator. Die Aufgaben des Operators, der nicht fliegt, sind weniger dramatisch, aber ebenso verantwortungsvoll: auf dem Bildschirm vor der Rückbank laufen alle relevanten Informationen zusammen, die schnell analysiert und der Crew vermittelt werden müssen.

01 Die Kamera sieht am Tage und in der Nacht.

02 Der Operator kann sich Objekte per ...

03 ... Fernbedienung heranzoomen.

00
15
30
45
60
75
90

01 BO 105 Hubschrauber.

Bis 1997 war die Fliegerstaffel als Teil der Autobahnpolizei bei den Bezirksregierungen Düsseldorf und Arnsberg angesiedelt. Schwerpunkt ihrer Arbeit war damals der Straßenverkehr. 1998 wurde das Spektrum erweitert: Das Melden von Verkehrsstaus fiel weg – das erledigen heute die Induktionsschleifen auf der Autobahn. Die Bekämpfung von Schwerkriminalität wie Entführungen und Geiselnahmen gehört nun ebenso zum Aufgabengebiet der Flieger wie Einsätze bei Großlagen – vom brisanten Staatsbesuch über die Großdemo bis hin zum Zugunglück. Auch bei schweren Unfällen werden sie herangezogen, um mit einer Spezialkamera Fotos aus der Luft zu machen, die später am Computer den Unfallhergang erkennbar machen können.

01 Ein schwerer Unfall auf der Autobahn.

02 Die Hubschrauberbesatzung macht ...

03 ... Beweisfotos für die Autobahnpolizei.

Ein heikles Unternehmen ist immer die Rettung von Menschen aus Flüssen. „Es ist nicht leicht, eine Person anzufliegen, ohne sie dabei zu versenken“, erklärt Heiko Durke. Zudem sind Menschen in nassen Kleidern schwer und reagieren meist panisch. In solchen Fällen sitzt der Retter angegurtet auf der Kufe des Hubschraubers und zieht den Ertrinkenden mit den Händen aus dem Wasser – kein sehr beliebter, dafür aber um so häufigerer Einsatz für die Piloten der Fliegerstaffel.

04 Per Handgriff und mit Rettungsleine.

01 Lebensrettende Übung.

02 Die Piloten trainieren das Bergen von ...

03 ... Personen aus Gewässern.

MBB

01 Schneller Transport an jeden Ort.

02 Der Eurocopter EC 155 transportiert ...

03 ... Spezialeinheiten zu ihren Einsatzorten.

Fünf Hubschrauber des Typs BO 105 gehören zur nordrhein-westfälischen Flotte, die auf die Flugeinsatzgruppen Dortmund und Düsseldorf verteilt ist, zwei BK 117 und zwei 4,8 Tonnen schwere EC 155 für Transporte von Spezialeinsatzkommandos. Diesen Typ darf nur fliegen, wer 900 Flugstunden nachweisen kann und an einer spezifischen Mustereinweisung teilgenommen hat. Doch auch die normale Berufslizenz für Piloten gilt immer nur für ein Jahr – dann wird sie nach einem Check im Sicht- und Instrumentenflug für jeden Flugzeugtypen verlängert. Die Hubschrauber werden täglichen Kontrollen und regelmäßigen Inspektionen unterzogen, nach 600 Flugstunden gar bis ins Kleinteil auseinander genommen. Zudem müssen die Piloten alle Arbeitsabläufe und Notfallsituationen ständig trainieren – das Bergen von Ertrinkenden genauso wie die Rutschlandung mit nur einem Triebwerk. Entsprechend gering ist die Unfallbilanz: Es gab nur einen Unfall seit Bestehen der Staffel.

01 Transport einer Gruppe SEK-Beamter.

02 Übersichtlich – Digitales Cockpit der EC 155.

Die dramatischen Wechselfälle des Lebens sind der Alltag der Fliegerstaffel. Jeder der 30 Piloten weiß seine Geschichten darüber zu erzählen: Etwa die von dem jungen Mann, der während durchzechter Nacht beschloss, den Druck auf seiner Blase am Ufer der Ruhr auszugleichen. Er verschwand in der Dunkelheit und ward nicht mehr gesehen – bis er, stark unterkühlt, dank Hubschrauber und Wärmebildkamera am jenseitigen Ufer aufgefunden wurde. Mit zwei Promille im Blut hatte er die Ruhr durchschwommen.

„Kommen Sie zur Polizei! Kein Tag ist wie der andere." Mit diesem Slogan warb die Polizei einst an seiner Schule, erinnert sich Heiko Durke. Es war nicht zu viel versprochen. Ob es die Verfolgung von Drogendealern ist, das Bergen von Wasserleichen, die Jagd nach einem entlaufenen Bullen mit Tierarzt und Betäubungsgewehr an Bord oder die Rettung gekenterter Bootsfahrer aus einem See bei schwerem Sturm – Routine ist in diesem Job einfach nicht vorgesehen.

D-HNWW
POLIZEI
D-HNWL
POLIZEI
D-HNWJ
POLIZEI

„Motorschiff Caroline, hier WSP 6, wir kommen an Bord.“

Die Wasserschutzpolizei: Sicherheit und Umweltschutz auf den Wasserwegen.

Streifenfahrt auf wankenden Planken

Stefanie Bisping

Verkehrsregeln gibt es nicht nur auf der Straße. Auch auf dem Wasser gelten bestimmte Vorschriften. Die blau-weiß gekleideten Beamten der Wasserschutzpolizei sorgen für die Sicherheit auf den Wasserstraßen, verfolgen Umweltsünder, helfen bei Unfällen und retten manchmal sogar Schafe aus dem Rhein.

„Den kennen wir schon", sagt Polizeikommissar Ingo Fürk und wirft die Schwimmweste über. Das Streifenboot „WSP 11" steuert an die Seite des leeren niederländischen Frachtschiffs, bis gerade noch zwei Meter Rhein zwischen den beiden in gleichem Tempo fahrenden Schiffen liegen. Fürk geht aufs Dach, fährt die Schiebetür aus und ist mit ein paar Schritten auf dem Riesenschiff. Er steigt über die Reling und klettert die Leiter zum Führerhaus hinauf. Verkehrskontrolle auf dem Rhein.

01 Die WSP 11 kontrolliert ein Frachtschiff.

Das Schiffspatent entspricht dem Führerschein auf der Straße, das Schiffsattest dem Fahrzeugschein – mit dem kleinen Unterschied, dass letzteres runde fünfzig Seiten stark ist, beidseitig beschrieben. So vergeht mit einer Schiffskontrolle leicht ein Stündchen, zumal auch das Bordbuch geprüft wird. Gerade Schiffe, die rund um die Uhr unterwegs sind, fahren gelegentlich mit zu wenig Personal, oft sind auch die Schichtwechsel nicht im Bordbuch vermerkt. Die Schiffseigner nehmen den Besuch an Bord gelassen. „Heute gibt es kaum noch Hafenliegezeiten, deshalb ist die Kontrolle oft eine willkommene Gelegenheit zum Plausch", weiß Hauptkommissar Roman van der Maat, „da gibt's dann zum Knöllchen auch einen Kaffee." Überhaupt ist der Umgang partnerschaftlich: So kommt es vor, dass Crews um Festsetzung bitten, wenn die Reederei sie zum wiederholten Mal unterbesetzt losschickt. Die meisten Kapitäne nehmen es sportlich, wenn Unregelmäßigkeiten festgestellt werden – so auch der Eigner des niederländischen Autofrachters.

Im vergangenen halben Jahr ist das Schiff viermal aufgefallen, weil es unterbemannt oder das Bordbuch fehlerhaft geführt war. Wieder fährt die „WSP 15“ ganz dicht an die Seite des Frachters. Solche Manöver sind Maßarbeit, für das wendige, knapp achtzehn Meter lange Boot aber kein Problem. Fürk reicht das Bordbuch des Frachters von Reling zu Reling. Die letzten drei Seiten sollen zur Auswertung gescannt werden. Früher steuerte man in solchen Fällen den nächsten Ort an, der über einen Copyshop verfügte – eine zeitraubende Angelegenheit, die auch die Geduld der Schiffsführer auf die Probe stellte. Mittlerweile sind die 26 Boote der Wasserschutzpolizei mit der erforderlichen Technologie ausgestattet.

01 **Über eine spezielle Dach-Brücke ...**

02 **... können die Wasserschutz-Polizisten auch ...**

03 **... auf hohe Schiffe umsteigen.**

„Dem fehlt ein Steuermann“, erklärt Ingo Fürk, als er das Bordbuch wieder eingesammelt hat und auf die „WSP 11“ zurück gekehrt ist. Genügend Leute sind an Bord, aber es wird noch Monate dauern, bis einer der Matrosen genug Fahrzeit auf dem Rhein nachweisen kann, um den Status des Steuermanns zu erwerben. Der Eigner kalkuliert vermutlich, dass es billiger sei, bis dahin ein paar Bußgelder zu riskieren, als übergangsweise eine zusätzliche Kraft anzuheuern.

380 Menschen arbeiten bei der Wasserschutzpolizei in Nordrhein-Westfalen, deren Präsidium in Duisburg ansässig ist, in insgesamt elf Dienststellen. Sechs sind für den Rhein, fünf für die Kanäle des Landes zuständig, eine für Kriminaldelikte. Zusammen betreuen sie gute 900 Kilometer Wasserstraßen mit einer Menge Verkehr: Allein auf dem Rhein sind regelmäßig zwischen 3.000 und 4.000 Schiffe unterwegs. Außer 289 Polizisten gehören auch Verwaltungsangestellte und Arbeiter zur WSP. Der Anteil der Frauen in Uniform ist gering – nur drei Polizistinnen tragen Blau.

Jedes Jahr bewerben sich im Schnitt fünfzehn Polizisten für den Dienst auf dem Wasser. Vor ihnen liegt ein langer Weg: Im ersten Jahr ein zweiwöchiger theoretischer Grundlehrgang und eine dreiwöchige Fahrt mit dem Ausbildungsboot „WSP 1“, einem dreißig Meter langen, knapp dreißig Jahre alten und gediegen mit Teakholz und Messing ausgestatteten Schiff, dazu regulärer Streifendienst auf dem Wasser. Im zweiten Jahr geht es für drei Monate nach Hamburg zum Fachlehrgang an der Wasserschutzpolizeischule. Das Behördenbootpatent erwirbt man nach drei Jahren. Da ist man am Steuer bereits versiert, und es fehlt nur noch das Radarschifferzeugnis nach einem weiteren Jahr. „Wir sind darauf angewiesen, dass jeder an Bord alles machen kann“, sagt Roman van der Maat. Auch heikle Manöver: an einen Talfahrer anlegen, der doppelt so schnell ist wie ein Bergfahrer, oder an einen leeren Lader, der hoch aus dem Wasser ragt.

01 **Frühschicht, Liegeplatz im Duisburger Hafen.**

02 **Mit dem ersten Sonnenstrahl geht ...**

03 **... das Wasserschutzboot auf Patrouillenfahrt.**

01 Über 900 Kilometer Wasserstraßen ...

02 ... kontrollieren die Beamten der WSP ...

Etwa ein Drittel der Aspiranten steigt im ersten Jahr wieder aus. So lange dauert die beidseitige Probezeit der vierjährigen Ausbildung. Die Gründe sind vielfältig: Mancher stellt bald fest, dass er bei der blauen Polizei ständig grün im Gesicht ist. Und chronische Seekrankheit ist nun einmal keine berufliche Perspektive. Andere ziehen die Gefahren des Polizeidienstes an Land den wasserspezifischen Herausforderungen vor: senkrechten Leitern, die fünfzehn Meter hoch ins Steuerhaus eines Containerschiffs führen, oder der Entschlossenheit, mit der es bei Kontrollen vom Streifenboot auf ein anderes Schiff zu springen gilt.

Aber auch, wer seefest und schwindelfrei ist, muss nicht für den Dienst auf dem Wasser gemacht sein: „Wenn man jung ist und an die Großstadt gewöhnt, kommt man sich hier leicht vor wie im Sanatorium", grinst ein Wasserschutzpolizist. Raubüberfälle, Schlägereien und Ruhestörungen sind eben die Ausnahme, die Überwachung und Regelung des Schiffsverkehrs und die Kontrollen dagegen Routinearbeit: anhand der siebenstelligen Schiffsnummer per Funk die Schiffskontrolldatei an Land abfragen, zur Kontrolle aufs Schiff rübergehen, den Bericht schreiben. Während noch vor zwanzig Jahren mancher Seelenverkäufer den Rhein auf- und abfuhr, kann sich das bei angespannter Konjunkturlage keine Reederei mehr leisten. Und auch für Partikuliere, die ihren Frachter als Familienbetrieb führen, gilt: Wer sein Schiff nicht in Ordnung hält, bekommt keine Aufträge. Insofern sind die Ordnungswidrigkeiten und Delikte, mit denen die Wasserschutzpolizei zu tun hat, überwiegend von begrenzter Dramatik.

03 ... in Nordrhein-Westfalen.

Arbeitsumfeld und -bedingungen aber sind anders als überall sonst im Polizeidienst. Sicher ist nur: der Arbeitsplatz hat immer Seegang, und der Blick aus dem Bürofenster ist niemals gleich. Und man ist dicht dran an Elementen und Jahreszeiten: Während es im Sommer im kleinen Streifenboot leicht 35 Grad heiß wird, friert einem im Winter das Rheinwasser an der Uniform fest.

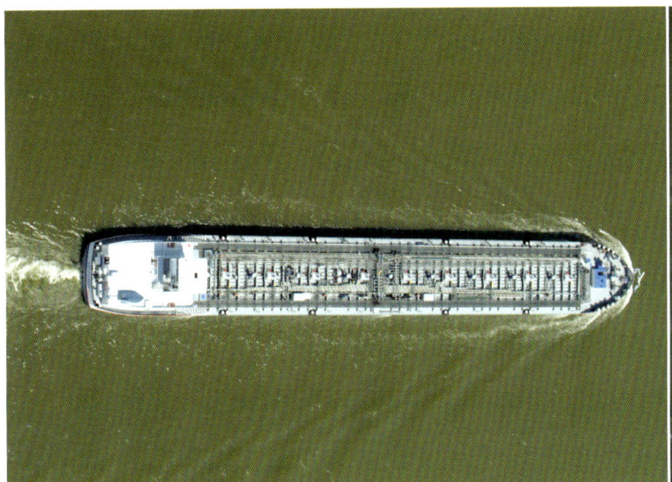

01 **Auf dem Rhein fahren über 3.000 Schiffe.**

02 **Nicht mitgezählt die privaten Sportboote.**

03 **Großer Schubverband bei Duisburg.**

Dennoch: Attraktiv ist der Dienst allemal, da sind sich alle auf dem Streifenboot 11 einig. Sie arbeiten selbstständig, nahezu unabhängig von der Wache, sie suchen sich ihre Einsätze selbst und bearbeiten jeden Vorgang komplett, bis er gegebenenfalls an die Staatsanwaltschaft geht. Das Büro an Bord mit Computer, Scanner und Drucker macht's möglich. Fünf Mann sind heute auf der „11", normalerweise teilen sich drei eine Schicht: zwei Kollegen mit Polizeibehördenpatent, ein dritter, der sich in der Ausbildung befindet. Jetzt sind es mehr, weil Prüfungen anstehen, die nicht ohne sind. Auf dem Rhein darf nur fahren, wer den Fluss in- und auswendig kennt, mit allen Untiefen und Krümmungen, Städten und Sprengeln. Bei Nebel muss man sich anhand von Brücken und Hochspannungsleitungen orientieren. Und auch die Ortsnamen und Liegeplätze werden als bekannt vorausgesetzt.

01 **Drei Beamte sind die Standardbesetzung.**

„Was man als normaler Polizist gelernt hat, kann man hier erstmal vergessen", weiß Polizeikommissar Helmut Lemme, seit 23 Jahren bei der Wasserschutzpolizei in Duisburg. Die Regeln der Schifffahrt sind für jeden ein komplett neues Gebiet – anders als die Verkehrsregeln an Land, die jeder Mensch von Kind an lernt. Außerdem wird eine andere Sprache gesprochen: Schon links und rechts bedeutet hier nichts mehr, die gute Eisdiele in Königswinter liegt entweder backbord oder steuerbord. Und auch die Rechtslage ist eine andere. Das geht schon damit los, dass ein Schiffsführer, der mit mehr als 0,5 Promille Alkohol im Blut auf der Brücke steht, nicht sein Patent verliert, sondern nur für einen Tag aus dem Verkehr gezogen wird – es sei denn, er habe sich als Wiederholungstäter einen Namen gemacht.

Wesentlich komplizierter wird es in allen Bereichen des Umweltschutzes. Kontrolle von Containerfahrzeugen beim Umschlag, Laden und Löschen ihrer Fracht – das klingt zunächst wenig spektakulär. Zumal die Ermittlungsgruppe „Gefahr- und Umweltschutz" gerade wegen dieses Aufgabenschwerpunkts mehr im Hafen als draußen auf dem Fluss zu finden ist. Aber: Wenn in der Binnenschifffahrt etwas schief geht, dann meist richtig. Das liegt schon an den Gütern, die transportiert werden. Lecks an Benzintankern sind nicht nur für die Menschen auf dem Wasser und am Ufer gefährlich, sondern gehen auch immer mit Umweltschäden einher. Schwere Unfälle sind selten, kommen aber vor. Wie 2001, als nach einem Unfall in Uerdingen Salpetersäure in den Rhein floss, oder ein paar Jahre zuvor, als die „Avanti" in Dormagen explodierte.

Um solche Unfälle zu verhindern, kontrollieren die Ermittler die Umschlagplätze von Tankschiffen und die Containerterminals im Hafen – mit besonderem Augenmerk auf Gefahrgut und insbesondere vor Ozeanfahrten. Aber auch illegalen Abfalltransporten ist die Ermittlungsgruppe auf der Spur. „Wenn ein Unternehmen Kühlschrankmotoren loswerden will, werden die gerne als Elektromotoren deklariert und in Containern nach Bangkok verschifft", weiß Hauptkommissar Joachim Lehmann, seit 1971 bei der WSP. Das spart eine Menge Geld, ist aber illegal. Die Polizisten müssen außer den Bestimmungen über den Transport von Gefahrgütern auch die über Abfalltransporte kennen. Auch Verunreinigungen oder Einleitungen in Flüsse und Kanäle sind Fälle für die Ermittlungsgruppe. Dabei bekommen die „Blauen" Unterstützung von oben: von der Fliegerstaffel nämlich, die vom Hubschrauber aus schnell feststellen kann, wo eine Ölspur endet. Dort ist in der Regel dann auch ein Verdächtiger zu finden.

01 **Luftunterstützung zur Gewässerüberwachung.**

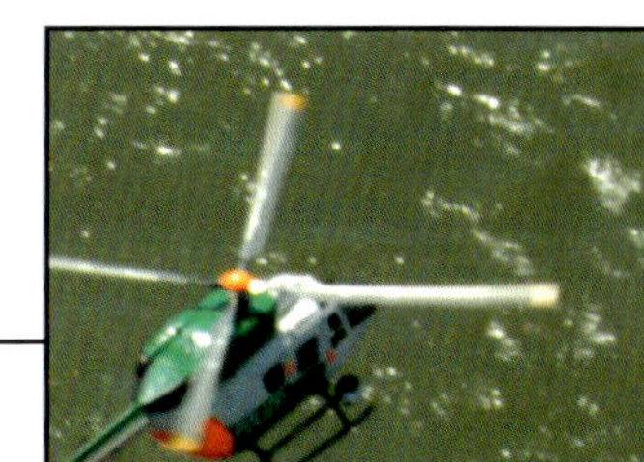

Nicht nur die Flüsse sehen jeden Tag anders aus, je nach Wind, Wetter und Verkehr, und nicht nur ihre Ufer verändern sich – zumal im Ruhrgebiet, wo der Strukturwandel manchen Städten ein ganz neues Gesicht verpasst hat. Auch die Wasserwege selbst bergen immer neue Überraschungen. „Letzten Sommer schwamm eines Tages eine Kuh an uns vorbei“, erzählt Ingo Fürk. Als gute Schwimmerin schaffte sie es selbstständig ans Ufer. Andere Tiere haben weniger Glück: Schafe, die zu nahe am Fluss grasen. Die können zwar auch schwimmen, aber ihr Fell saugt sich schnell voll Wasser. Und ein zappelndes, ängstliches Schaf ist nicht nur schwer, sondern auch schwer zu retten. Auch für die Profis von der Wasserschutzpolizei.

01 **Routinekontrolle auf dem Rhein.**

02 **Schiffspapiere werden überprüft.**

„Such Atze such, ja sooo ist´s guuuut.“

Wenn feine Spürnasen auf vier Pfoten die Fährte aufnehmen – die Polizeihunde im Einsatz.

01 Mit der Nase knapp über der Oberfläche ...

02 ... wittern Leichenspürhunde Tote unter Wasser.

Der Hund für alle Fälle

Stefanie Bisping

Einen guten Riecher sollte jeder Polizist haben. Doch wenn ein extrem feiner Spürsinn gebraucht wird, dann kommen die Schnüffler der Polizeihundestaffel zum Einsatz. Ob Drogen, Sprengstoff, Brandmittel oder Leichen – die Hundenasen sind sensibler als jedes Messgerät. Wenn es sein muss, fassen sie auch flüchtende Täter.

Es war ein tragischer Unglücksfall: Ein kleiner Junge war beim Schwimmen ertrunken. Von seinem Körper gab es keine Spur. Taucher hätten Wochen gebraucht, um den Baggersee systematisch abzusuchen. Wasserleichen können auf dem Grund liegen oder im Schwebezustand im Wasser verharren, und Baggerseen sind tief und dunkel. Leichter war der Fall für die Spürhunde Kevin und Whisky. Denn die Gase, die bei der Verwesung entstehen, steigen nach oben – für sensible Hundenasen eine eindeutige Angelegenheit. Langsam fuhr das mit einer Plattform für die Hunde ausgestattete Boot „Seehund" über den See, der zuvor in sorgsam markierte Planquadrate eingeteilt worden war. Schon nach zehn Minuten zeigte ein Hund durch Schwanzwedeln einen Fund an – Startzeichen für den Einsatz der Taucher, die den Körper des Kindes bargen.

01 Zeigen die Hunde einen Fund an ...

02 ... suchen Polizeitaucher das Gewässer ab.

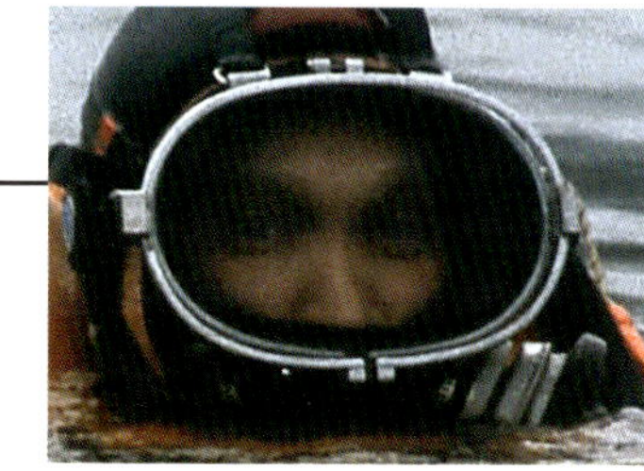

Die Leichenspürhunde der Polizei wurden bei der Bergung der Opfer eines Fährunglücks vor Dover genauso eingesetzt wie nach Erdbeben in der Türkei. Vor allem aber machen sie Verbrechern das Leben schwer. Sie können zwischen tierischen und menschlichen Leichen unterscheiden. Sie finden selbst Blutspuren, die – vermeintlich – entfernt wurden. Die geringsten Geruchsmoleküle auch in einem gereinigten Kofferraum genügen, um nachzuweisen, dass darin eine Leiche transportiert wurde. Im Ruhrgebiet machte ein Spürhund einen Toten ausfindig, der unter einer vierzig Zentimeter dicken Betonschicht begraben lag. Die Suche nach Wasserleichen gehört zu den noch neuen Errungenschaften im Repertoire der Hundestaffel, die – wie der Einsatz von Brandmittelspürhunden – an der Landespolizeischule für Diensthundeführer in Stukenbrock erprobt und entwickelt worden sind.

03 „Seehund", das Spezialboot für die Spürnasen.

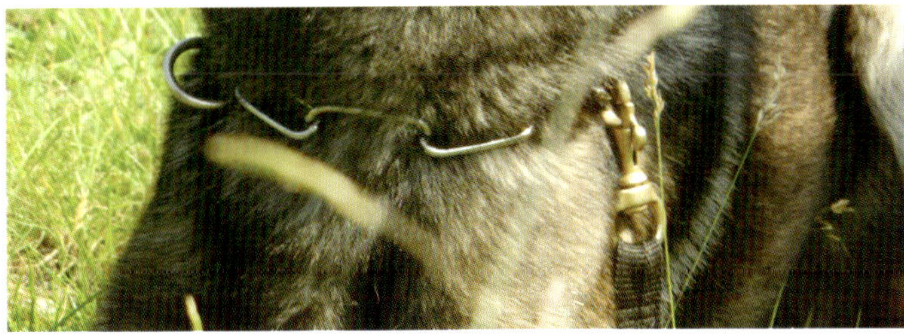

Rund 360 Hundeführer mit jeweils einem aktiven Diensthund gehören zur Polizei in Nordrhein-Westfalen. Ihre Arbeit zählt zu den Traumjobs bei der Polizei. Der Beamte mit Hund bricht aus dem normalen Alltag aus, arbeitet weitgehend selbstständig und erfreut sich häufiger Erfolgserlebnisse. Weshalb es Jahr für Jahr mehr Bewerbungen als freie Stellen gibt – obwohl der Hund zu Hause einzieht, dort viel Platz braucht und von nun an rund um die Uhr zum Leben gehört. Seit Anfang der 90er Jahre gehören auch Polizistinnen zu den Hundeführern. War die Hundestaffel einst eine der letzten Männerdomänen der Polizei, ist heute jeder vierte Hundeführer eine Frau.

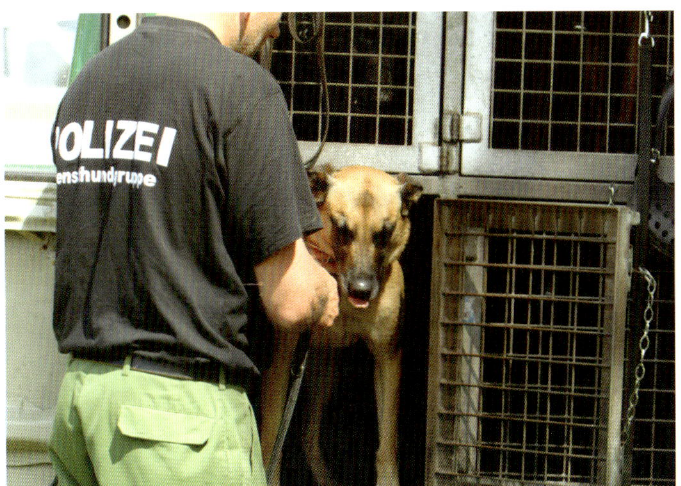

01 Die meisten der Hunde im Polizeidienst ...

02 ... arbeiten als Schutzhunde.

01 In der langen Ausbildung lernen Hunde ...

02 ... und Hundeführer einen Täter zu stellen ...

03 ... und notfalls durch Biss zu fassen.

Fast jede Dienststelle in NRW beschäftigt einen Hund – für die normale Streife vor allem in ländlichen Gebieten, für die Suche nach Personen und Beweisstücken, oder zum Schutz, wenn etwa bei Schlägereien eingegriffen wird. Denn grundsätzlich gilt: Wo ein Polizist mit Hund auftaucht, herrscht schnell Ruhe. Und wo man sonst womöglich eine Gruppe Menschen umstellen müsste, reicht oft schon der interessierte Blick des Tiers. Weniger flächendeckend werden die Spezialisten eingesetzt: In grenznahen Gebieten sind mehr Drogenspürhunde im Dienst als anderswo. 113 Rauschgift- und 43 Sprengstoffspürhunde schnuppern insgesamt für die Polizei in NRW.

Die Führer der Exoten unter den Spürhunden sind keiner Wache angeschlossen, sondern haben ihren Arbeitsplatz an der Landespolizeischule für Diensthundführer. Vier Hundeführer betreuen dort je zwei Leichenspürhunde, zwei weitere je zwei Brandmittelspürhunde und vier je zwei Geruchsspurenvergleichshunde. Insgesamt 45 Hunde haben in Stukenbrock ihren Zwinger – komfortabel mit Fußbodenheizung. Die Polizei züchtet hier auch ihren eigenen Diensthund-Nachwuchs: Belgische Schäferhunde, die als besonders quirlig gelten. Trotz strenger Ausbildung und Gehorsamspflicht auf Hundeseite dreht sich die Erde hier um die Tiere. Es ist einer der raren Orte, an denen man regelmäßig ausgewachsene Polizisten verliebten Blicks mit Welpen herumtollen sieht.

01 Geschicklichkeit und Gehorsam lernen die ...

02 ... Tiere in der Diensthundeschule.

Benötigt eine Dienststelle einen der Spezialisten aus Stukenbrock, werden die entsprechenden Hundeführer nötigenfalls per Hubschrauber eingeflogen. Sie treten in Doppelbesetzung auf, damit sich die Hunde abwechseln können. Denn wenn sie größere Areale absuchen, lässt ihre Spürleistung irgendwann nach. Auslandseinsätze sind bei diesen hochspezialisierten Tieren (und ihren Führern) keine Seltenheit – genauso, wie umgekehrt an der Landespolizeischule für Diensthundführer regelmäßig Polizisten aus dem Ausland zu Hundeführern ausgebildet werden, um in ihrer Heimat ähnliche Schulen aufbauen zu können.

Hund und Führer werden in Stukenbrock gemeinsam geschult. Auch, wenn ein Polizist längst Hundeführer ist. Denn die Ausbildung des Hundes ist personenbezogen. Nach der Grundausbildung von dreieinhalb Monaten Dauer absolviert das Tier die Prüfung zum Schutzhund, die es später einmal im Jahr wiederholt. Dabei beweist es, dass es Straftäter verfolgen, Flüchtige stellen und den Hundeführer schützen kann. Gehorsam ist Selbstverständlichkeit; einen Schutzhund, der an der Leine zerrt oder nach eigenem Gutdünken an Bäumen schnüffelt, wird man nicht sehen. Unaufgefordert handeln soll ein Polizeihund nur, wenn sein Führer attackiert wird. Da muss er nicht auf ein Kommando warten, sondern den Angreifer schnell und wirksam abwehren. Außerdem lernt das Tier, seine beste Waffe zu gebrauchen: die hochempfindliche Nase, die es ihm ermöglicht, Beweismittel oder versteckte Täter zu finden. Oder eine Spur zu verfolgen, selbst wenn die schon zwei Tage alt ist.

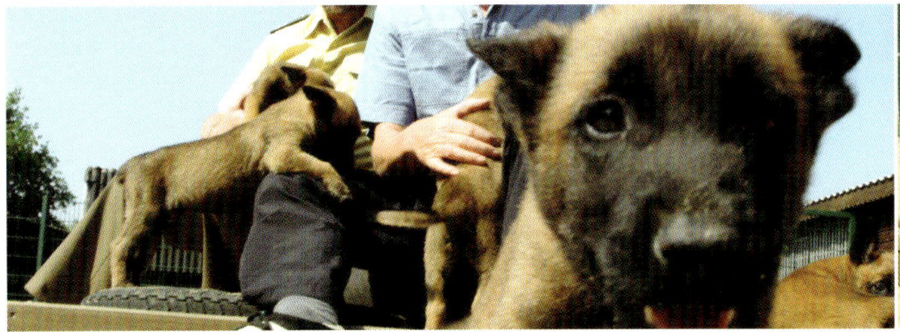

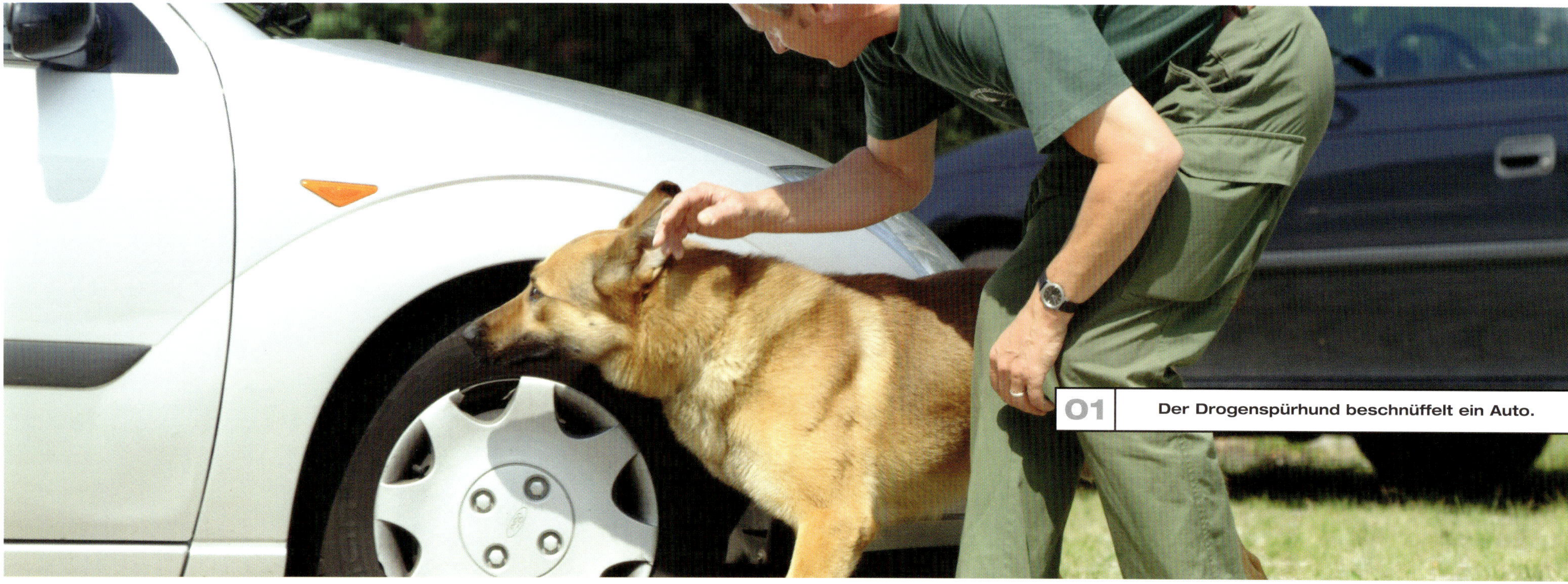

01 Der Drogenspürhund beschnüffelt ein Auto.

Nur die verspieltesten Schutzhunde werden zu Spürhunden fortgebildet. Denn der Hund will dazu motiviert werden, seine Nase in den Dienst des Menschen zu stellen, und das funktioniert am besten über den Spiel- und Beutetrieb. Der ist ganz unterschiedlich ausgeprägt, wie überhaupt jeder Hund einen individuellen Charakter hat. Sam, der einzige Hund, der in Nordrhein-Westfalen bei der Autobahnpolizei beschäftigt ist, gehört zu den Tieren, die ein Stöckchen nicht dreißig Mal zurückbringen, sondern eher dreihundert Mal. „Bis die Zunge auf dem Boden hängt. Und dann will er immer noch weitermachen", erklärt sein Führer, Polizeikommissar Armin Strutz. Das sind ideale Voraussetzungen für die Arbeit als Drogenspürhund. Denn wenn Strutz Anstalten macht, Sams Lieblingsspielzeug zu verstecken, ist der hellwach – und mehr als willens, ein fremdes Auto zu filzen. Und zwar so, wie ein Mensch es nur könnte, indem er es säuberlich in seine Einzelteile zerlegte. Nur kann Sam es schneller, und das Auto bleibt ganz. Er sucht dort sein Spielzeug, das er mit dem Geruch von Rauschgiften aller Art assoziiert.

Erreicht wird dieser Effekt, indem während der Ausbildung und im Training das Lieblingsspielzeug des Hundes nach der Substanz riecht, die er aufspüren soll: Sprengstoff, Munition oder Brandbeschleuniger aller Art, Rauschgift einschließlich synthetischer Drogen und Amphethaminen oder eben Verwesungsgeruch – je nach Einsatzgebiet. Das „Spielbringsel" aus Kunststoff oder Holz lässt sich entsprechend präparieren und verschließen. Dann versteckt oder vergräbt man es. „Jeder denkt, er kann seinen Hund überlisten", sagt Polizeihauptkommissar Rüdiger Kelm, der an der Landespolizeischule für Diensthundführer für Verwaltung und Logistik zuständig ist. „Aber der Hund findet das Teil trotzdem. Immer." Im Kopf des Hundes wird sein Lieblingsspielzeug mit dem unverwechselbaren Geruch verknüpft. Findet er etwas, zeigt er das an, durch Bellen, Schwanzwedeln oder Hinlegen, wie er es gelernt hat. Wichtig ist dabei vor allem, dass er einen Fund oder eine Spur nicht beschädigt. Sprengstoffspürhunde agieren dabei aus naheliegenden Gründen vorsichtiger und ruhiger als Drogenspürhunde.

„Ich dachte, mein Hund spinnt", erzählt Polizeioberkommissar Günther Nobbe, Führer von Lukas und Fozzy, den seinerzeit ersten Brandmittelspürhunden Europas. „Wir waren in einem abgebrannten Fitness-Studio, und Fozzy legte sich dort vor alle dreißig Geräte. Aber bei der Arbeit lernt man, den Hunden mehr zu trauen als dem eigenen Verstand." Also wurde an jeder Stelle eine Probe genommen. Und es zeigte sich: Der Brandstifter hatte über jedes einzelne Gerät Benzin geschüttet.

Die Spürhunde finden noch die kleinste Menge Brandbeschleuniger – ob Lack, Lösungsmittel, Benzin oder Petroleum. Schnell suchen sie auch große Flächen ab, wenn etwa ein ganzer Betrieb in Flammen aufgegangen ist. Versicherungsbetrug kann dahinter stecken, ein Attentat unter Wettbewerbern oder auch eine Schutzgelderpressung. Für die Aufklärung eines gewöhnlichen Kellerbrandes ruft niemand die Hundestaffel. Trotzdem haben die vier Brandmittelspürhunde heute durchschnittlich zwei bis drei Einsätze pro Woche – und das auch außerhalb der Landesgrenzen.

Ihr Vertrauen in den Menschen macht die Tiere furchtlos. So nahm Günther Nobbe seinen Hund schon über die Drehleiter der Feuerwehr mit in einen ausgebrannten Dachstuhl. Beide waren mit Leinen gesichert, Nobbe konnte nur auf die Bohlen treten. Der Hund dagegen bewegt sich auch auf schmalen Graten – und ließ sich trotz der Höhe noch dazu motivieren, den Brandherd anzuzeigen.

01 **Der Brandmittelspürhund zeigt erfolgreich an.**

02 **Explosive Suche im Bahnhof: ...**

03 **... Der Sprengstoffhund sucht Schließfächer ab.**

Die Arbeit der vier Geruchsspurenvergleichshunde aus Stukenbrock ist der Albtraum jedes Straftäters. Zum Beispiel von Serieneinbrechern, die irgendwann ein Werkzeug am Tatort liegen lassen. Hat die Polizei schließlich einen Verdächtigen dazu, vergleichen die Hunde die minimalen Geruchsspuren am Werkzeug mit dem Verdächtigen. Oder von Sprayern, die fast nie auf frischer Tat ertappt werden. Sie werfen nach der Verzierung von Straßenbahnen gerne mal Farbdosen weg. Und obwohl sie meist Handschuhe tragen, bleiben am Blech Geruchsspuren haften. Bei liebevoller Aufbewahrung des Beweisstücks halten sie bis zu drei Jahre – und können von den Hunden auch dann noch mit dem Geruch Verdächtiger verglichen werden.

Wenn ein Täter weder Fingerabdrücke noch eine DNA-Spur hinterlassen hat, ist das Geruchsspurenvergleichsverfahren oft die einzige Möglichkeit, ihm auf die Spur zu kommen. Dabei gibt es keine Gegenüberstellung von Hund und Verdächtigem. Drei Hunde schnuppern in Stukenbrock unabhängig voneinander an einem Metallröhrchen, das der Verdächtige angefasst hat, sowie an dem Beweismittel. Für das Tier ist das eine so klare Sache, als vergleiche ein Mensch zwei Fotos miteinander. Sogar noch eindeutiger, besitzt doch jeder Mensch einen eigenen Geruch, so unverwechselbar wie ein Fingerabdruck.

01 **Tatverdächtiger und Vergleichspersonen geben ihren Geruch an Metallröhrchen ab.**

02 **Nach dem Zufallsprinzip werden die Röhrchen ausgelegt. Dann riecht der Hund am Beweismittel.**

03 **Schließlich wird er auf die Vergleichsproben gelassen und findet die Täterspur.**

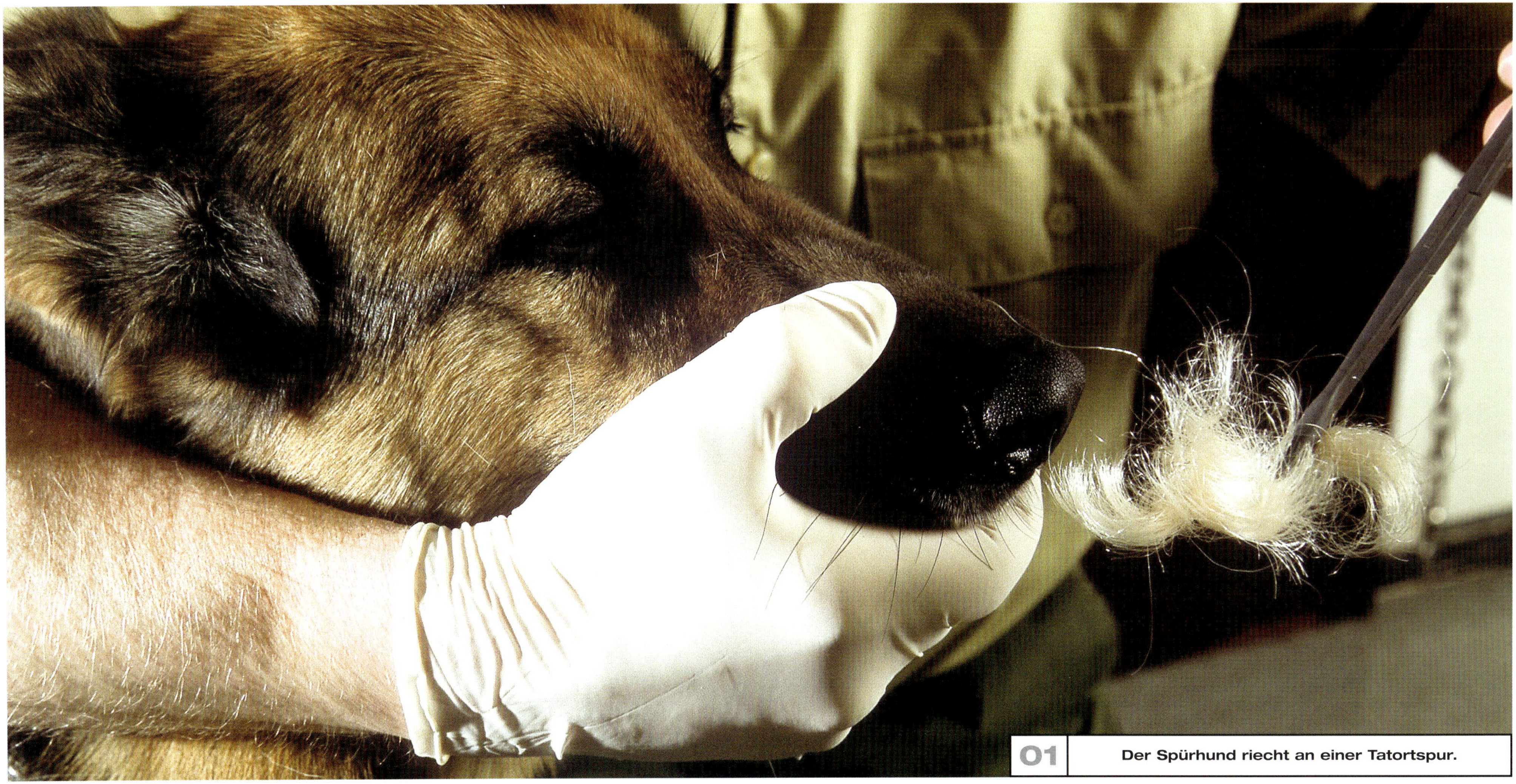

01 Der Spürhund riecht an einer Tatortspur.

An der Landespolizeischule hatte man in der Erprobungsphase versucht, einmal verwendete Metallröhrchen wieder zu reinigen. Aber: Sie waren unbrauchbar, weil noch Geruchspartikel an ihnen hafteten. Also wurden sie sterilisiert. Resultat: Wieder gab es Fehlanzeigen, weil der Geruch der Spur nicht vollständig entfernt war. Schließlich wurden die Röhrchen in einem Tonofen erhitzt, bis die letzten Partikel verschwunden waren. Von da an lieferten die Hunde nur noch einwandfreie Ergebnisse.

Das Verfahren wurde systematisiert und in die Strafprozessordnung aufgenommen, es ist zur Beweisführung zugelassen und darf notfalls mit Zwang durchgesetzt werden. Der Vergleich wird mit einer Videokamera gefilmt und protokolliert, der Hundeführer sagt vor Gericht aus. Rund dreißig Fälle klären die Vergleichsnasen mittlerweile im Jahr. Darunter auch spektakuläre wie der Mord an einem Sechsjährigen. Ein jugendliches Pärchen hatte das Kind in eine Wohnung gelockt, gequält und umgebracht. Das Mädchen stritt eine Beteiligung ab und behauptete, sie habe „nur“ zugeschaut. Vergeblich. Die Hunde wiesen nach, dass sie Kontakt mit dem Opfer gehabt hatte.

„Zielperson verlässt Gebäude – Zugriff frei."

Für die ganz harten Fälle: Spezialeinheiten im permanenten Training für die Bewältigung schwierigster Konfliktlagen.

Einsatz mit Knalleffekt

Stefan Nink

In keinem guten Action-Krimi dürfen sie fehlen. Die vermummten, schwer bewaffneten SEK-Einheiten. Sie sind im Film die Männer für die grobe Polizeiarbeit. Das beherrschen die Mitglieder der Spezialeinheiten im echten Leben auch sehr gut. Doch der Großteil ihrer gefährlichen Arbeit findet filigran und präzise im Stillen statt. Eine harte Ausbildung und permanentes Training bereitet die SEK-Beamten auf die extremsten Einsätze im Polizeidienst vor.

Das Telefon klingelt etwa zum 35. Mal an diesem Morgen, und es klingelt ganz normal. Natürlich klingelt es ganz normal. Der Ernstfall beginnt immer ganz normal. Mit einem Schnaps zu viel oder einem Widerwort, mit Lippenstiftspuren am Hemdkragen oder einer unbeabsichtigt gelesenen SMS. Mit einem Kunden, der sich in der Schalterhalle umschaut. Einem Mann, der am Pförtner des Landtags vorbeigeht. Oder einem Auto, das vor dem Haus eines Staatsekretärs parkt. Der Ernstfall beginnt im Wohnzimmer oder in der Küche, am Bankschalter oder im Linienbus, irgendwo da draußen in Nordrhein-Westfalen. Und er ist deswegen so tückisch, weil er anfangs wie der Alltag daherkommt. Bis zu einem bestimmten Punkt. Einer unsichtbaren Grenze. Einer undefinierten Sekunde. Dann offenbart er sich, der Ernstfall, und kurz darauf klingelt dieses Telefon da vorne zwischen den Papierstapeln und Aktenordnern, und Thomas Kuhlert hebt ab und sagt „Kuhlert!" und wird ganz still. Dann schreibt er mit. Auf einem Block, mit Bleistift. Er schreibt nicht viel, ein paar Stichworte nur, dazu ein paar Ausrufezeichen. Und stellt dabei auch keine Zwischenfragen, die Anweisungen sind knapp und klar, alles was er wissen muss, bekommt er gesagt. Dann legt Thomas Kuhlert den Hörer wieder auf und atmet durch. Tief durch.

Die Spezialeinheiten (SE) sind in einem Gebäude untergebracht, dass sich von außen nicht sonderlich von den anderen Bürogebäuden hier draußen im Gewerbegebiet unterscheidet – und drinnen erst einmal auch nicht. Eine Hand voll Stockwerke, Treppenhaus, Gänge links, Gänge rechts, viele Türen, volle Schreibtische. Regale mit Aktenordnern, Computer, an den meisten stehen Familienfotos. Und klingelnde Telefone. Hier könnten auch Sachbearbeiter sitzen. Oder Finanzbeamte. Bloß haben die in den unteren Etagen ihres Gebäudes keine Waffenkammer. Keine Werkstätten, in denen sich Technikfreaks immer vertracktere Möglichkeiten einfallen lassen, Tätern mit modernster Technologie auf die Schliche zu kommen. Und auch keine Garage mit schusssicheren Fahrzeugen.

Der Ernstfall kommt als Anruf von der Koordinierungsstelle: Die hat den Überblick, welche der insgesamt sieben nordrhein-westfälischen Spezialeinheiten gerade Kräfte frei hat. SE-Gruppen gibt es in Bielefeld, Dortmund, Düsseldorf, Essen, Köln und Münster; dazu kommt ein Mobiles Einsatzkommando (MEK) beim Landeskriminalamt. Und alle haben sie viel zu tun. Entgegen der üblichen Meinung ist es nämlich nicht so, dass die Spezialeinsatzkommandos der Polizei lediglich bei jenen Vorfällen zum Zuge kommen, die es am Abend dann in die „Tagesthemen“ schaffen beziehungsweise gleich einen ARD-„Brennpunkt“ zugestanden bekommen. Natürlich werden die Eliteeinheiten bei Geiselnahmen und Busentführungen eingesetzt – aber das sind im deutschen Kriminalalltag zum Glück noch immer Ausnahmen.

01 **Training: In diesem Fall eine Geiselnahme.**

02 **Der Täter wird überwältigt, die Geisel ...**

03 **... gerettet. Kein Schuss ist gefallen.**

Zum täglichen Geschäft der Spezialeinheiten gehören Verhaftungen gefährlicher Straftäter, Entführungen, Erpressungen, Häftlingstransporte und Aktionen der Polizei gegen die Organisierte Kriminalität. Und vor allem das, was im Berufsjargon als „Bewältigung polizeilicher Sonderlagen“ und „qualifizierte Bedrohungslagen“ bezeichnet wird, bei Tätern in „psychologischen Ausnahmesituationen“ und „unberechenbaren Gefährdungsmomenten“. Anders formuliert: Die Spezialeinheiten werden immer dann angefordert, wenn die Kollegen vor Ort in einer kritischen Situation Unterstützung brauchen. 2002 kamen die nordrhein-westfälischen Spezialeinheiten so auf insgesamt fast 331.591 Einsatzstunden. Beziehungsweise 2.083 Einsätze.

Thomas Kuhlert wählt ein paar Nummern aus dem Kurzwahlspeicher. Er braucht sie jetzt alle. Hier im Büro, schnell, sofort. Die Kollegen von SEK und MEK, von der VG, von der TEG, Komplettbesetzung bitte. Die Zentrale ist ein Gebäude der kurzen Wege, alle Einheitsführer sitzen auf einem Gang, ein, zwei Stockwerke höchstens, und auch die anderen Kollegen sind bei Kuhlert. Die Leiter des Mobilen Einsatzkommandos (MEK), zuständig für die mögliche Verfolgung flüchtiger Täter. Die TEG-Kollegen, Technische Einsatz Gruppe, sorgen dafür, dass hochwertige Technik richtig eingesetzt wird. Die VG-Leute, VG wie Verhandlungsgruppe, die „Sprachrohre" des Teams, werden mit den Tätern Kontakt aufnehmen. Und die Männer vom SEK, dem Spezialeinsatzkommando, die dann eingreifen und die Köpfe hinhalten werden, wenn sich die Täter nicht von selbst zur Aufgabe entschließen. Was leider nicht allzu oft passiert. „Geiselnahme nach missglücktem Banküberfall auf die Kreissparkasse in Düsseldorf-Lierenfeld", rekapituliert Kuhlert, „zwei Täter, zwei Geiseln, alle männlich, flüchtig. Tatzeit 8.40 Uhr, Überfall missglückt, beim Verlassen der Bank wurde auf einen Angestellten geschossen. Die Täter haben sich mit ihren Geiseln in einem leer stehenden Firmengebäude in der Tannenstraße verschanzt."

01 Übung Banküberfall: Einweisung vor Ort.

02 Das Notzugriffsteam geht in Stellung.

03 Der Täter zeigt sich mit einer Geisel.

01 **Realistische Übungslagen: Ob Revolte im ...**

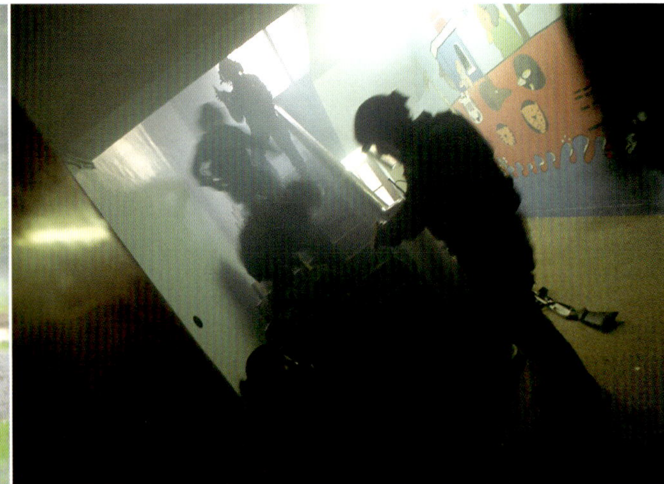

02 **... Gefängnis oder Amoklauf in einer Firma.**

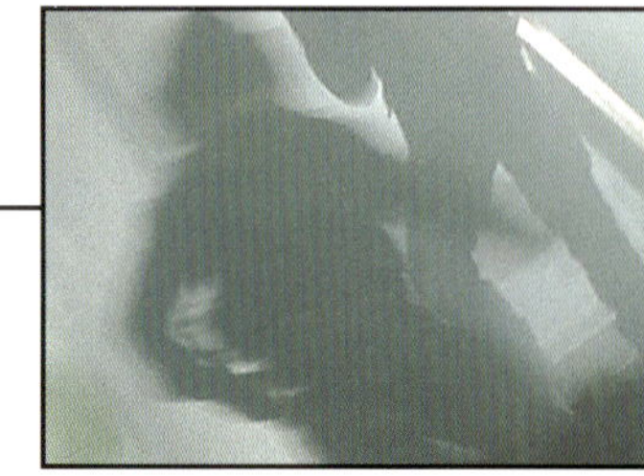

So hört er sich an, der Ernstfall. Normalerweise. Heute Morgen aber geht es nicht wirklich um Menschenleben: Die SE trainieren. Der Alarmanruf eben war gespielt, der Ernstfall „Geiselnahme nach versuchtem Banküberfall" ist keiner, die Geiseln draußen sind Kollegen in der Hand von Tätern, die ebenfalls Kollegen sind. Einen Unterschied macht das für die Männer hier heute Morgen nicht: Übungen wie diese hier sind ihre Lebensversicherung. In einem Beruf, der im Einsatzfall keinen Fehler verzeiht und in dem sich kleinste Pannen zu gewaltigen Katastrophen ausweiten können, ist die Simulation die einzige Möglichkeit, sich auf den Tag X vorzubereiten. Wer nicht übt, mag in anderen Berufssparten irgendwas verlieren – bei den SE verliert er im ungünstigsten Fall sein Leben. Und das anderer möglicherweise gleich mit. Auch deswegen verbringen Beamte der Spezialeinsatzkommandos beinahe 50 Prozent ihrer Arbeitszeit mit Übung und Training. Damit sie in der anderen Hälfte den Einsatzerfolg garantieren und den Einsatz möglichst unverletzt überstehen.

03 **Die Einsatzkräfte rücken an.**

04 **Informationen fließen laufend an die Kräfte.**

01 **Die Wasserkanone löscht in einer Sekunde.**

In Thomas Kuhlerts Büro weiß inzwischen jeder, was er wissen muss. Handynummern werden ausgetauscht, Fahrzeugbesatzungen zusammengestellt. Unten im Hof hört man Türenschlagen – die ersten Autos sind bereits auf dem Weg zum Tatort. SE-Beamte fahren unauffällige Wagen der Mittel- und Oberklasse und die nach Möglichkeit ohne Blaulicht; jede Minute, die man vor Ort unentdeckt bleiben kann, hilft bei der logistischen Vorbereitung. Am Einsatzort entsteht dann innerhalb weniger Minuten und außerhalb des Sichtfeldes der Geiselnehmer eine komplette mobile Befehlsstelle. Das Haus, in dem sich die Geiselnehmer verschanzt haben, liegt schräg hinter dem nächsten Gebäude, das den SE als Sichtschutz dient: Ein leer stehendes, ausgeweidetes Fabrikgebäude, das auf das Anrücken der Baggerkolonnen wartet.

Die Spezialeinheiten versuchen die Situation nach Möglichkeit bereits am ersten Tatort zu lösen. Bewegt sich der Täter von hier weiter, muss im Zweifelsfall die komplette Logistik folgen, was die Sache eindeutig verkompliziert. Seit dem „Gladbecker Geiseldrama“ in den achtziger Jahren weiß man, wie kompliziert es werden kann, wenn ein Geiselnehmer durch die Republik flüchtet. Wie schwer es dann wird, ihn zu fassen und Schaden von weiteren Personen abzuwenden.

01 **Das MEK observiert verdächtige Personen.**

02 **Zugriff auf dem Parkplatz. MEK-Fahnder ...**

03 **... nehmen Falschgeldhändler fest.**

Und wenn es doch passiert? Wenn die Täter mit Geisel oder Geiseln den ersten Tatort verlassen und sich auf den Weg machen? Übernimmt erst einmal die MEK-Gruppe. Das sind die Observierer der SE, die Aufklärer, die Beobachter. Ein Großteil ihrer Arbeit läuft zeitlich vor den Einsätzen der anderen SE-Gruppen ab. Dabei observieren MEK-Mitglieder Personen und erstellen so genannte „Bewegungsbilder" (Was macht er? Wen trifft er? Wo fährt er wann hin?), sie ermitteln mögliche Kontaktpersonen der Verdächtigen und stellen fest, wo etwaige Waffen- oder Drogendepots zu finden sind. Das MEK ist die konspirativste Gruppe der SE – was allein daran liegt, dass ihre Mitglieder nie erkannt werden dürfen. Da auch sie sich nicht in Luft auflösen können, versuchen sie, als natürlicher Bestandteil einer Szenerie in eben dieser zu verschwinden: „Legendenspiel" heißt das im Fachjargon. Ob auf der dunklen Rückseite eines Bahnhofes oder im Foyer eines Fünf-Sterne-Hotels, im Rotlichtviertel oder am Roulettetisch eines Spielcasinos, sich auf jedem Parkett sicher zu bewegen und nicht aufzufallen, ist hier die oberste Maxime. Natürlich vermeiden sie jeden Blickkontakt mit den Personen, die sie überwachen sollen. Und natürlich wissen sie, dass die Grenzen ihrer Arbeit immer dann schnell erreicht sind, wenn die Zielperson damit rechnet, observiert zu werden.

01 Geiselnahme: Der Übungs-Leitungsstab sammelt Informationen, analysiert sie und ...

02 ... gibt sie an die Polizeiführung und die Einsatzkräfte vor Ort weiter.

Im Übungsfall Tannenstraße ist das heute zweitrangig: Fliehen die Geiselnehmer, werden sie davon ausgehen, verfolgt zu werden. In einem solchen Fall würde sich das MEK an die Flüchtigen hängen und die übrigen Gruppen ständig informieren. Für Zugriffe auf Fahrzeuge gibt es unzählige Varianten. Die Spezialeinsatzkommandos sind außerdem jederzeit in der Lage, einen Bus zu stürmen, ein fliehendes Schiff zu entern oder in das Innere eines ICE einzudringen. Wenn das aber alles zu riskant erscheint und das Leben möglicher Geiseln oder Außenstehender in Gefahr gerät, wird im Zweifelsfalle abgewartet.

Bei der Übung am „Tatort Tannenstraße" geht der SE-Einsatz nach der Ankunft auf dem Gelände ganz offiziell in einen neuen Abschnitt über. Was im Fachjargon „Übergabe Phase Eins an Phase Zwei" heißt, ist in der Praxis eine Wachablösung: Die Beamten des Streifendienstes übergeben an die SE (weil die Übung isoliert und intern abgehalten wird, spielen SE-Beamte diese Streifenpolizisten; aus dem gleichen Grund fehlen übrigens auch ein Gesamteinsatzleiter sowie die Polizisten, die normalerweise an der Rändern des Einsatzes beschäftigt wären – etwa mit Absperrungen, Verkehrsumleitungen oder der Versorgung). Ganz wichtig in diesem Stadium: Die bereits vorhandenen Informationen, die von den Kollegen vor Ort gesammelt wurden. Gibt es nähere Details zu den Tätern? Was weiß man über den genauen Aufenthaltsort der Täter? Welche Informationen hat man über das Gebäude? Wer kann einem Informationen liefern? Die Einheitsführer fragen und haken nach: Oft hängt von der Genauigkeit dieser ersten Informationen der Erfolg des Einsatzes ab. Vor allem davon, ob es sich bei den Hinweisen um Wissen oder Vermutungen handelt. „Assumption is the mother of all screw-ups", heißt es bei den amerikanischen Kollegen von der CIA: „Die Vermutung ist die Mutter allen Schlamassels".

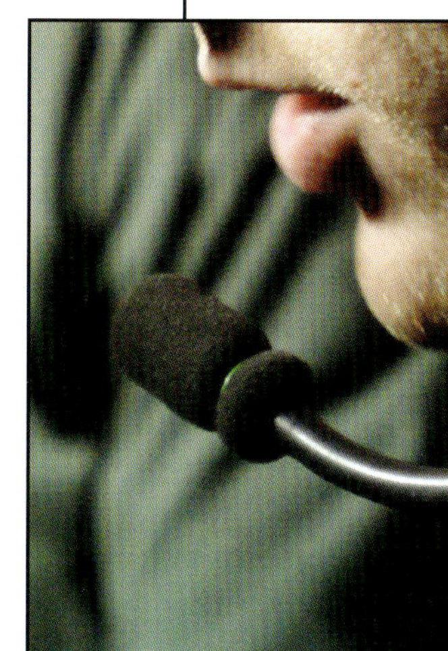

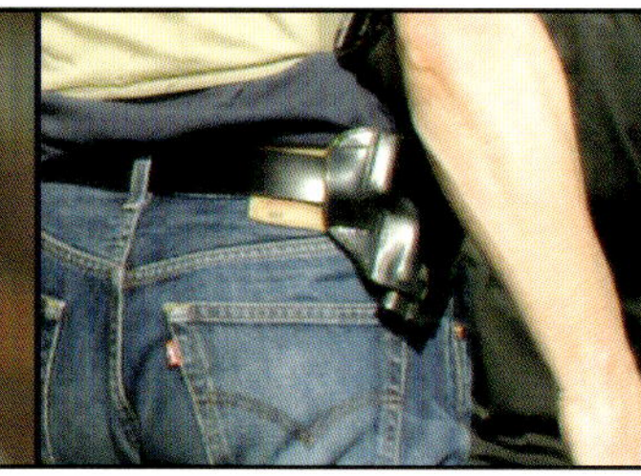

Unmittelbar an diese Übergabe schließt sich die SE-Lagebesprechung an. Knappe Fragen, knappe Antworten, auch hier. Die Spezialeinsatzkommandos arbeiten in kleinen Teams, man kennt sich, die Kommunikation beschränkt sich auf das Notwendigste. Keine Hektik, keine Unruhe, der Einsatz läuft jetzt in den Köpfen ab. Jeder der Einheitsführer führt in diesen Sekunden sein individuelles Brainstorming durch und wirft dessen Ergebnisse in das gemeinsame Brainstorming mit den Kollegen, und wenn es nicht so ernst wäre, könnte man diesen Einsatzabschnitt durchaus als großes Denkspiel bezeichnen. Das Spielziel hieße dann: Dem Gegner in Gedanken voraus zu sein. Immer. Und dabei keinen möglichen Spielzug außer Acht lassen. Dazu muss man sich in die Köpfe der Täter hineinversetzen. Denken, wie sie denken. Und schneller zu deren eigenem Schluss kommen als sie selbst. So etwas kann man trainieren.

01 **Geiselnahme: Vor Ort richtet sich die ...**

02 **... Übungs-Einsatzleitung ein.**

03 **Die Kräfte beziehen ihre Position.**

01 **Permanentes, hartes Training gehört zum Alltag der Spezialeinheiten.**

Es hilft nämlich nichts, wenn nur Einsatzleiter und Einheitsführer diesen Gedankenprozess durchspielen – im Zweifelsfalle sind die in der entscheidenden Sekunde zwar über Funkverbindung präsent, aber unendlich weit vom Ort des Geschehens entfernt. Deshalb muss jeder SE-Beamte die gleichen kreativen Gedankensprünge machen können. Und deshalb hat das Bild der wild um sich ballernden Spezialkommandos, das Fernsehproduktionen und an Hollywood orientierte Regisseure gerne in die Welt beziehungsweise in die Wohnzimmer setzen, nichts mit der Realität zu tun. SEKler sind keine Rambos, keine 007-Nachahmer und auch keine Terminatoren – wenn sie das wären, würden sie im Zweifelsfall den ersten Einsatz nicht überleben. Wer in einem solchen Kommando seinen Dienst versieht, braucht mehr Hirn als Muskeln. Braucht psychische Belastbarkeit und exzellente Wahrnehmungsfähigkeiten. Muss über eine ausgezeichnete Stresskontrolle verfügen. Und Teamgeist und soziale Kompetenz mitbringen. Dass er physisch über seine Grenzen gehen kann und wird, ist dabei selbstverständlich.

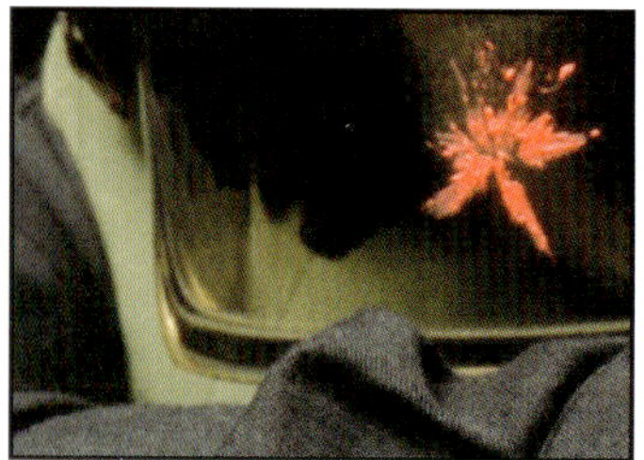

Natürlich sieht man das alles nicht, wenn sich die Beamten des SEK jetzt um ihre Einheitsführer sammeln, wie sollte man auch – man kann kaum noch erkennen, dass sich tatsächlich Menschen hinter diesen Aufmachungen verbergen. Ein SEK-Beamter in voller Montur erinnert eher an eine Figur aus einer Science-Fiction-Verfilmung als an einen Polizeibeamten. 25 Kilo Ausrüstung schleppen SEKler bei so einem Einsatz mit sich. Allein der Helm mit integrierter Fernsprecheinrichtung und Visier bringt vier Kilo auf die Waage – in Kombination mit der Gesichtsmaske untendrunter hat der Beamte allein auf dem Kopf ein Gewicht, das andere ungern in einer Hand tragen. Zur Standardausrüstung gehören außerdem schusssichere Westen, Schutzschilde, Werkzeuge, Lampen und Bewaffnung. Früher hätte man auch noch einen Satz schwerer Handschellen mitschleppen müssen, mittlerweile werden Täter mit Plastikstreifen gefesselt, die nur ein paar Gramm wiegen.

01 **25 Kilo Ausrüstung; FX-Übungswaffe.**

02 **Titan-Helm mit Schusssicherem Visier.**

03 **Maschinenpistole und Schutzweste.**

01 **Einweisung vor dem Eindringen in ein Haus.**

02 **Geordnet dringt ein SEK-Trupp ein.**

03 **Vorgehen im Treppenhaus.**

Während sich die Beamten einer nach dem anderen fertig ausgerüstet bei der Einsatzleitung sammeln, werden die Positionen verteilt: „Kräfteaufstellung". Ein Mann übernimmt die 6-Uhr-Beobachtung (dabei wird eine imaginäre Uhr über das Tatortobjekt „gelegt", bei der der jeweilige Stundenstrich eine bestimmte Ecke des Gebäudes markiert – wenn es um Sekunden geht, sind diese Bezeichnungen besser verständlich als „Südost" oder „Nordwest"). Einige Leute werden als „Notzugriff" ausgewählt – sie sollen eingreifen, wenn sich aus dem Verhalten der Geiselnehmer auf eine unmittelbare Gefahr für das Leben der Geiseln schließen lässt. Andere Beamte bilden den „Planzugriff" – das Team, das einen geplanten Einsatz durchführen wird. Was das sein wird, wissen in diesem Moment weder sie noch der Einsatzleiter: Ob und wie die Täter überwältigt werden können, wird sich erst in den nächsten Minuten zeigen. Die Geiselnehmer haben sich in einer Reihe von Zimmern im ersten Stock verschanzt – wie man an sie herankommen wird, ob man das überhaupt muss, all das hängt von verschiedenen Faktoren ab. Damit jeder weiß, wer gemeint ist, gibt es am Ende noch die so genannte Geisel- und Tätertaufe. Bei der werden Geiseln und Täter nach augenfälligen Attributen benannt. „Der Graue" als Charakterisierung für einen Geiselnehmer ist im Zweifelsfall eindeutiger als „der etwa 60-jährige Mann im grauen Pullunder".

Die ersten SEKler begeben sich ins Gebäude. Die Türen im Erdgeschoss sind offen, eine Gruppe geht ins Treppenhaus, eine zweite nimmt einen Nebeneingang und nähert sich den Zimmern, in denen sich die Geiselnehmer verschanzt haben, von hinten. Ihre Bewegungsabläufe wirken wie choreografiert. Wie man sich im Team fortbewegt, ausspäht, Deckung gibt, alle Richtungen im Blick behält – das lernen und üben die SEKler immer und immer wieder. Bewegungsabläufe wie diese automatisieren sich mit den Trainingseinheiten und müssen es auch; im Einsatzfall muss sich jeder aus so einem kleinen Team blind darauf verlassen können, dass sein Kollege beispielsweise die Flanke schützt, wenn er rechts um eine Ecke herum muss. Im Idealfall bewegt sich so ein Kleintrupp aus fünf SEK-Beamten vorwärts wie eine einzelne Person mit zehn Beinen, zehn Armen und fünf Köpfen. Und vor allem mit fünf Gehirnen.

Dieser überlebenswichtige Teamgeist wird im SEK-Alltag bis an die Grenzen der Belastbarkeit geübt. Trainiert wird dabei vor allem der Konjunktiv – alles, was unter Umständen und vielleicht irgendwo und irgendwann möglicherweise einmal erforderlich sein könnte, weil ein Verbrecherhirn auf genau diese schräge Idee gekommen ist. Deswegen trainieren SEK-Beamte nicht nur, wie man Täter im Nahkampf entwaffnet, sondern auch, wie man über Mauern klettert, durch Rohre kriecht und sich von Felswänden abseilt. Wie man auf einen Schornstein hinaufkommt, an Hauswänden hoch und von Dächern hinunter. Und von einem Hausdach aufs andere. Im Zweifelsfall muss das jeder für sich allein können – im Einsatzalltag aber ist es meistens wichtiger, dass nicht eine Person, sondern das komplette Team die Aufgabe bewältigt (schon allein deshalb, weil sonst der eine Beamte, der bis ins Hausinnere vorgedrungen ist, auf einmal sieben schwer bewaffneten Tätern gegenüber steht). „Wenn bei einem Einsatz zehn Leute in ein Objekt eindringen", sagt Thomas Kuhlert, „dann sollen auch zehn wieder hinauskommen – lebend". SEK-Beamte haben ein klares Bewusstsein darüber, dass sie ihr eigenes Leben bei jedem Einsatz riskieren. Sie würden das aber auch tun, sagt Kuhlert, wenn ihre Überlebenschance nicht garantiert werden könnte.

01 Höhengewöhungstraining: Abseilen vom ...

02 ... Industrieschornstein aus über 100 Metern Höhe.

03 Eindringen in ein Gebäude durch abseilen.

Im Gebäude: Verhandlungen. Die sind Aufgabe der VG, der Verhandlungsgruppe, deren Gesprächsführer bereits Kontakt zu den verschanzten Geiselnehmern aufgenommen hat. Die Beamten der Verhandlungsgruppe sind die „Sprachrohre" der SE. Sie gehören zu den Ersten, die mit der Gegenseite sprechen. Oft entscheidet die erste Kontaktaufnahme über die Art der weiteren Kommunikation zwischen Tätern und Beamten am Tatort. Anders gesagt: Geht die Kontaktaufnahme eines Erstsprechers schief, kann das ziemliche Probleme mit sich bringen. Und im schlimmsten Fall jegliche weitere Kommunikation unmöglich machen.

01 **Geiselnahme: Die Verhandlungsgruppe ...**

02 **... richtet sich vor Ort ein, mobil oder im Objekt.**

03 **Kontaktaufnahme mit dem Täter.**

Bei diesen ersten Gesprächen, die oft nur aus Floskeln und kurzen Statements bestehen (die Beamten rufen im Hausflur durch ein Megafon, der oder die Geiselnehmer brüllen hinter verrammelten Türen), ist der Inhalt nicht unbedingt der wichtigste Aspekt. VG-Beamte achten ebenso auf Tonfall und Stimmhöhe, aus denen sich viel über das Nervenkostüm des Täters ablesen lässt. Wenn sie Blickkontakt haben, beobachten sie außerdem Mimik und Gestik, in denen sich möglicherweise die Verfassung der Täter widerspiegelt. Und sie gleichen Haltung, Blick und Körpersprache ab mit dem, was der oder die Täter sagen. Passt das zusammen? Oder stimmt da etwas nicht? Plant er in Wirklichkeit etwas ganz anderes, als er gerade sagt? Nicht immer ist der Inhalt einer Unterhaltung mit dem Täter das wichtigste: Sprache ist ein ausgezeichneter Manipulator. Ein Täter, der mit zitternder, sich überschlagender Stimme „Ich bin ganz ruhig!" ruft, kann im nächsten Moment durchaus durchdrehen und eine Geisel erschießen.

Prinzipiell bemühen sich die Beamten der VG in allen Fällen, die Sprache der Täter zu sprechen. Der gleiche Slang, die gleiche „Sprache“, das sprachliche „Auf-einer-Ebene-Sein“ – das ist ungemein wichtig. An einen aggressiven Zuhälter wird man nicht herankommen, wenn man in gestochenem Hochdeutsch auf ihn einredet – und den Täter, an den man nicht herankommt, darf es für die VG-Beamten eigentlich nicht geben. Ein verzweifelter Geiselnehmer, der von der Gegenseite in der Sprache seiner Kumpel angesprochen wird, fasst möglicherweise eher Vertrauen. Bei ausländischen Tätern ohne Deutschkenntnisse – Fälle, die früher eher die Ausnahme waren, sich in den vergangenen Jahren aber inflationär vermehrt haben – werden Übersetzer angefordert. Deren Einsatz unterbricht allerdings den direkten Draht zwischen den VG-Beamten und dem Täter – und ohne diesen direkten Kontakt können kleine und möglicherweise entscheidende Informationen schnell verloren gehen.

VG-Beamte sind Sprachliebhaber. Menschen, die um die Macht des gesprochenen Wortes wissen. Und die gleichzeitig bestätigen können, wie anstrengend es ist, mit Worten und Sätzen in so einer Lage überhaupt irgendetwas zu erreichen. VG-Beamte sind ausgebildete Verhandler, haben ein Examen plus mindestens fünf Jahre Einzeldienst-Erfahrung. Und sie arbeiten mit den Beamten der SEK im Team – und nicht gegen sie: Der Gegensatz Wort/Tat soll und darf während eines Einsatzes nicht aufbrechen. Herbert Wohlfahrt und Tim Tobel beispielsweise sind soeben mit ihrer Kunst am Ende. Etwa zwanzig Minuten lang haben sie aus dem Treppenhaus auf die Geiselnehmer hinter der Tür eingeredet. Haben versucht, die beiden Männer zu beruhigen und Zeit zu gewinnen. Ihre Arbeit folgt der Absicht, das Leben der Geiseln zu schützen, indem eine Eskalation der Situation verhindert wird. Gebracht hat das bislang nichts: Die Täter fordern ein Fluchtauto und eine Million Euro. Das Ganze in zehn Minuten. Als die VG-Leute ihnen zurufen, das sei nicht so schnell zu organisieren, öffnet einer der beiden Geiselnehmer die Tür zum Treppenhaus. In der Tür stehend drückt er einer Geisel den Arm um die Kehle und fuchtelt mit der Pistole.

01 Kommunikation auf hohem Niveau.

02 Ein bewaffneter Suizid-Kandidat wird von einem ...

03 ... Verhandler zur Aufgabe bewegt.

01 **Geiselnahme: Der SEK-Trupp evakuiert einen ...**

02 **... Gebäudeteil, den der Täter noch nicht ...**

03 **... unter Kontrolle hat.**

Später, in der Manöverkritik, wird die Übungsleitung hier ansetzen: Die beiden VG-Männer sind neu, absolvierten ihre erste Übung. Sie standen nicht optimal. Ihre SEK Kollegen konnten sie nicht gut sichern. Sie hatten sich wohl mehr auf ihre Sprecheraufgabe konzentriert. Aber auch sie müssen immer taktisch denken. Keine Kleinigkeit, meint die Übungsleitung, das hätte auch leicht ins Auge gehen können. Beim nächsten Mal bitte anders. Dafür sind diese Übungen da.

POLIZEI

01 Präzisionsschützen sichern Einsatzorte.

Eine genaue Beobachtung sämtlicher Abläufe gehört bei solchen Übungen unbedingt dazu. Und eine Abschlussanalyse, die zusammen mit allen Beteiligten gemacht wird. Wo lagen die Fehler? Wo hätte der Einsatz außer Kontrolle geraten können? Und warum? Waren es Flüchtigkeitsfehler? Ein unaufmerksamer Moment? Oder wurden schon beim Durchspielen der Situation im Kopf Fehler gemacht? Bei Übungen wie dieser als auch bei richtigen Einsätzen wird viel improvisiert.

Will der Täter beispielsweise fliehen und droht die Geisel zu töten, muss die Polizei handeln. Die Sicherheitskräfte müssen dann „auf den Täter einwirken" – und ihn als ultima ratio auch erschießen, bevor er seinerseits die Geisel tötet. Je nach Lage werden die Einsatzorte zusätzlich durch Präzisionsschützen gesichert. Diese Spezialisten liegen unbemerkt und nicht selten in großer Entfernung vom Tatort in Deckung. Sie schießen, wenn das Leben einer Geisel unmittelbar bedroht ist und treffen mit ihren Präzisionsgeschossen aus mehr als 100 Metern Ziele von der Größe eines Zwei-Euro-Stückes.

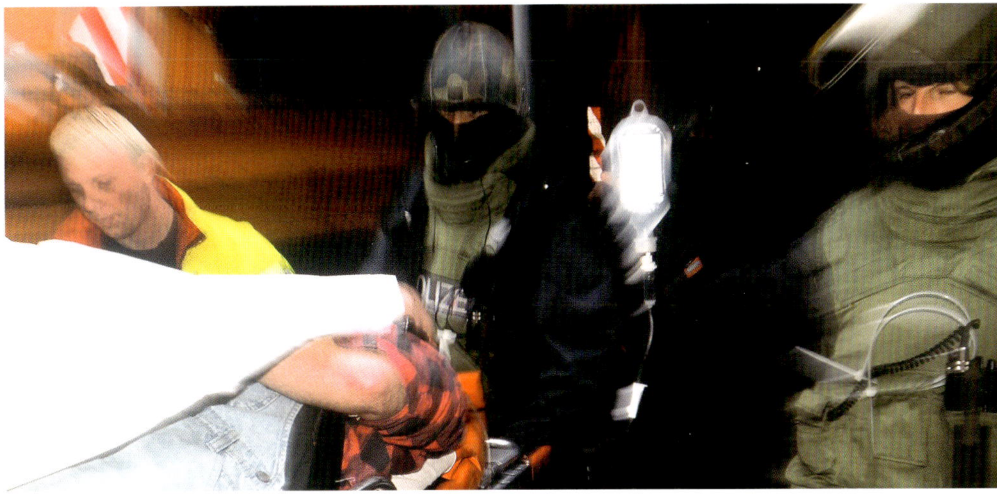

Im Treppenhaus hat sich die Lage unterdessen zugespitzt. Um ihre Entschlossenheit zu demonstrieren, haben die Täter einer ihrer Geiseln in den Oberarm geschossen und sie anschließend ins Treppenhaus gestoßen. Einen Absatz weiter unten wird medizinische Erstversorgung geleistet. Und sofort nachgehakt: Halten sich die beiden Täter in einem Raum auf? Stehen oder sitzen sie meistens in einer bestimmten Ecke? Sind sie nervös? Wieder sammelt die Einsatzleitung die Informationen. Und entschließt sich zum Handeln. Sofort. Der Plan: Die Gruppe im hinteren Treppenhaus wird die Hintertür sprengen – mit einer gewaltig lauten Ladung. Die Explosion wird die Geiselnehmer für einige Momente außer Gefecht setzen und in diesem Zeitfenster von wenigen Sekunden werden dann auch die SEK-Beamten durch die Vordertür eingedrungen sein. Zangenzugriff. Von zwei Seiten.

01 **Geiselnahme: Auf alle Fälle vorbereitet.**

02 **In jedem SEK-Trupp gibt es Ersthelfer mit ...**

03 **... umfangreicher Ausrüstung für Notfälle.**

01 **Festnahme: Das Eindringen in Wohnungen ...**

02 **... um Personen zu verhaften gehört zum Alltag.**

03 **Trotzdem ist es immer wieder gefährlich.**

Das Eindringen in Wohnungen, um dort einen bewaffneten Straftäter zu stellen, der möglicherweise auch noch eine oder mehrere Geiseln bedroht – das ist mit eine der schwierigsten Aufgaben der SEK. Bei vielen Einsätzen ist das der kritische Moment – geht hier etwas schief, ist es in der Regel nicht wieder gutzumachen. Anders als Soldaten im Häuserkampf, die in einer solchen Situation auf alles schießen, was sie ins Blickfeld bekommen, bewegen sich SEK-Beamte beim Eindringen in Zimmer (oder in einen Bus, eine Bahn oder ein Flugzeug) auf einem ungemein schmalen Grat. Sie wissen nicht, wie die Räumlichkeiten aussehen, sie wissen nicht, was sie hinter der Tür erwartet – im Zweifelsfall wissen sie noch nicht einmal, wie die Täter und wie die Geiseln aussehen. Bei einem Zangenzugriff wie diesem kommt noch als zusätzlich erschwerendes Moment hinzu, dass theoretisch auch die eigenen Leute getroffen werden können, die den Zimmertrakt ja von der gegenüberliegenden Seite aus stürmen (deswegen werden zuvor so genannte „Feuerbereiche" abgesprochen). Außerdem stehen die SEK-Beamten Tätern gegenüber, die sich in so gut wie allen Fällen weder an moralische noch rechtsstaatliche Grundsätze halten. Und die in diesen Sekunden oft genug versuchen, sich den Weg freizuschießen. Auch deswegen ist der wichtigste Aspekt auf Seiten der SEK der Überraschungseffekt: Nur wenn es gelingt, den oder die Täter für Augenblicke abzulenken oder zu irritieren, kann ein Zugriff gelingen.

Im Treppenhaus zählen die SEK-Männer stumm die Sekunden. Sie tragen Handschuhe, wenn sie schweißnasse Hände haben, sieht man es nicht. Und was in ihnen vorgeht kann man nur ahnen. Sie wissen, dass sie jetzt gleich in diese Wohnung müssen. Dass ein einziger Schritt in die falsche Richtung oder ein winziger Moment Unaufmerksamkeit die Geisel oder sie selbst das Leben kosten kann. Sie wissen, wie sie sich zu bewegen haben. Dass sie nicht im Schussfeld ihrer Kollegen stehen dürfen, dass sie ihre Augen immer parallel zur Waffe bewegen müssen – das alles wissen sie. Was sie hinter dieser Tür wirklich erwartet, wissen sie nicht. Und dann geht alles sehr schnell: Eine gewaltige Explosion erschüttert das Gebäude. In der gleichen Sekunde, in der ihre Kollegen von hinten in das Stockwerk eindringen, rammen die SEK-Männer vorne die Tür ein und stürmen in das Zimmer. Der erste Täter wird überwältigt. Der Zweite liegt tot am Boden, durch das Fenster getroffen von einem Präzisionsschützen. In genau jenem Moment, als er der Geisel die Pistole an die Schläfe hielt.

01 **Manchmal muss eine Tür aufgesprengt werden, um in ein Gebäude zu gelangen.**

Die Spezialeinheiten der Polizei gibt es seit den 70er Jahren. Während der Olympischen Spiele in München töteten Mitglieder der arabischen Organisation „Schwarzer September“ zwei israelische Sportler und nahmen elf weitere als Geiseln. Die Bundesregierung verhandelte und stellte den Terroristen Hubschrauber zur Verfügung. Beim Versuch einer restlos überforderten Polizei, die noch nie zuvor mit einem solchen Fall konfrontiert worden war, die Geiseln zu befreien, kam es zur Katastrophe: Alle elf israelischen Sportler starben, als die Terroristen Handgranaten zündeten. In der Folge dieser Ereignisse beschloss die ständige Konferenz der Innenminister und –senatoren 1974 das „Konzept für die Aufstellung und den Einsatz von Spezialeinheiten der Länder und des Bundes für die Bekämpfung von Terroristen“. Das war die Geburtsstunde der SE.

01 **Flugzeugentführung: Zusammen mit Kräften der GSG 9 üben SEK-Kommandos die ...**

02 **... Bewältigung von Geiselnahmen in Luftfahrzeugen. Es wird regelmäßig unter ...**

03 **... realistischen Bedingungen geübt.**

01 Sicherungsschützen überwachen eine Geiselfreilassung am Flugzeug.

Rund dreißig Jahre nach der Tragödie von München wäre eine effektive Polizeiarbeit ohne die SE im bundesdeutschen Alltag nicht mehr möglich. Intensität und Brutalität der Verbrechen haben sich in den vergangenen Jahrzehnten spiralenartig nach oben geschraubt. Mittlerweile sind viele Täter Profis, haben Kampfsportarten gelernt, eine paramilitärische Ausbildung oder sogar Kriegserfahrung vom Balkan. In den frühen Siebzigern, als die Welle der RAF-Terrorakte noch bevorstand, waren Verbrecher in Deutschland mit einfachen Handfeuerwaffen ausgestattet – heute bedienen sie sich in der Regel aus Hightech-Arsenalen und operieren mit Waffen der modernsten Generation. Streifenpolizisten stehen Gegnern gegenüber, die mit Maschinenpistolen und Nachtsichtgeräten bewaffnet sind und diese auch beherrschen können. Um sich auf die Konfrontation mit solchen Gegnern vorzubereiten, trainieren SEK-Beamte das Schießen jährlich zwischen fünf- und siebentausend Mal auf Pappzielscheiben oder – mit besonderer Trainingsmunition – auf lebende Täterdarsteller. Auch in schwierigsten Ausgangslagen liegt ihre Trefferquote in der Regel bei über 90 Prozent.

01 **Ausbildung: An der Fachschule für Spezialeinheiten lernen neue SEK-Anwärter ...**

02 **... taktisches Schießen auf einem Übungsgelände mit scharfer Munition.**

03 **Die Ausbildung ist intensiv, hart und nur ein kleiner Prozentsatz der Bewerber schafft den Abschluss.**

01 **Die Nacht zum Tag machen: ...**

02 **... Mit Bildverstärkerbrillen operieren ...**

03 **... die SEK-Beamten auch bei Dunkelheit.**

Eine immer schneller voranschreitende Entwicklung in der Technik zwingt die SE in Deutschland dazu, sich auch auf diesem Gebiet unentwegt weiterzubilden. SEK-Beamter zu sein – das bedeutet auch, beruflich lebenslang zur Schule zu gehen. Auf den Gebieten der Waffentechnik und der Mikroelektronik kommt es alle zwei Jahre zu Quantensprüngen in der Entwicklung – wer da nicht dran bleibt, verliert schnell und unwiderruflich den Anschluss. Und auch hier genügt es nicht, wenn nur die Mitglieder der Technischen Einsatzgruppe auf dem Laufenden bleiben – ein gewisser Wissensstandard ist bei jedem SE-Mitglied erforderlich. Und die Anforderungen, die diese Neubewerber erfüllen müssen, bevor sie zu einer SE dazugehören – sind dementsprechend hoch.

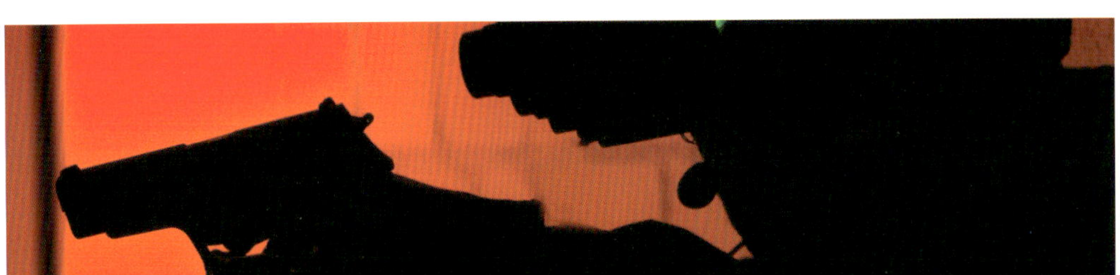

Spezialeinheiten gibt es in jedem Bundesland und bei verschiedenen Bundesbehörden, und theoretisch kann jeder Polizeibeamter im Laufe seiner Karriere zu einer solchen Spezialeinheit wechseln – Voraussetzung ist erst einmal nur ein absolutes Minimum von zwei Jahren Polizeidienst. Nach zwei Tagen körperlicher und psychologischer Tests ist ein guter Teil der Bewerber schon draußen; von im Schnitt dreißig schaffen es nur sechs. Der eigentliche Eignungstest findet anschließend in einer dreimonatigen Ausbildung in kleinen Teams statt (in Nordrhein-Westfalen dauert die Ausbildung sogar ein Jahr) – für Polizisten, die bislang in Hundertschaften operiert haben, eine ziemliche Herausforderung. An jedem Tag dieser Ausbildung – und an den allermeisten Tagen im anschließenden Berufsleben – gehen die Auszubildenden an ihr Limit, Training wie Ernstfall sind bei den Spezialeinheiten Phasen absoluter Extreme. Phasen, in denen nichts im Körper mehr auf Normalniveau funktioniert, in denen Nerven und Muskeln und Synapsen bis zum Zerreißen gespannt sind. Es wundert einen, dass trotz dieser unglaublichen Anstrengungen dann trotzdem der Polizeiarzt die größte Hürde ist: Bewerber können noch so durchtrainiert sein – findet der Arzt einen noch so kleinen körperlichen Defekt, ist die SEK-Karriere sofort beendet. Viele Polizisten bewerben sich schon wegen dieser sehr hohen Durchfallquote nicht – aus Angst, anschließend wieder zurück an ihren alten Dienstplatz zu müssen und dort dann dem Spott der Kollegen ausgesetzt zu sein.

01 **Ausbildung: Während des einjährigen ...**

02 **... Lehrgangs wird ein Einsatz an jeder Art ...**

03 **... von Verkehrsmitteln trainiert. An Autos, Zügen, ...**

01 ... Flugzeugen, Schiffen, Bussen und U-Bahnen.

02 Im Team muss jeder alle Positionen ...

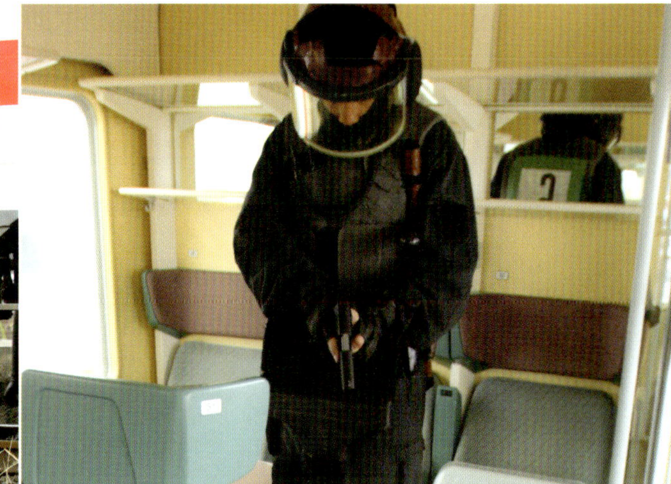

03 ... im Zugriffstrupp kennen und beherrschen.

Das maximale Alter für den Dienst bei einer SE liegt bei 45 Jahren; für Einsatzführer gilt eine Obergrenze von 48 Jahren. Besonders großzügig belohnt werden SE-Mitglieder nicht, eine geringe Erschwerniszulage, ein paar belobigende Schulterklopfer vom Chef, das war's. In Ihrem Freundeskreis dürfen sie nichts von ihrer Arbeit erzählen, und die familiären Verhältnisse leiden sowieso oft genug unter Anspannung, Ungewissheit und andauernder Gefahrenlage. Von den absolut unkontrollierbaren Arbeitszeiten ganz zu schweigen.

Und dann macht vielen SE-Mitgliedern auch noch ihr manipuliertes Bild in der Öffentlichkeit zu schaffen. Manipuliert zum Beispiel von nicht gewollten Fans, die offiziell aussehende SEK-Webseiten im Internet betreiben. Manipuliert von Geschäftemachern, die SEK-Abzeichen bei Online-Aktionshäusern verticken. Und manipuliert vor allem auch durch die Medien, die über SEK-Einsätze scheinbar nur dann berichten, wenn etwas fürchterlich schief gelaufen ist: Misslingt am 31. Dezember ein Einsatz, werden Zeitungen. Hörfunknachrichten und Fernsehmagazine in aller Ausführlichkeit darüber berichten. Die über 2.000 Einsätze aber, die im Laufe des Jahres zuvor reibungslos abgelaufen sind, und die dadurch geretteten Menschenleben, werden selten beschrieben. Doch eine Erwähnung im Polizeibericht der Zeitung ist nicht das Ziel der harten Arbeit der Spezialeinheiten. Die befreite Geisel oder der verhaftete Täter sind der beste Lohn der Spezialisten.

01 **Die perfekte Handhabung der Waffen und ...**

02 **... körperliche Fitness werden ständig trainiert.**

POLIZEI

„Dritter Zug, Polizeikette bilden.“

Ob Großdemo, Razzia oder Rosenmontagszug:
Einsatzhunderschaften
sind Reisende in Sachen Sicherheit.

01 Hundertschaften im Stadion. Damit alle in ...

02 ... Sicherheit ihre Mannschaft feiern können.

Kalter Kaffee beim Castor

Annika Fischer

Eine Hundertschaft besteht, wie der Name schon sagt, aus 100 Beamten, oder? Eben nicht. Vielmehr kommen 123 Polizistinnen und Polizisten, wenn der Innenminister die Bereitschaftspolizei ordert. In Nordrhein-Westfalen leisten 2.500 Frauen und Männer in 14 Polizeipräsidien des Landes in diesen Einheiten ihren Dienst.

September 2003, das Ruhrgebiet guckt kariert. Die Männerwelt trägt plötzlich Rock – Schottenrock – und nichts darunter (Mann beweist das ungefragt). Die Gäste spielen Dudelsack in Düsseldorf, singen im Essener Hauptbahnhof und tanzen im Dortmunder Bläserbrunnen. In Schuhen. Abends ist im Westfalenstadion Länderspiel: Alarm, die Schotten kommen! Die Fanbetreuer rücken aus, Hundertschaften der Polizei reisen aus vielen Städten an, „sowas gab es noch nie", sagen die Leute, „das ist nicht Dortmund". Die Einsatzkräfte zucken später mit den Schultern: Die Fans haben nur gefeiert. Und das auch noch friedlich. Ein Fußballfest – Fehlalarm? „Unspannend", sagt die Bereitschaftspolizei. „Ungewöhnlich", sagt der Beobachter.

Man erwartet Aufregenderes bei den Hundertschaften, bei Fußballeinsätzen zumal. Man könnte im folgenden auf den Gedanken kommen: Leverkusener Fans sind gefährlicher als trinkfeste Schotten auf schwankenden Stachelbeinen. Bochum ist wieder oben, dem Fußballgott sei Dank, „das ist spannender als zweite Liga“, sagt Arnold Plickert. Bayern, Dortmund im Ruhrstadion, „nicht bloß Trier oder Regensburg“. Es spricht der Fan im Hauptkommissar. Der Hundertschaftsführer in ihm aber hat mit demselben Satz genauso Recht. „Spannender“, das umfasst aus Sicht der Polizei Trunkenbolde, Hooligans, die zum Spiel gehen, weil sie selbst ihr befremdliches Spiel spielen wollen: Randale, Schlägereien, heja, welch ein Spaß. Die Polizei müsste sie nicht davon abhalten, „wenn sich zwei Gruppen irgendwo zum Prügeln verabreden, sollen sie“, sagt Plickert. Aber wehe, es sind Dritte betroffen. Das gilt es zu verhindern, deshalb fährt die Hundertschaft schon zur Bundesliga, wenn die Fans des Samstags noch daheim ihre Autos waschen.

01 Wenn es im Stadion Randale gibt, greifen ...

02 ... die Polizisten hart durch. Gewalttätige Fans ...

03 ... erleben das Spielende in Polizeigewahrsam.

Diesmal kommt Leverkusen, „und mit Leverkusen gibt es immer Probleme“. Das klingt allgemeiner als es ist, jeder Club hat wohl seinen kleinen Trupp gewaltbereiter Anhänger, besoffen meist, aber das macht es nicht besser. Einmal haben Fans der Kategorie C („Fußball ist nett, muss ich aber nicht haben – ich geh’ lieber kloppen“) im Derby eine Polizistin angegriffen, die flog drei Stuhlreihen tiefer, zum Glück haben die Kollegen an der Videokamera unterm Stadiondach den Täter im Bild gehabt. Polizeidirektor Rolf Cornelißen erinnert daran bei der Einsatzbesprechung, spricht vom „psychologischen Moment“ – er will, dass die „Problemkinder“ auf den Rängen nicht nur ihre Fußballstars, sondern auch die Beamten immer vor Augen haben. Könnte, sollte abschrecken. Es ist Mittag, und in der Innenstadt wartet der Bochumer Hool schon auf den Feind. Er sitzt unschuldig auf der Bordsteinkarte und kaut Currywurst, oder er sitzt in den einschlägigen Kneipen, den Bahnhof im Blick. Die Bochumer Hundertschaft wartet auch, sitzt im Bulli und fährt um den Block und hat die Szene im Blick – „Raumschutz“. Plickert redet lieber vorher mit den Leuten als sie später festzunehmen, „das macht mehr Spaß“. Und Festnehmen ist überhaupt blöd – hinterher lassen sich die wieder Freigelassenen feiern wie die Helden, lieber ist den Beamten das Prinzip: „Stell dir vor, es ist Prügelei, und keiner geht hin.“ Also verhindern sie, was zu verhindern ist.

01 Wie man auf Gewalt bei Demos richtig und ... 02 ... angemessen reagiert, wird ständig geübt.

Um 14.30 Uhr fährt die Fanbahn ein. Die Billigbierdosen voraus, so steigt die rotschwarze Menge aus, „Hurra, hurra, der Bayer, der ist da". Hurra: Die Bereitschaftskräfte warten schon. Sagen „Herzlich Willkommen" ins Megaphon, stehen am Weg zum Stadion Spalier. Plötzlich regnet es, „bestes Polizeiwetter", frohlockt Arnold „Adi" Plickert, wer mag sich schon prügeln in Pfützen. Das Spiel ist noch keine zehn Minuten alt, die Leverkusener singen: „Olé, hier kommt der SVB" – da kommt zuerst der SKB. Der „Szenekundige Beamte" entdeckt einen Glatzkopf auf der Tribüne, der hat bundesweit Stadionverbot. Der „SKB" weiß so was, dafür ist er da. Er geht in Zivil, vorhin sah es aus, als gingen er und seine Kollegen spazieren mit den schweren Jungs. Man kennt sich. Die Polizisten müssen ihn nur ansehen, den Typen da oben auf seinem Sitzplatz, da kommt er schon, frei-, wenn auch widerwillig. Er weiß, was jetzt folgt: Platzverweis und eine Anzeige wegen Hausfriedensbruch, das Spiel hat ihn ohnehin nicht weiter interessiert.

Die Gäste verlieren, die Hundertschaften erwarten ihren Frust schon an den Ausgängen. Kaum eine Drohgebärde erreicht ihr geplantes Ende, da ist die Polizei schon da, lange Zeit reichen Blicke, die viel sagen. Ihre bloße Anwesenheit presst den Deckel auf einen Topf, in dem es brodelt: Bochumer, Leverkusener taxieren sich, pöbeln ein bisschen, ballen die Fäuste. Vor der Tür einer Gaststätte, nicht einmal halber Weg zurück zum Bahnhof, fliegt die erste. Kommissar Oliver Sell setzt im Vorbeigehen einen gewissen Tim* außer Gefecht. Sell trainiert sonst seine Kollegen im chinesischem Kampfsport Wing-tsung, der die Verteidigungsgriffe „Richard", „Anton" und „Gustav" ersetzen soll; nun steht er da: den Übeltäter unterm Arm, oben plaudernd – wer ist der Typ, hat gerade mal jemand Fesseln? Ein Leverkusener Beamter bückt sich, schaut dem Hooligan von unten ins Blauauge. „Ist das der Tim?" Schon wieder der. Heute wird er allein heimreisen müssen, am Abend, wenn längst keiner mehr da ist zum Prügeln.

So ist die Geschichte eines jeden größeren Menschenauflaufs zugleich ein Stück Polizeigeschichte. In Bochum hängt sie im Rahmen an der Wand: „2000 Hell's Angels, Aachen Karlspreis, Kurdendemo, 2003 Olympia-Entscheidung Hamburg" (die eigene goldene Geburtstagsfeier, im September 2001, fiel wegen der Trauer um die New Yorker Kollegen aus). Protestmärsche, Objektbewachung, Geländedurchsuchungen, immer öfter Kundgebungen der Rechten. Schwerpunkteinsätze Kriminalität und Verkehr kommen hinzu, auch die Unterstützung der Streifenpolizei. 70 Prozent sind planbar, der Rest: Notfälle. Wie die Hilfe von sechs Hundertschaften und zwei Technischen Einsatzeinheiten während des Elbe-Hochwassers 2002. Manchmal aber kann ein geplanter Einsatz zum Notfall wachsen.

03 Für eine realitätsnahe Übung mimen ... 04 ... Kollegen die Demonstranten und Störer.

* Name geändert

Beispiel Berlin, 1. Mai. Die Bochumer Hundertschaften sind hier Stammgäste bei den üblichen Krawallen. 2003 aber müssen sie „kämpfen, Seite an Seite“, was martialischer klingt und auch so gemeint ist. Bis 23.59 Uhr an diesem Feiertag gab es nichts zu melden, außer: unangemeldete Lagerfeuer, ein eingetretenes Absperrgitter und ein umgestürztes Dixi-Klo. An „himmlische Ruhe“ erinnert sich Hundertschaftsführer Arnold Plickert, doch dann passiert etwas, das der erfahrene Beamte „nicht ganz ungefährlich“ nennt. Es wird brenzlig nah am Prenzlberg, „so was hab' ich noch nie erlebt“, wird der Chef später zugeben. Drei Raketen erhellen kurz den Nachthimmel, dann prasselt es nur so nieder auf die Reihen der Polizisten: Dosen, Flaschen, Steine, Knallkörper – „Dauerbeschuss“. 25 Minuten behelmte Männer und Frauen in Grün unter Schilden, junge Leute, die werfen, werfen, werfen. Rauch in der Luft, Geschrei. Der Kollege von der Beweissicherung hat den Zusammenschnitt seiner Videoaufnahmen mit bedrohlichen Akkorden aus dem Film „Braveheart“ unterlegt. Zum Abspann, als hinter Randalierern und abziehenden Einsatzkräften nur noch Müll zurückbleibt: eine Szene voller Geigen.

Sportlich müssen die so eingesetzten Beamten sein, gut aus- und vor allem fortgebildet. Bis zu einem Drittel der Dienstzeit nehmen Schulungen ein – Nahkampftechniken, Umgang mit Waffen, Kommunikation und Kooperation. Und Durchhaltevermögen.

01 **Auf Reisen. Hundertschaften sind bundesweit im Einsatz. Bei Großlagen fordern ...**

02 **... die Bundesländer Hilfe an. Demos jeder Art aber auch Katastrophen, Staatsbesuche ...**

03 **... und große Sportereignisse sind Reiseanlässe. Einsatzbesprechung vor Ort.**

Für die Kölner Polizei „kütt de Zoch“ zuweilen gleich dreimal im Jahr. Just zum Karnevalsauftakt muss die Einsatzhundertschaft wieder einmal ausrücken, einen Castor-Transport zu bewachen. Jecken mag es da gegeben haben, rund um den 11.11. im norddeutschen Flachland, zu lachen allerdings nicht viel. Wenn er schon rollen muss, dieser Castor, sollte die Frage erlaubt sein: Warum rollt er eigentlich immer im Winter?

Im Frühjahr schon war die Bereitschaftspolizei aus Köln zu einem Transport im Wendland angerückt, „damals fror das Wasser in den Rohren ein“, erinnert man sich. Und nun schon wieder: Aus grünen Schutzanzügen wolkt weißer Atem unter roten Nasen (was sich gut macht zu Karneval), in den letzten Tagen fiel sogar Schnee auf das platte Land. In der Befehlszentrale, einem alten Transit, der schon bessere Tage gesehen hat, qualmte die Standheizung sich zu Tode – nun lahmt drinnen vor Kälte das Diensttelefon. Die selbstgekauften warmen Wollmützen dürfen die Beamten nicht tragen – sie passen nicht zur Uniform.

Auch die Unterkunft hat nicht gerade das Flair eines Sommerlagers. Im matschigen Lehm einer Lüneburger Kaserne haben sie ihre Containerstadt aufgeschlagen. 130 Beamte und Beamtinnen fallen hier jeden Abend später in die quietschenden Stockbetten, um vier Uhr schon knirschen wieder die schweren Stiefel im angeschütteten Kies, und die Schießübungen des nahen Panzerbataillons lassen die dünnen Wände zittern. Die meist jungen Polizisten sind vieles gewohnt – sie mussten auch schon in Klassenzimmern schlafen, vor Jahrzehnten wurden ihre Vorgänger noch kaserniert (das war allerdings auch die Zeit, in der sie noch Maschinenpistolen trugen). Vier-Sterne-Hotels sind auch heute noch selten, aber schon vorgekommen. Immerhin sind die Hütten diesmal einen Hauch moderner als im März: Damals, erzählen sich die Kollegen hinter vorgehaltener Hand, sei dort die eisige Luft durch offene Ritzen und das Ungeziefer aus den Matratzen gekrochen.

01 Der Castor rollt und mit ihm die rollen Hundertschaften der Polizei aus dem ganzen Land.

Harte Bedingungen für die Polizei, die ohnehin kein gern gesehener Gast ist hier oben. „Atomstrahlen töten auch Polizisten“, empfangen Plakate die Einsatzkräfte, die doch nichts tun sollen als „dafür zu sorgen, dass das Zeug heile ankommt“. Auch für Wolfgang Weber, Chef von Zug 1, ist das „eine zwiespältige Sache: Ich möchte das auch nicht unterm Keller haben“. Doch Auftrag ist Auftrag, und damit die Polizei der Feind im Wendland. Was die sogar verstehen kann: „In diesen Dörfern ist die Welt noch in Ordnung, wir sind die, die sie in Unordnung bringen.“

01 **Stundenlanges Warten im Regen. Kälte, Müdigkeit, Übernachten im Containerlager.**

02 **Frühstück in der Turnhalle. Weiter zum Einsatzraum, warten auf mögliche Störer.**

03 **Mittagessen auf dem Parkplatz – wenn es die Lage vor Ort zulässt.**

Also stellen Anwohner den Schutzleuten das gelbe Protestkreuz entgegen; kaum ein ortsansässiger Händler lässt die Vertreter des Staates bis an die Ladentheke vor – bis auf den Tankwart, der mit dem Benzinbedarf all der Mannschaftswagen das Geschäft seines Lebens macht. Schon wegen der schwierigen Versorgungslage kocht das Betreuungsteam rund um die Uhr, stellt noch nach Mitternacht kalten Fisch in den provisorischen Speisesaal, fährt mittags heißes Gulasch an einem einsamen Parkplatz in Hitzacker vor, das kalt wird auf dem kurzen Weg der Gabel.

Von hier schwärmen die Gruppen aus, setzen grüne Tupfer überall in die Landschaft, wachen hinter jeder Ecke, unter jeder Brücke. Ziehen gebückt durch kleine Wäldchen, in Reihen über die Bahngleise, wo in diesen Tagen kein ziviler Zug mehr fährt, kontrollieren die Passagiere aber auch in den Ersatzbussen. Nur: Wo sind sie denn, die Demonstranten, die sie „Störer“ nennen? Kaum ein Mensch ist auf den Straßen; eine Schule, bekannt als Zelle des Widerstands, liegt verwaist. „Seltsam“, findet Weber, doch verboten ist das ja nicht.

01 Gewalttätige Demonstranten werden nach Waffen durchsucht und erhalten Platzverweise.

02 Nächtliche Blockade eines Bahnübergangs: Nach vielen Aufforderungen und Gesprächen …

03 … werden die Gleise geräumt, meist ohne großen Widerstand. Castor-Routine.

Verboten ist es auch nicht, wie ein Hippie herumzulaufen. Ein Allrad-Auto zu fahren mit dem Kennzeichen X – dem Symbol der Castor-Gegner. Einen Schlafsack unterm Arm zu tragen. Verboten ist das alles nicht, verdächtig schon. Entsprechende Nachrichten dringen unablässig durch den Funk, auf Bayerisch, Sächsisch, Rheinisch. „Wir sind eine große Familie“, sagt Oberkommissar Dirk Schnaubert, man findet sogar Zeit für einen Plausch am Straßenrand mit den Kollegen, selbst wenn sie vom Bundesgrenzschutz sind. Man hat ja den Eindruck: Bestens ist die Beziehung zu den Dunkelgrünen nicht. Einig sind sich die Beamten dennoch in der Sache: Der Widerstand, er ist nicht mehr wie früher.

Wolfgang Weber ist der Friede ganz lieb, doch er traut ihm nicht. So geht er, sucht die Demonstranten und murmelt: „Die enttäuschen mich.“ Tun sie nicht: Am Nachmittag des 12. November greift die Polizei ein paar Protestierer auf, verteilt erste Platzverweise. In Hitzacker wird das Demonstrieren zur Geräuschkulisse eines „Mobilen Musik-Kampfwagens“ zwar erlaubt, doch plötzlich nahen Fackelzüge, Trecker von der anderen Seite, schon kommt kein Polizeifahrzeug mehr durch. 500 Demonstranten schaffen es in Sekundenschnelle bis auf die Gleise, hämmern zuvor noch Nägel in die Fahrbahn. Es wird hektisch an den Funkgeräten, die Einsatzkräfte wollen zusammenrücken, doch der Weg wird ihnen versperrt. Mit der Wahlwiederholung ihrer Handys legen die Protestierer das Funknetz lahm. Und mit der Dunkelheit kommt die Erkenntnis: Es wird doch noch eine heiße Nacht – trotz der Kälte.

Hätte er nicht am Ende doch noch den Zug gesehen, den er da die ganze Zeit schützte – dies wäre kein wirklich guter Tag mehr geworden für Wolfgang Weber. Dieser Tag, der schon um vier Uhr in der Frühe begann und am nächsten Abend noch immer nicht enden will. Denn dort, wo die „Störer“ schließlich durchbrechen auf die Gleise, wohin sie auf keinen Fall durften: Genau dort, an diesem Bahnübergang, hatte der Zugführer seine Leute zusammengezogen. „Wo kamen die bloß plötzlich alle her?“ Schneller als der Regen strömen die Leute von überall auf die Schienen, über 1.000 müssen es wohl sein. Demonstrationstouristen, aber auch die Dörfler selbst. Sie setzen sich in die Pfützen, singen, beschimpfen, kesseln die Polizisten sogar ein, weil die nicht überall sein können. Verkehrte Welt.

Drohend richten die Beamten die Wasserwerfer auf die Sitzblockade, doch sie benutzen sie nicht. „Wir wollen keine Gewalt", schallt es aus den Lautsprechern, und überhaupt: Es kommt ja schon genug Wasser vom Himmel. Es läuft in die Krägen und die Schuhe, durchnässt wattierte Jacken, tropft von frierenden Nasen. Lange stehen sie sich so gegenüber, die Bürger in Uniform und die mit den Anti-Atom-Stickern, bis die Polizei die Widerständler schließlich doch von den Gleisen trägt. Mancher wehrt sich, zwei müssen von den Gleisen gesägt werden, an die sie ihre Hälse mit Fahrradschlössern ketteten.

Die Leute dürfen gehen, ins Bett wohl die meisten – die Polizisten bleiben auf. Mancher bedauert später, dass man die Protestler laufen ließ. „Das war doch eine Einladung zum Weitermachen." Denn als die Demonstranten erfrischt erwachen, hat die Polizei allenfalls ein Mützchen voll Schlaf genommen bei Minusgraden, die Eisblumen malen an die Fensterscheiben ihrer Busse. Um sechs Uhr früh erwarten beide den Castor, doch da steht er noch in Maschen: Die Lok lahmt. Nachmittag wird es, bis er endlich naht, endlose Stunden voller kleiner Scharmützel. Die Wärmepäckchen in Schuhen und Jackentaschen sind längst so kalt wie die Luft.

01 **Realistische Vorbereitung auf Krawalle.**

02 **Übung mit Wasserwerfern und brennenden ...**

03 **... Barrikaden. Der spätere Einsatz wird härter.**

Soviel Polizei und immer noch Lücken: „Im Gebüsch sind sie verschwunden", brüllt es aus den Funkgeräten, „wir sind zu wenig." In der Kölner Hundertschaft wächst der Unmut. Es scheint zu fehlen an Koordination und Kooperation. Eine Ewigkeit dauert es, bis kaum 100 junge Autonome gefasst, durchsucht, in einen Bus verfrachtet sind. Eine weitere, bis sie in der „Gefangenen-Sammelstelle" abgegeben sind. Doch dort gibt es niemanden, der sich kümmern kann um die, die in Gewahrsam sollen. So stehen sie hilflos, die Polizisten. Wissen nicht, wo der Atommüll gerade ist, wissen nur eins: „Da drüben geht's ab wie Tier, und wir sitzen hier."

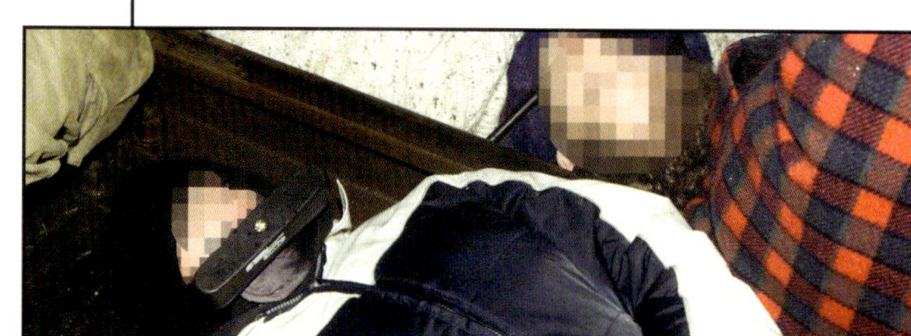

Zwei Tage, bald 35 Stunden stecken sie nun schon in derselben Kluft, haben kaum Schlaf, kein Waschwasser und seit Sonnenaufgang nichts mehr zu essen gesehen, sind pinkeln gegangen zwischen Birken – und dann kommen sie nicht zum Zug. Doch plötzlich geht alles ganz schnell. Im letzten Moment setzt sich die Spitze von Zug 1 ab von den grünen Gefangenenbussen, rast zu „Tarnpunkt 8“: Hier soll der Castor vorbeirollen, jetzt, um halb drei. Sie stoppen den Wagen am Straßenrand, hetzen die Böschung hinauf, vertreiben im Vorbeirennen eine Handvoll Hartnäckiger, die immer noch versuchen, die Gleise zu erklimmen. Da rattert der Zug heran – und vorbei.

Sekunden nur, ein paar Beamte zücken kleine Kameras, zu spät. „Und das“, sagt Wolfgang Weber, der Führer eines Zuges, der einen Zug bewachen sollte, „waren jetzt ein paar hundert Millionen Mark.“

01 **Polizeikette: Hundertschaften suchen ein Gelände nach vermissten Personen ab.**

„Achtung, hier spricht die Polizei, bilden Sie eine Gasse für die Rettungsfahrzeuge!“

Die Autobahnpolizei sorgt auf tausenden Kilometern Strecke für freie und sichere Fahrt.

Lichthupen-Alarm

Stefanie Bisping

Jede Staumeldung im Radio bedeutet für die Autofahrer eine Nerven aufreibende Verzögerung. Für die Beamten der Autobahnpolizei heißt es dann, schnell zu sein. Jeder Unfall ist eilig, sei es, um Menschen zu retten oder den Verkehr schnell wieder fließen zu lassen. So geht es mit Blaulicht durch den Stau, um ihn möglichst rasch aufzulösen.

Ungebremst raste der Mercedes auf der linken Spur in einen überholenden LKW. Als der Einsatzwagen der Autobahnpolizei an diesem Vormittag an der Unfallstelle auf der A 1 ankommt, haben die Autos im Stau dahinter schon eine Gasse gebildet. Die Feuerwehr ist mit Bergungsarbeiten beschäftigt, um den verletzten Mercedesfahrer aus dem Wrack seines Autos zu holen. Das einzige, das an diesem Wagen noch intakt scheint, sind die Reifen. Die Airbags leuchten hell aus dem schwarzen Blechknäuel, die Nummernschilder liegen weit entfernt auf der linken Spur. „Der hatte bestimmt 200 drauf", sagt ein Zeuge, „Die Bremslichter haben überhaupt nicht aufgeleuchtet, da war nur Qualm, als er draufknallte. Als hätte er den LKW gar nicht gesehen", fügt er kopfschüttelnd hinzu.

01 Ungebremst unter einen fahrenden LKW.

02 Der Fahrer überlebte verletzt.

03 Vier Stunden Vollsperrung der Fahrbahn.

01 Unfallaufnahme, Fotos, Skizzen, Messungen.

02 Detaillierte Dokumentation des Unfalls.

Polizeimeisterin Natascha Gentges schickt Schaulustige zu ihren Autos zurück, während Kollegen das Stauende absichern. Die Ölspur wird abgedeckt, ein Abschleppwagen bestellt, Zeugenaussagen notiert. Ein anderer Kollege vermisst Spuren für die Unfallskizze. Natascha Gentges fotografiert die Unfallstelle vom Dach eines Feuerwehrwagens. Dann muss ein Herzpatient aus dem Stau eskortiert werden. Es ist ein heißer Tag. Sanitäter und Notarzt kümmern sich um den Verletzten, der bei Bewusstsein ist, während Feuerwehrleute das Dach des Unfallwagens hochklappen und abnehmen. Die Fahrertür fällt auf die Straße. In der Seitenablage liegen unversehrt ein paar Päckchen Taschentücher. Vorsichtig wird der Mann auf eine Trage gehoben.

Der Fahrer, auf dessen LKW der Mercedesfahrer auffuhr, hält sein hinteres Nummernschild in der Hand und raucht. Natascha Gentges öffnet den Lederkoffer des Verletzten. „Den Namen haben wir, aber keinen Personalausweis", erklärt sie. Auch im Koffer ist er nicht. Sie stellt ihn zurück. „Ein Kollege muss sowieso zum Krankenhaus fahren, um den Fahrer zum Unfallhergang zu vernehmen." Der Abschleppwagen kommt und nimmt das Wrack mit. Fünf Kilometer lang ist der Stau mittlerweile. „Wir lassen jetzt laufen", sagt Natascha. Den Rest erledigt die Autobahnmeisterei: Müll wird eingesammelt, Ölspur und Sand von der Fahrbahn entfernt. Bald erinnert nichts mehr daran, dass sich vor der Abfahrt Bad Münstereifel ein schwerer Unfall ereignet hat. Es geht zurück zur Wache Frechen der Autobahninspektion West.

Die fünf Bezirksregierungen in NRW haben jeweils ihre eigene Autobahnpolizei. Die der Bezirksregierung Köln gehört wegen des hohen Verkehrsaufkommens zu den besonders lebhaften. Sie gliedert sich in die Inspektionen Ost mit der Hauptwache Bensberg und West mit der Hauptwache Eschweiler, denen die Wachen Bonn und Frechen angeschlossen sind. Vor allem auf dem Kölner Ring, der zu den meistbefahrenen Drehscheiben in Europa gehört, ist eine Menge los: Auf Teilstrecken sind bis zu 160.000 Autos am Tag unterwegs. Bei rund 40.000 Einsätzen im Jahr auf insgesamt 587,78 Kilometern Strecke kommt bei der Autobahnpolizei sehr wenig Langeweile auf. Außer Verkehrsunfällen – im Jahr 2002 waren es 11.500, davon 36 mit tödlichem Ausgang, 367 mit schwer, 2.000 mit leicht Verletzten – zählen rund 5.000 Staus dazu, verlorene Ladungen in ähnlicher Höhe, ungezählte liegen gebliebene Autos, zudem spielende Kinder, Hinweise auf Betrunkene, Tierunfälle und jene Fälle, die schnell Legenden werden: wie die Geschichte vom Steptänzer, der seine Nachbarn nicht mit dem Klappern seiner Absätze belästigen wollte und deshalb lieber auf dem Standstreifen der A 565 trainierte.

01 Groß angelegte Alkoholkontrolle an einer Autobahnabfahrt zur Weihnachtszeit.

02 Die Sicherheit der LKW und ihrer Ladungen wird regelmäßig kontrolliert.

03 Pannenhilfe: Ein liegen gebliebender PKW wird auf den Standstreifen geschoben.

01 **Leitstelle. Koordinierung der Einsätze.**

02 **Messfelder registrieren, ob es sich staut.**

03 **Schaltzentrale. Lenkung des Verkehrsflusses.**

Die Meldung der Staus und deren Länge ist für die Streifenwagenbesatzungen eine tägliche Routine. Doch eine wichtige Information für die Autofahrer. Viele planen ihre Fahrten nach den Meldungen im Verkehrsfunk. Die Rundfunkanstalten werden von der Polizei laufend mit Warnmeldungen gefüttert. Dazu gehören auch die Daten aus den Induktionsschleifen, die in den Fahrbahnen der Autobahnen eingelassen sind.

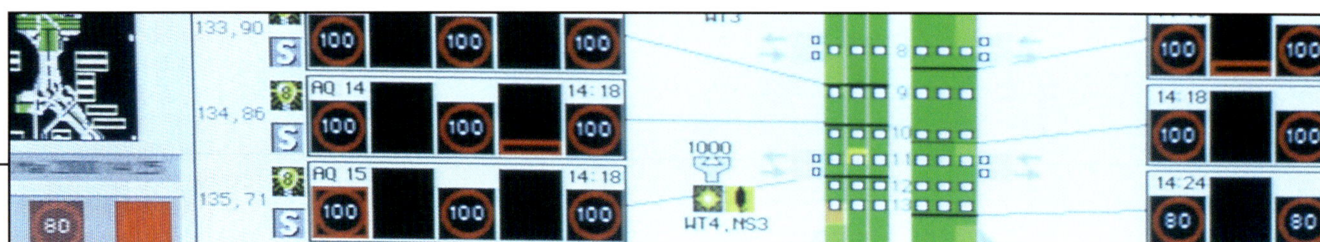

Für die Autobahnpolizisten bedeutet das, einen Job zu machen, der sich von dem ihrer Kollegen in der Stadt vollständig unterscheidet. Schlägereien, Lärmbelästigungen oder tätliche Familienstreitigkeiten kommen bei ihrer Arbeit eher selten vor. Auch die Gefahrenquellen sind andere: nämlich die Verkehrsteilnehmer, wie auf Beamtendeutsch die Menschen heißen, die die Autobahnpolizei eigentlich schützen will. Immer wieder werden Polizisten bei ihrer gefährlichsten Routinearbeit, der Sicherung von Unfallstellen, verletzt. Auch Todesfälle kommen vor, wenn Autos auf die Spur zurasen, die ein Polizist gerade zu sichern versucht.

Zur Autobahnpolizei zu gehen ist eine Entscheidung, die jungen Polizisten meist abgenommen wird. „Es ist nicht so schlimm wie befürchtet", erklärt Natascha Gentges und lacht. „Man kann sich gut arrangieren und auch weiterbilden, wenn man sich für die Dinge interessiert – zum Beispiel für den LKW-Verkehr." Dass die Autobahnpolizei ihre erste Station sein würde, auf diese Idee wäre auch Polizeimeisterin Melanie Plath während ihrer Ausbildung nicht gekommen. Mittlerweile ist sie zufrieden, hier gelandet zu sein. „Erst kommt man von der Polizeischule und denkt: „Geradeaus-Polizei", und da sitze ich nun vier Jahre. Aber es macht Spaß, weil man viel lernt. Auf der Schule kannten wir LKW nur vom Überholverbot und der Fahrerlaubnis, der Rest war nie ein Thema." Der Rest, das ist ein ganzer Packen von Bestimmungen rund um den gewerblichen Güterverkehr.

Auch sonst hat der Alltag mit der Vorstellung von der „Geradeaus-Polizei" schnell aufgeräumt. Dafür sorgen schon die Unfälle. „Der Feuerwehrmann wollte wissen, ob der noch Puls hat. Aber den anfassen, das konnte ich nicht. Ich hab nur gedacht: Wohin wollte er wohl? Der war erst 24, 25, gerade zwei Jahre älter als ich." Melanie Plath schüttelt den Kopf. Sie erinnert sich an den ersten Toten, den sie sah – auf der Autobahn, im Dienst, als sie vor dem Rettungswagen im Autobahnkreuz Leverkusen-West ankam, wo ein Motorradfahrer verunglückt war. „Diesen jungen Mann, den sehe ich heute noch. Den werde ich nicht vergessen."

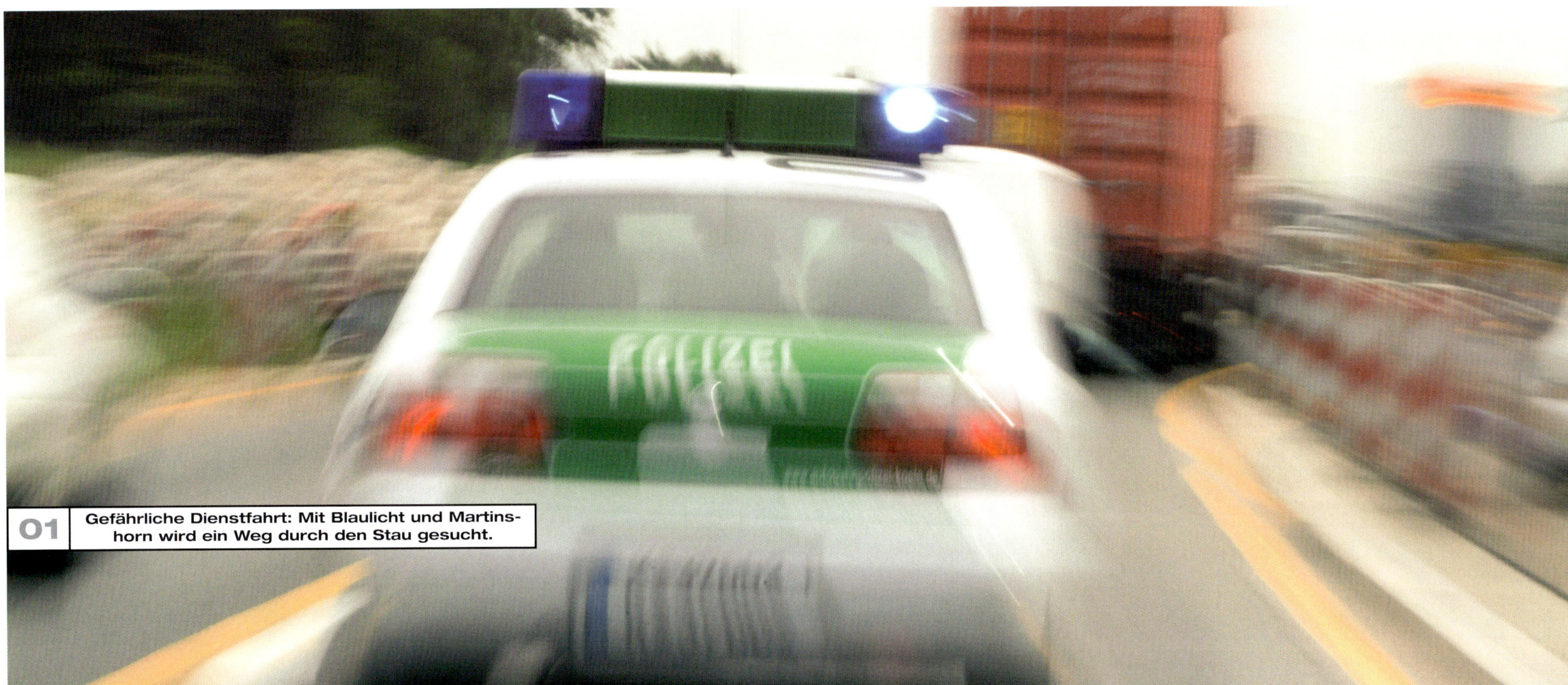

01 **Gefährliche Dienstfahrt: Mit Blaulicht und Martinshorn wird ein Weg durch den Stau gesucht.**

Es gibt Erfahrungswerte für den Grad der Dramatik jeder Schicht: Montags ist viel los, unausgeschlafene Pendler sorgen für Probleme. Dienstags sind die Wochenendfahrer von der Straße, donnerstags dagegen die ersten schon wieder unterwegs. Freitag mittag herrscht Hochbetrieb, und Feierabendstimmung verleitet zu sorglosem Fahrstil. An Sonntagnachmittagen bringen Ausflügler Unruhe auf die Autobahn. Aber: „Polizeilicher Alltag ist leider oder zum Glück nicht planbar", weiß Polizeiobermeister Klaus-Martin Miessen, der heute die Spätschicht mit Melanie Plath teilt. Über Funk wird ein Stier auf der Fahrbahn gemeldet. Doch für die beiden ist er zu weit weg, und so müssen sich andere darum kümmern, den Besitzer ausfindig zu machen – und eine Waffe, mit der man dem Tier beikommen kann.

Ein Lieferwagen der „Sprinterklasse" zieht links vorbei. Die Polizisten verständigen sich durch einen Blick, und schon gibt Melanie Plath Gas. Bald hat sie ihn überholt. „Die sind sehr schnell und sehr unfallträchtig", weiß Klaus-Martin Miessen, als der kleine Laster dem Streifenwagen die Abfahrt hinab folgt. „Die fahren wie ein PKW, und wenn sie fliegen, nehmen sie eine Menge mit." Der Fahrer dieses Wagens ist im gewerblichen Güterverkehr tätig und wird von seinem Hund begleitet. Schnell zeigt sich: Er hat weder ein Tageskontrollbuch, das über Ziel, Zeiten und Zweck der Fahrt Auskunft gibt, noch einen Lieferschein für die Ladung, die bereits wild durcheinander geschüttelt wurde. Auf Versicherungsschutz ist bei ungesicherter Fracht im Ernstfall nicht zu hoffen. Die arg beanspruchten Seitenwände des Laderaums beweisen, mit welcher Wucht die Ladung schon umherflog. Der Fahrer, durch dessen nicht minder beanspruchten Arbeitsanzug Unterwäsche blitzt, beteuert, nichts von den einschlägigen Vorschriften gewusst zu haben. Ohne Knöllchen geht dieser Vorfall nicht ab, und Melanie Plath untersagt dem Fahrer zudem die Weiterfahrt. „Aber wir fahren jetzt weg", fügt sie hinzu, und erklärt, dass Tageskontrollblätter an den meisten Raststätten zu kaufen seien.

Die Autobahnpolizisten wissen, unter welchem Druck viele Fernfahrer stehen. Viele Bemühungen richten sich daher darauf, Arbeitgeber zur Verantwortung zu ziehen, die die angespannte Wirtschaftslage auf dem Rücken ihrer Angestellten zu überstehen suchen. Wie im Fall des LKW-Fahrers, der nach mehrjähriger Arbeitslosigkeit seit sechs Tagen im neuen Job war, als sein Anhänger voller Brot gegen die Leitplanke donnerte und umfiel. „Der hatte in der ganzen Zeit keine acht Stunden geschlafen", erinnert sich Miessen. „Aus Angst, seine Arbeit gleich wieder zu verlieren, ließ er sich vom neuen Chef kreuz und quer durchs Land jagen." Und schlief am Steuer ein. Nun war der Führerschein weg, und mit ihm jede Hoffnung auf Weiterbeschäftigung. In einem anderen Fall hielt ein Unternehmen einen Fernfahrer dazu an, mit doppeltem Satz Scheiben zu fahren, auf denen Fahr- und Ruhezeiten vermerkt werden. Die Firma stand kurz vor dem Konkurs, gespart werden sollte an allen Ecken und Enden. Der Fahrer war schließlich so übermüdet, dass er sich bei der Kontrolle in seinen doppelten Aufzeichnungen verhedderte.

01 **Eilig: Alarmfahrt zu einem Einsatz.**

02 **Unsicher: Die LKW-Ladung ist nicht gesichert.**

03 **Genau: Tachoscheiben werden überprüft.**

An der Grenze beobachtet derweil Polizeikommissar Armin Strutz den Strom der Autos, die aus den Niederlanden nach Deutschland fahren. „Sollen wir den Heidelberger nehmen?" fragt Kollegin Susanne Hoffmann aus dem Wagen nebenan. Es folgt ein Blitzstart auf die Autobahn, dann eine Vollbremsung im Stau. „Wir haben einen Bremser vor uns, der traut sich nicht am LKW vorbei", meldet die Polizistin aus dem vorderen Wagen. Doch bald sind sie dran, und an der nächsten Raststätte wird der Heidelberger angehalten. Sofort händigt der Fahrer den Polizisten in Zivil zwei Päckchen Cannabis aus. Das Auto wird untersucht, während Susanne Hoffmann den Fahrer befragt. „Im Tabak ist noch ein Joint", gibt sie an den Kollegen am Auto weiter. „Habe ich schon!" meldet der zurück. Sieben weitere Päckchen findet er unter der Rückbank – mehr als genug für eine Anzeige.

01 Erfolg beim ersten Zugriff: Fahnder suchen ...

02 ... im Auto nach Drogen und werden fündig.

03 Neun Päckchen Cannabis waren versteckt.

Die elf Beamten des zivilen Einsatztrupps für autobahnspezifische Kriminalität sind die Spezialisten bei der Autobahnpolizei. Neben der Verlagerung von Beute oder Überfällen auf Wohnmobile und LKW auf Parkplätzen, Autoschieberei, provozierten Verkehrsunfällen und Tankbetrug an Tankstellen sind vor allem Drogendelikte ihr Einsatzgebiet. Dabei hilft – außer dem geschulten Blick der Polizisten – Drogenspürhund Sam. Bei der Kontrolle des Wagens aus Heidelberg bleibt Sam im Auto sitzen. „Zu einfach", winkt Hundeführer Armin Strutz ab. Der Hund kommt zum Zug, wenn die Verdachtsmomente da sind, das Versteck aber nicht offensichtlich ist. Tage, an denen der Einsatztrupp überhaupt nichts findet, sind selten. Tage, an denen große Coups gelingen – wie die zweistellige Kilozahl Kokain, die vor ein paar Tagen an der Grenze abgefangen wurde – auch. Mit vier Verhaftungen bis zum Donnerstag ist diese Woche recht erfolgreich.

Der Blinker tickt links, das Fernlicht schickt ein Blitzlichtgewitter auf das Heck des Vordermanns. Müsste der jetzt bremsen, ein Unfall wäre programmiert. Doch zum Glück bohrt sich nicht jeder Raser in den Wagen vor sich. Für viele hält das Schicksal stattdessen einen ProViDa-Wagen bereit. Diese mit spezieller Technik ausgerüsteten Zivilfahrzeuge kümmern sich um eine weitere Gruppe, die der Autobahnpolizei am Herzen liegt: Drängler und Raser. „ProViDa" steht für „Proof Video Data System" und bezeichnet die Videoaufzeichnung von Verkehrsverstößen samt Datum und Uhrzeit, wobei zugleich die Geschwindigkeit des Wagens und der Abstand zum vorausfahrenden Wagen gemessen werden. Zeitlupe und Standbildfunktion lassen auch vor Gericht wenig Spielraum, sich aus solchen Vergehen herauszureden. Die Autos sind schnell genug, Raser auf einer Strecke von mehreren Kilometern zu filmen. Auch ein ProViDa-ausgestattetes Motorrad ist unterwegs. Wenn Raser sich selbst auf dem Video sehen, ist die Überraschung oft groß. „Ich kann kaum glauben, dass ich so schnell war", meint auch dieser Eilige betreten.

01 Einsatz gegen Raser und Drängler.

02 ProViDa Einsatzwagen dokumentieren ...

03 ... gravierende Gefährdungen auf Video.

Für Melanie Plath und Klaus-Martin Miessen geht es nach dem frühen Abendessen weiter mit Routinearbeit: Zwei junge Frauen auf dem Weg in den Urlaub stehen neben ihrem Kleinbus. Sie brauchen einen Abschleppwagen: Motorschaden. Ein junger Mann hält auf dem Seitenstreifen an, um nach dem Weg zu fragen. Auf der A 59 stoppt die Streife den Fahrer eines BMWs, der mit dem Mobiltelefon am Ohr unterwegs ist. Dieses Gespräch kostet ihn dreißig Euro. Rund 200 Kilometer legt eine Streife pro Schicht zurück, wobei es je nach Verkehrs- und Unfalllage auch schon mal das Doppelte werden kann. Spektakulärer wird ihre Arbeit heute nicht, doch den beiden Polizisten macht es nichts. Als der Streifenwagen schließlich auf den Parkplatz der Hauptwache in Bensberg rollt, freuen sie sich auf das, was vom Abend übrig ist. Noch ein wenig Schreibarbeit, dann übernimmt die Nachtschicht. Melanie Plath blickt zum Himmel. Er ist noch hell genug, um eine Runde joggen zu gehen.

01 Der nächste Stau wartet schon.

„UNMIK, UNOMIG, EUPM, PGPAA, UNMIPH, PMG, WEU-MAPE, VVM, WEU-MOSTAR.“

Die Auslandsmissionen der deutschen Polizei.

Einsatz im Kosovo

Annika Fischer

Kriege in Europa, Afrika und Asien haben der deutschen Polizei neue Aufgabenfelder eröffnet. Im Rahmen friedenssichernder Missionen von Vereinten Nationen, OSZE, Nato und EU waren und sind schon über 1.000 Polizistinnen und Polizisten aus Deutschland im internationalen Einsatz. Sie sorgen für Recht und Ordnung in Gebieten, wo beides verloren gegangen ist und bilden für die Zukunft landeseigene Sicherheitskräfte aus. Im Herbst 2003 waren noch über 400 Beamte in UN-Missionen in Bosnien-Herzegowina und im Kosovo im Dienst, Hilferufe kamen bereits aus von Bürgerkrieg und Terror befreiten Ländern des Mittleren Ostens.

Köln in der Abenddämmerung: Das ist der Dom auf einem Poster. Mitrovica bei Nacht: Das sind brennende Häuser auf einer Postkarte. Der Dom hängt in eben diesem Mitrovica, im Chefzimmer der Polizeistation. Christoph Buik hat ihn mitgebracht. Der träumte vom Ausland – und fand im kleinen Kosovo die ganze Welt.

Der Zollbeamte links ist schwarz. Der Grenzschützer rechts trägt Turban. An der Passkontrolle sitzt ein Asiate. Das ist der Flughafen von Pristina, und das ist die UNMIK. Die „United Nation Mission Interim in Kosovo", die zivile Übergangsverwaltung. 4.300 Polizisten aus 47 Nationen, darunter auch 370 Deutsche, 56 aus Nordrhein-Westfalen, die Recht und Ordnung wieder aufbauen in einem Land, das keines ist. In dem Recht und Ordnung lange leere Begriffe waren. Oder doppeldeutige: hier das serbische Recht, dort die albanische Ordnung. Stefan Feller spricht von „Untergrund- und Parallelmentalität".

01 Gemeinsame Streife. Indische und ...

02 ... deutsche Polizisten in Djakova.

Als der Konflikt eskalierte, 1999 war das, als Krieg war im Kosovo, da saß der Leitende Polizeidirektor aus Essen manchmal „mit Tränen in den Augen vor dem Fernseher". Er sah Massenmorde, er sah Flüchtlinge und Vertreibung, „das berührt". Er sah, „dass den Militärstiefeln Polizeischuhe folgen müssten", um dem Grauen den Garaus zu machen. Stefan Feller zögerte, schon wegen der Familie, doch dann siegte der Idealismus. Feller, heute 45, ging in die Kosovo-Mission, er wollte „als ganz normaler Polizist hier arbeiten". Er wurde der Chef der UNMIK-Polizei, und es hat sein Leben verändert.

So schnell, wie das Kosovo sich selbst verändert hat. Die Bilder im Kopf von Krieg und Zerstörung, sie finden sich kaum mehr wieder in der Realität des Balkans. Man muss schon wissen, wo die Viertel sind, die wie Zeitzeugen von einem Bürger-, einem Nato-Krieg erzählen. Bombenruinen, das abgebrannte Batteriewerk, grün verfärbt vom Kadmium, stählerne Skelette ausgedienter Panzer – das gibt es noch, aber der Rest ist Aufbau. Die Markthalle von Pristina trägt ein neues Kupferdach, die EU hat die Straßen repariert. In Prizren lässt es sich schon hübsch flanieren im Schatten einer weißen Moschee, und an den Imbissbuden hängen nachgemalte Schilder von McDonald's.

Es ist wieder schön im Kosovo, doch manchmal ist die Zukunft zu schnell für das Gewicht der Vergangenheit. An den Häusern klaffen noch die Einschläge der Artilleriegeschosse, wenn auch daneben als Graffiti der Natostern prangt. In der Hauptstadt gibt es einen Clinton-Boulevard, der Ex-Präsident winkt in Überlebensgröße von einer Hauswand. Wenig später, Richtung Norden, ändert die Straße ihren Namen – in UÇK-Straße.

01 Ein Stück Heimat an der Wand.

02 Büro und Leitstelle in Mitrovica.

01 UNMIK-Polizisten brauchen ...

02 ... Fingerspitzengefühl. Nationalistische Serben ...

03 ... demonstrieren. Beobachtung im Hintergrund.

Denn die UÇK, sie ist nicht tot. Die Albaner haben kaum Geld, ihre Häuser wieder aufzubauen, aber die Gedenksteine für ihre Kriegsheroen bauen sie aus Marmor und schmücken die lebensgroßen Bilder der bewaffneten Freiheitskämpfer mit Kränzen. Die Nachfolge-Organisation TMK hat eine alte Kaserne bezogen am Stadtrand von Pristina. Das Haus ist vom Krieg zerstört, aber davor weht trotzig die Fahne im Wind, und der Kalender dieses vorgeblichen „Technischen Hilfswerks" zeigt Muskelmänner, die sich an Waffen stählen.

Im Norden, jenseits des Flusses Ibar, hat auch die Gegenseite ihre Hardliner. In Mitrovica, wo eine alte Bleischmelze die Natur in blassem Grau erstarren ließ, leben 19.000 Serben, vor dem Krieg war es kaum die Hälfte. Bei über 70 Prozent Arbeitslosigkeit, bei einem Lebensstandard noch unter dem am anderen Ufer, brodelt der Konflikt auf wenigen Quadratkilometern. Zur ersten angemeldeten Demonstration gegen die Unabhängigkeit des Kosovo legt Christoph Buik, Polizeirat, lieber seine Schutzweste an.

Aber es bleibt friedlich an diesem Tag. Während vor der Stadt die Eisenbahn vorbeirattert, vorn eine dänische Lok, hinten Waggons aus ganz Europa, übersät mit Einschusslöchern, versammeln sich die Serben und verstreuen sich wieder, lassen sich und ihre Wagen durchsuchen an der Einfallstraße. Und im Café Dolce Vita, wo noch vor zwei Jahren die „Bridgewatcher" ihren brutalen Widerstand organisierten, sitzt die Jugend beim Espresso. „Aber", sagt Buik, „hier ist nichts so, wie es aussieht." Mitrovica ist eine geteilte Stadt, hier haben die Volksgruppen noch nie miteinander gelebt, „immer nur nebeneinander". Und die UNMIK – keine Befreier: Besatzer.

Nur ist die Mission gerade deshalb „zum Erfolg verdammt", sagt Buik. Seine Politik ist eine der kleinen Schritte, aber die führen langsamer zum Ziel. Vertrauensbildung, eine Notrufnummer, Präsenz, Gespräche, Alltagshilfen führten dazu, dass erste Serben sich mit ihren Problemen an die internationale Polizei wenden. Den albanischen Beamten würden sie indes stets übersehen – sie schrauben ja nicht mal das Kosovo-Nummernschild an ihre Autos. „Es hat sich nichts verändert", sagt die Serbin Ivanka. „Und es wird sich auch nichts verändern." – „Wir brauchen ehrenhafte politische Führer – sonst sind all das Geld und die Mühe umsonst", sagt der Albaner Ylber.

Da darf die Polizei ihren Optimismus nicht auch noch verlieren, muss flexibel sein und kreativ, sagt Stefan Feller. Er meint den Umgang mit den Menschen in der krisengebeutelten Region. Aber vielleicht denkt er auch an die eigenen Leute. Nicht jeder wird gut fertig mit dem Heimweh, mit der Trennung von der Familie, mit Lebensumständen, die von westeuropäischen noch immer weit entfernt sind. Die Polizisten leben nicht im festen Umfeld einer Kaserne, sie mieten sich ein in halbfertigen Häusern, in einfachen Zimmern. Sie müssen sich einfinden in ein neues soziales Gefüge, „das kann einem keiner beibringen".

01 **Cola-Dosen: Spitzname der UNMIK Autos.**

02 **Makabere Postkarten. Brennende Städte.**

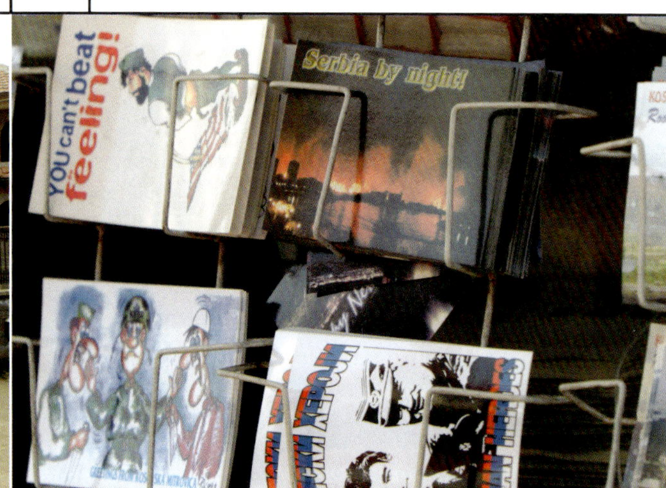

03 **Straßenverkehr bei Pristina.**

01 Parade in Prizren. Auszeichnung für ...

02 ... die über 360 deutschen Polizisten ...

03 ... im Kosovo unter UN-Mandat.

Denn die Auslandsmission – in Albanien, in Bosnien, im Kosovo, in Afghanistan und bald im Irak – bedeutet für jeden Einzelnen, ein Fremdkörper zu sein. Fremdkörper in fremder Kultur, nicht dazuzugehören und doch unter Beobachtung zu stehen. „Es gibt keine Sicherheitsgarantie", sagt Stefan Feller, „und wenn du einen Fehler machst, bist du verbrannt." Die Daueranspannung, sie entlädt sich zuweilen in gekünsteltem Humor – aber auch in kleinen Implosionen des gewohnten Lebens.

Die Zahl der Ehen und Beziehungen, die das Jahr in der Mission nicht überstehen, ist hoch, unter der Hand ist die Rede von bis zu 40 Prozent. Feller, gefragt nach Kollegen, die zerbrechen an der Verantwortung, sieht in die Ferne, zählt Todesfälle auf: gestorben im Dienst, gestorben durch Suizid, gestorben an Aids. Der Commissioner kennt die Namen, weiß die Nationalität, nennt die Hintergründe. Eigentlich dürfte hier keiner leiden, sollte jeder gewinnen für sich selbst. „Aber welche Betreuungsdichte können wir uns leisten?" Und, nach einer Pause: „Wir sind ein Riesenladen."

Aus dem der Rückweg oft schwer fällt. Weil der deutsche Polizist für die Kosovaren und noch mehr für manche Kosovarinnen ein Mann ist mit Geld und ohne Vergangenheit, weil er in der Regel mehr Verantwortung trägt als daheim. Da ist einer Chefermittler, Vorgesetzter von 60 Leuten, und zu Hause soll er wieder Streifendienst machen. Vielleicht haben sie seine Stelle in der Zwischenzeit vergeben, sicher aber haben die Kollegen seine Arbeit mitgemacht. Das sorgt für Unfrieden, auf der Wache und in der Seele: „Holiday-Mission", spotten die Daheimgebliebenen. Und der Beamte im Ausland wehrt sich mit einem müden Witz: „Ich habe hier den Weltfrieden gerettet. Soll ich jetzt wieder zu einer Ruhestörung ausrücken?"

Im Kosovo selbst gibt es inzwischen Leute, die sagen: „Wir wissen nun, wie es funktioniert. Ihr könnt ruhig gehen." Aber Ylber Muhaxhiri aus Djakova macht sich keine Illusionen über die andere Seite der Medaille. „Wir leben ja auch von ihrem Geld." Die „Internationals", sie zahlen Miete, sie kaufen ein, sie sitzen am Abend im Café „Bella vista" beim Milchkaffee.

01 Auf Streife in Dragas, einem entlegenen, ...

02 ... armen Bergdorf an der albanischen Grenze.

03 Checkpoint in Mitrovica. Suche nach Waffen.

Es gibt auch Leute, die sagen: Wenn die UNMIK geht, bricht hier alles wieder zusammen. Sie ahnen, dass jede Woche, wenn ein fähiger Mann geht und für ihn einer kommt, der in einem indischen Dorf Tigerwatcher war. Sie erleben es jede Woche, wenn Personal wechselt und mit ihm Strukturen, Regeln, Typen. Es gibt dabei welche, die wollen die Welt verändern. Und es gibt wieder andere, die hatten diese Illusion nie. „Dafür müssten wir über Generationen bleiben", sagt in Dragas, unterhalb der armen Dörfer in den südlichen Bergen, Johannes Holl aus Köln. „Wir können uns nicht das Große vornehmen. Wir müssen den Menschen die kleinen Dinge beibringen – und das geht manchmal nur unter Zwang."

Die Erfolge zeigen sich in Vergleichen. Der Verkehr ist rabiat, aber vor Jahren konnte er auf zerstörten Straßen noch gar nicht stattfinden. Der Strom fällt oft aus, aber vor Jahren war da trotzdem Licht, denn „irgendein Haus hat immer gebrannt". Im Jahr 2002 gab es 70 Morde, aber 1999 waren es noch 250.

Die meisten Checkpoints sind nun abgeräumt, der Stacheldraht wurde eingerollt, die Panzer weichen militärgrünen Transits und das Militär nach und nach der Polizei. „Die Bevölkerung", sagt Stefan Feller, „gewöhnt sich daran, dass Sicherheit anders aussieht." Den Bereich „Innere Sicherheit" wird die UNMIK noch lange nicht abgeben, die Botschaft heißt: Wir lassen euch nicht im Stich. Aber im Stillen hat der Rückzug schon begonnen: Schon gibt es mehr einheimische Polizisten als internationale, 5.500 lernen beim Kosovo Police Service (KPS).

01 In Dragas arbeiten UNMIK-Polizei und ...

02 ... KFOR-Truppen eng zusammen.

Dessen Flagge hängt bei Stefan Feller im Büro, im Polizeihauptquartier mitten in Pristina. Fellers Augen leuchten, wenn er von den „jungen Leuten" redet, die seien „unglaublich gut", eine Erfolgsstory. Und dann zählt er auf: wie ein KPSler einen Autoschlüssel fand, dann das Auto dazu und darin: lauter Waffen. Wie ein anderer bei einem Personencheck den Schlitten einer Pumpgun entdeckte und trotzdem keine Anzeige schrieb. Er durchsuchte lieber gleich das ganze Haus des ehemaligen Brigade-Kommandeurs der UÇK – und fand: 80 Minen, Tausende Schuss Munition. Ein anderer brachte ein Boot auf – mit drei Tonnen Geschossen an Bord.

In den Asservatenkammern lagern alle Waffen dieser Welt, in Djakova haben sie sie fotografiert, nun hängen sie an der Wand: „Bilder, die sprechen." Und in den Schränken des „Kosovo Organized Crime Bureau" lagern immer mehr Akten. Hier hat André Heinrichs eine Art Landeskriminalamt im Kleinen aufgebaut, versucht mit der Organisierten Kriminalität ein Problem an der Wurzel zu packen, das nach ganz Europa wächst: Prostitution, Drogen, Schutzgelderpressung, Auto- und Waffenschieberei, Schmuggel von Tabak und Benzin – das Kosovo, in dem Recht und Ordnung brachlagen, war Brutstätte für ein internationales Netzwerk des Verbrechens. „Verbrecher", weiß Heinrichs, „halten sich nicht an Gesetze, aber auch nicht an Grenzen." Und so habe jedes Land in Europa Probleme mit kriminellen Kosovo-Albanern.

Das Kosovo selbst auch. Auch im Mai 2003 kommt es vor, dass Rächer des Nachts in dunklen Hinterhöfen vermeintliche Feinde an die Wand stellen. Dass Eltern getötet werden, deren Kinder im Krieg Leichen auf ihr Gewissen luden. Die Polizeiabteilung für Kriegsverbrechen, auf einem UNO-Gelände vor Pristina, weiß von 4.600 Vermissten aus der Zeit des bewaffneten Konflikts, sammelt immer noch DNA-Material zur Identifizierung längst Begrabener: 25 Leute für 170 aktive Fälle.

01 **Explosives Arsenal: Dokumentierte Funde.**

02 **Asservate in der Wache in Djakova.**

03 **KOCB: Ermittler gegen Organisierte Kriminalität.**

Kleine Schritte. Und eine Gratwanderung. Die UNMIK will das Leben normalisieren, kratzt aber noch an der Oberfläche. Sie will, dass die Parteien nicht mehr übereinander reden sondern miteinander, doch sie stößt an Grenzen, wenn die Leute zwar reden, aber nicht zusammen auf Streife gehen. Wenn Zeugen schweigen, wenn Clanchefs um ihre Macht fürchten. Und es ist ja noch so, dass beide Völker hinter erstarrten Fronten stehen: Die Albaner wollen Unabhängigkeit, die Serben wehren sich. Und ein Bodensatz an Extremisten bleibt.

Mit der Militärpräsenz schwindet das serbische Sicherheitsgefühl, wächst vielleicht auch der Übermut der Albaner. Und dann passiert es wieder, dass nachts einer Granaten wirft auf eine Polizeistation. Dann leuchtet es wieder auf in der Erinnerung, das Fanal des Krieges. Dann tritt wieder zutage, was sich oft hinter dem schönen Schein versteckt: Kosovo ist Spannung. Immer noch. Feller nennt es das „konstante Nachbeben der ethnischen Konflikte".

Die UNMIK kann noch nicht gehen. Und sie will es auch nicht. Drei Jahre sind zu wenig, sagt Feller, zehn bis 15 werde man wohl brauchen. „Ich habe mein Leben in Deutschland", sagt Kriminalhauptkommissar Horst Schewe, „aber die Menschen müssen bleiben. Und in Frieden leben." Vorher wird die Polizei sie nicht verlassen. Für sie ist das hier nicht irgendein Einsatz. Es ist ein persönlicher Auftrag. Deshalb ist Schewe schon zum zweiten Mal da. „Wenn die Albaner und die Serben mir hinterher sagen: Du hast uns verstanden. Wenn sie sagen: Du hast einen guten Job gemacht. Damit könnte ich nach Hause gehen."

01 Gemeinsamer Checkpoint von KFOR-Truppen ....

02 ... und UNMIK-Polizei.

„Damit ist das Thema Unfallaufnahme abgeschlossen. Gibt es noch Fragen?“

Der Weg zum silbernen Stern: Die fundierte Ausbildung für den Polizeialltag.

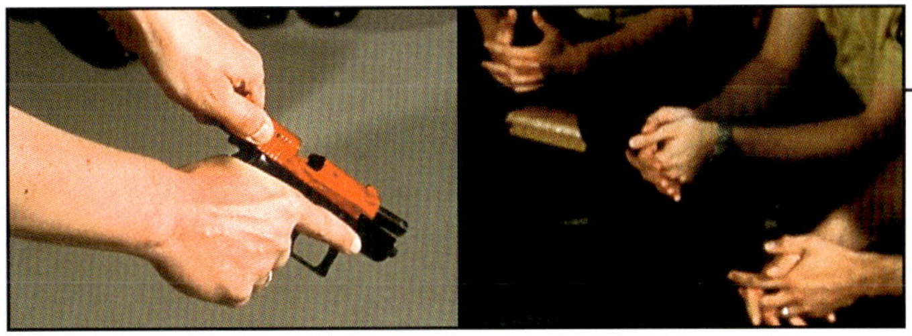

Mit Sicherheit Nervenkitzel

Stefanie Bisping

Eine gute Polizei braucht gut ausgebildete Polizisten. Drei Jahre lang werden die zukünftigen Beamtinnen und Beamten auf ihren Dienst vorbereitet. Die vielfältige und intensive Ausbildung zahlt sich später auf der Straße aus, denn der Polizeialltag wird nicht einfacher. Um allen neuen Anforderungen gerecht zu werden, gibt es zudem ein reichhaltiges Fortbildungsangebot.

Der Fachlehrer gibt das Zeichen: Ohrenschützer aufsetzen. Zielen. Noch ein Zeichen. Ein mehrstimmiger Knall zerreißt die konzentrierte Stille. Einige wirft der Schuss aus der Maschinenpistole gleich einen Schritt zurück. Dann dürfen die Ohrenschützer wieder runter. Besondere Treffer waren nicht dabei. Nach vier Monaten an der Hochschule werden die künftigen Polizisten an diesem Morgen in Selm erstmalig mit dem Einsatz einer Waffe konfrontiert. Da ist alles ungewohnt: die Uniform am Körper und die schwere Pistole in den Händen. Die Zielscheibe klein und weit weg. An der Fachhochschule lernen die Anwärter des gehobenen Polizeidienstes die Theorie, an den Bildungszentren des Institutes für Aus- und Fortbildung der Polizei wird während der vorlesungsfreien Zeit die Praxis vermittelt. Jetzt steht das Fach „Schießen / Nichtschießen" auf dem Stundenplan. Es heißt tatsächlich so. Denn natürlich müssen Polizisten schießen können. Aber ebenso wichtig ist es zu lernen, wie man mit heiklen Situationen fertig wird, ohne eine Waffe zu gebrauchen.

01 Erster Kontakt mit der Dienstwaffe.

02 Der Ausbilder erklärt die Funktion der Pistole.

01 Einweisung in Schießtechnik und ...

02 ... Trefferauswertung in der Schießhalle.

Der pädagogische Ansatz mündet ins Philosophische. „Wir wissen nicht, was gut ist." Dieses Zitat des Schriftstellers Matthias Claudius hängt gleich neben einem Pin-up in dem Raum, wo die Schießscheiben aufbewahrt werden. Auf ihnen sind weder Menschen abgebildet noch irgend etwas, das der Schütze mit einem Kopf assoziieren könnte – nur abstrakte geometrische Formen. „Es ist mit Abstand das beste Fach", findet Carolin Busche. Die 20jährige ist im ersten Ausbildungsjahr für die gehobene Laufbahn. Völlig nervös sei sie am Anfang gewesen, erzählt Sonja Schmidt, 22. Die Fachlehrer für „Schießen / Nichtschießen" seien streng, Disziplin ist oberstes Gebot. „Finger weg vom Abzug!" brüllt einer da schon mal so laut, dass man zum Ohrenschützer greifen möchte.

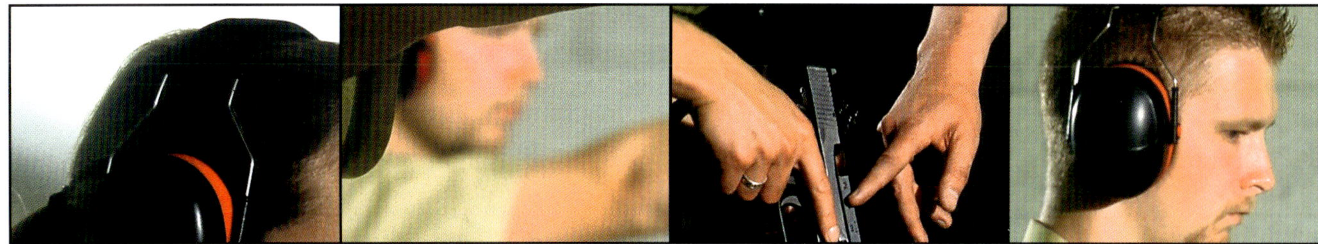

In Rollenspielen finden die Polizisten von morgen heraus, wie eine Situation eskalieren kann – und wie man sie zu einem glimpflichen Ausgang führt. „Da steht man erstmal völlig perplex da. Man hat sich alles so schön zurechtgelegt, dann läuft es ganz anders und man muss sich eine neue Strategie überlegen“, erzählt Carolin Busche. Genau das ist auch der Sinn solcher Übungen. Da kann es passieren, dass ein „polizeiliches Gegenüber“, das zunächst zu kooperieren schien, plötzlich um sich schlägt oder wegläuft. Der Lauf der Handlung ist ungewiss, den Täter mimt ein den Studenten Unbekannter.

01 **Sicherer Umgang mit der Waffe und ...**

02 **... Sicherheit bei Schießübungen wird gelernt.**

01 Nicht-Schieß-Training: Im Schießkino lernen ...

02 ... die angehenden Polizisten, wann der ...

03 ... Einsatz der Waffe richtig oder falsch ist.

Die Aufgabe: Zwei Leute dringen in einen Raum ein, in dem sich ein Bewaffneter aufhält. Wobei der sich tatsächlich im Nebenzimmer befindet und nur via Leinwand zu sehen und zu hören ist. Plötzlich steht einer vor dem Täter. Nun heißt es nicht angreifen, sondern „runtersprechen“: Hände weg vom Körper, runter auf den Boden. „Obwohl ich ja wusste, dass es nur eine Übung war, hatte ich einen guten Schweißausbruch“, sagt Thorsten Lamb (25) hinterher. Denn: Alle drei haben scharfe Waffen. Und jeder weiß: Das ist eine Situation, in der es „draußen“ ans Leben gehen kann.

Erstes Einsatzmittel ist stets die Sprache, die Waffe das letzte. Dazwischen liegen Selbstverteidigung ohne Waffe oder Pfefferspray. Ziehen darf man erst, wenn die Situation gefährlich genug ist – etwa wenn der Festzunehmende eine Waffe zückt. Und auch dann zählen die drei „D“, die den Schülern stets eingehämmert werden: Distanz herstellen, Deckung suchen, und – wenn wirklich geschossen wird – Dritte nicht verletzen. Auch das „Gegenüber“ darf nur flucht- oder angriffsunfähig geschossen werden. In der Realität muss eine solche Entscheidung in Sekundenschnelle fallen und später im Fall des Falles auch einer Prüfung durch ein Gericht standhalten. Entsprechend intensiv wird dieser Fall – im polizeilichen Alltag selbst die Ausnahme – geübt.

01 Fortbildung: Um auf dem neuesten Stand ...

02 ... zu bleiben, werden neue Techniken gelernt, ...

03 ... ebenso wie das Verhalten bei Amoklagen.

Nach der neuen Ausbildungsordnung werden nur noch Anwärter für den gehobenen Polizeivollzugsdienst eingestellt. Ausgewählt werden sie in einem dreitägigen Eignungstest. Solide Rechtschreibung, gutes Ausdrucksvermögen, die Fähigkeit zu logischem und analytischem Denken, ein verlässliches Gedächtnis und körperliche Fitness müssen die Aspiranten unter anderem unter Beweis stellen. Wer dazu noch Selbstvertrauen und soziale Kompetenz besitzt, mit Stress umgehen und im Team arbeiten kann, hat das Auswahlverfahren schon fast geschafft. Studiert wird drei Jahre lang an den Fachbereichen Polizei der Fachhochschulen für öffentliche Verwaltung in Bielefeld, Duisburg, Gelsenkirchen, Hagen, Köln und Münster. Der praktische Teil wird an den Bildungszentren des Institutes für Aus- und Fortbildung in Brühl, Linnich, Stukenbrock und in Selm-Bork absolviert. Dort ist auch das Institut für Aus- und Fortbildung der Polizei in Nordrhein-Westfalen ansässig. Auch gestandene Polizisten gehen bisweilen zurück zur Schule: denn so, wie an der Polizeiführungsakademie in Münster-Hiltrup werden Polizeibeamte zusammen mit Beamten aus anderen Bundesländern weitergebildet. Das Spektrum der Akademie ist so breit gefächert wie die Aufgaben der Polizei: Das Thema „Migration und Schleusungskriminalität" wird ebenso vermittelt wie der Komplex „Innere Sicherheit in Europa". Menschenhandel, Rauschgiftkriminalität, die Bekämpfung organisierter Kriminalität, die Durchführung polizeilicher Stabsarbeit, aber auch die Eigensicherung im polizeilichen Alltag und das Problemfeld der häuslichen Gewalt sind einige der weiteren Fortbildungsangebote.

An den Bildungszentren wird angehenden Polizisten der Alltag vermittelt: wie man einen Unfall aufnimmt oder wie eine Verkehrskontrolle abläuft. „Es ist eigentlich ganz einfach, aber wenn man es selbst macht, ist plötzlich alles mögliche zu bedenken", sagt Carolin Busche. Auch Psychologie steht auf dem Lehrplan, für den externen wie den internen Gebrauch: der feinfühlige Umgang mit Opfern ist ebenso ein Thema wie Mobbing in der Dienststelle. Hinzu kommen ein Fahr- und Sicherheitstraining und Praktika bei den Heimatwachen.

Joachim Cleve schult die angehenden Polizisten in Kriminaltechnik. Nach drei Wochen in seinem Seminar sollen sie imstande sein, selbstständige Tatortarbeit zu leisten. Das heißt vor allem: Spuren suchen und dokumentieren und somit der Kriminalpolizei das Leben leichter machen. Die Studenten lernen, was Zollstock, Maßband und Lupe im Spurensicherungskoffer zu suchen haben, wie man Faserspuren von einem Autositz entfernt und mit Täterkleidung vergleicht und wie man eine eingetrocknete Blutspur aufnimmt. Zuvor überprüfen sie, dass es sich auch wirklich um Blut und nicht um einen alten Ketchupflecken handelt. Überhaupt schlägt hier die Stunde der Tüftler und Techniker: Da werden Fußabdrücke mit Gips ausgegossen oder Spuren auf glatten Oberflächen auf Gelantinefolie gebracht. Ein Einbrecher hat Fingerabdrücke an einer Fensterscheibe hinterlassen? Ein Pinsel mit einem Hauch Ruß schafft Klarheit. Der Abdruck wird sichtbar, mit Spurensicherungsfolie holt man ihn vom Fenster und drückt ihn auf einen Zettel. So geht die Spur zur Auswertung an die Spezialisten.

01 **Handwerkszeug für den Alltag: Ausbildung ...**

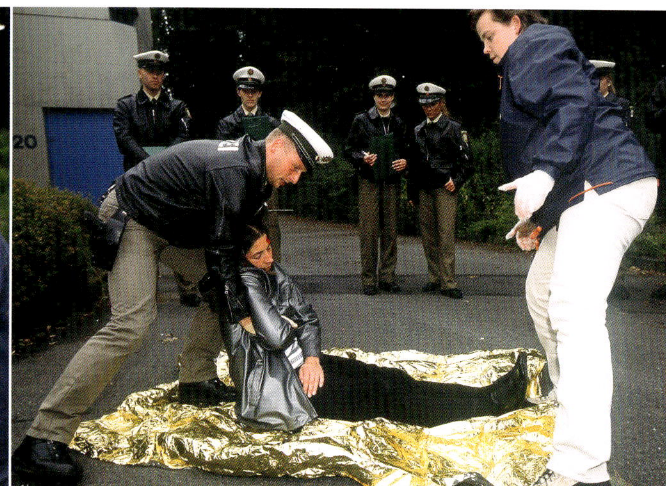

02 **... in erster Hilfe bei einem Verkehrsunfall.**

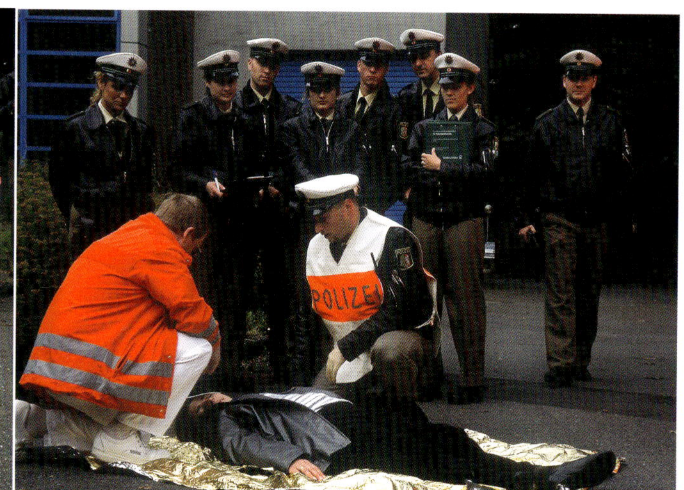

03 **Praxisnahes Training in den Bildungszentren.**

Seit ihrem zwölften Lebensjahr wusste Carolin Busche, dass sie zur Polizei gehen wollte. Denn ihr Vater war bei der Freiwilligen Feuerwehr, was sie besonders spannend fand. Die war aber damals aber noch reine Männerdomäne. Also grün statt rot, dachte sie. Als sie dann bei einem Schnuppertag an ihrer Schule im Sauerland zum ersten Mal in einem Streifenwagen saß, stand ihr Entschluss endgültig fest. Unbedingt wollte sie zur Reiterstaffel – doch als Carolin anfing, gab es die schon nicht mehr. Sonja Schmidt suchte nach dem Abi gezielt nach einem Job, bei dem sie nicht nur im Büro sitzen, sondern viel mit Menschen zu tun haben würde – und der zugleich einen sicheren Arbeitsplatz böte. Ihre Eltern waren zunächst nicht begeistert vom Ergebnis ihrer Analyse: Was die Tochter für sicher hielt, fanden sie zu gefährlich.

01 Neben der Praxis steht viel ...

02 ... theoretischer Unterricht auf dem Lehrplan.

Auf keinen Fall am Schreibtisch versauern, das war auch der Wunsch von Thorsten Lamb. Deshalb wollte er Förster werden. Doch Gespräche mit Förstern, Änderungen in der Studienordnung und knapper werdende Stellen machten ihn nachdenklich. Viel Abwechslung wünschte er sich, auch ein bisschen Nervenkitzel. So kam er zur Polizei. Seinen Entschluss, das Forstwirtschaftstudium zu schmeißen, hat er dort noch keine Sekunde lang bereut: „Ich bin mit Leib und Seele dabei und fühle mich absolut wohl."

Die Praktika bei seiner Heimatwache in Wuppertal bescherten Thorsten Lamb die bislang eindrücklichsten Erfahrungen seiner Ausbildung. „Am Anfang ist man ratlos und denkt: Wenn ich jetzt alleine hier wäre, wüsste ich nicht weiter", erzählt er. Aber man gewinne schnell an Sicherheit. Zumal, wenn man Glück mit seinem Tutor hat: „Ich durfte gleich alles mitmachen, wusste aber immer, dass jemand hinter mir steht." So ließ man ihn bereits am ersten Tag im Streifenwagen vorne rechts am Funkgerät Platz nehmen. „Erst habe ich geschluckt, weil so viele mithören. Aber so wächst man schnell rein."

So authentisch alle Arten von Einsätzen an den Bildungszentren inszeniert werden – im wahren Leben geht vieles anders zu. Da gibt es Stress, Hektik und die Abnutzungserscheinungen des Alltags. Und Frauen gehören noch nicht überall selbstverständlich dazu. Zwar werden heute an den Bildungszentren schon fast so viele weibliche wie männliche Polizisten ausgebildet. Dass die Schutzpolizei bis 1982 Männersache war, ist ihnen bekannt, aber kaum bewusst. Doch „draußen" kann alles anders aussehen, wenn junge Polizistinnen in ihrer ersten Dienststelle auf eine reine Männerrunde treffen.

Fast alle Polizisten in spe haben sich für einen Beruf entschieden, von dem sie Sicherheit erwarten. In materieller Hinsicht, weil sie nach der Ausbildung übernommen werden und auch später nicht um den Job fürchten müssen, falls sie nicht die berühmten silbernen Löffel klauen. Dass ihr Alltag auch Gefahren birgt, spielt für die meisten keine Rolle. Morgens nicht zu wissen, was der bevorstehende Tag bringen mag – das ist für sie der Zuckerrand des Polizeiberufs.

01 Fortbildung: Kraftfahrer machen eine spezielle Ausbildung bei der Polizei.

„Guten Tag, ZPD in Duisburg, was können wir für Sie tun?“

Die Zentralen Polizeitechnischen Dienste: Service von den Socken bis zum Streifenwagen.

01 Illegale Waffen in der Waffenverwertungsstelle.

Infrastruktur für den Dienstalltag

Stefanie Bisping

Zehntausende Polizisten brauchen eine Menge Socken. Dass diese für Frau und Mann zur Verfügung stehen, dafür sorgen die Zentralen Polizeitechnischen Dienste. Neben Socken stehen aber auch so ziemlich alle anderen für die Polizeiarbeit benötigten Dinge auf der Liste der Polizeilogistiker, von der Anhaltekelle bis zum Zentralcomputer.

Scharf gemachte Gaspistolen, Revolver, dutzende Gewehre, Macheten, mit denen sich ganze Schneisen in tropische Wälder schlagen ließen – im Erdgeschoss der Zentralen Polizeitechnischen Dienste in NRW, kurz ZPD genannt, stapeln sich Waffen bis an die Decke. Jede dieser Gerätschaften hat ihre Geschichte, und die meisten davon möchte man lieber nicht kennen. Was anmutet wie ein Blick in das Arsenal eines Schwerverbrecher-Clans, ist für Oberkommissar Jochen Seibt der ganz normale Alltag. Er sammelt und erfasst in der Waffenverwertungsstelle, die sich hinter einer schweren Tür im Erdgeschoss des Duisburger Gebäudes befindet, alle Waffen, die Staatsanwaltschaften, Gerichte und die Polizei sicherstellen. Danach werden sie vernichtet.

Im Schnitt werden 50 Gewehre sowie 50 Kurzwaffen pro Tag angeliefert, eine bis eineinhalb Tonnen Waffen pro Monat. Dazu kommen rund 200 Kilogramm Munition. „Es gibt keine Munition auf dem Markt, die ich nicht hier habe", bemerkt Jochen Seibt, und fügt mit Blick auf einen Korb Waffenzubehör hinzu: „Und es gibt nichts, was bei der Bundeswehr nicht geklaut wird."

01 **Über 45.000 Krankenakten lagert die ZPD.**

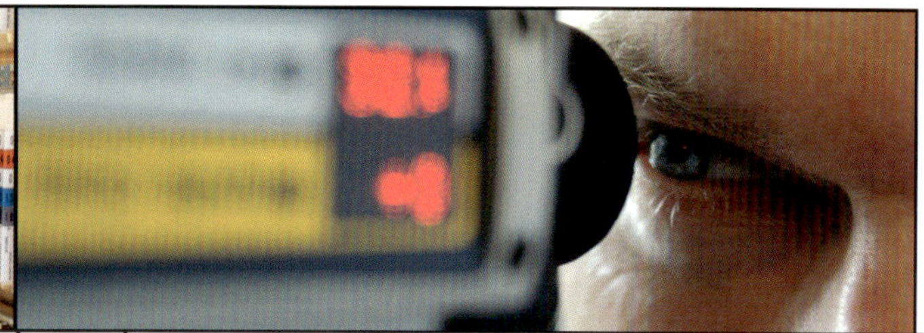

02 **Kalibrierung eines Lasermessgerätes.**

Ein weiteres Gebiet sind die Untersuchungen elektromagnetischer Verträglichkeit vom PC auf der Wache bis hin zum Streifenwagen. Und schließlich der Bereich der Funküberwachung: Dazu gehören abhörsichere Konferenzschaltungen für Mobiltelefone genauso wie die Beseitigung von Funkstörungen im Streifendienst. Die Neu- und Weiterentwicklung von Technologie spielt in der Abteilung III die Rolle, die bei James Bond schlicht „Q" heißt. Mit dem Unterschied, dass hier nicht ein in Ehren ergrautes Wunderkind fliegende Autos und geheime Wunderwaffen für Top-Agenten vom Schlage eines „007" erfindet, sondern ganz unauffällige Spezialisten technische Hilfsmittel entwickeln, die der Polizei einen Vorsprung vor ihrer Klientel sichern sollen.

Die zentrale landesweite Beschaffung in der Abteilung „Z" der ZPD zieht Polizisten an und rüstet sie aus. Hier wird alles beschafft, was die Polizisten und Dienststellen so brauchen: vom Handschuh bis zum Streifenwagen und von der Waffe bis zum Hubschrauber. Die tausend silbergrauen Passat-Leasing-Funkstreifenwagen gehören dabei zu den auffälligeren Schnäppchen der Abteilung Z in jüngerer Vergangenheit. Außerdem sind hier die Freie Heilfürsorge, die Krankenkasse der Polizisten, und die innere Verwaltung von Haushaltsangelegenheiten über Fort- und Weiterbildung bis hin zum Datenschutz angesiedelt.

03 **Elektromagnetische Störungen an Ausrüstung ...**

04 **... aller Art wird im eigenen Labor gemessen.**

Zunächst einmal wollen Polizisten korrekt gekleidet sein. Bei 45.000 Polizeibeamten in Nordrhein-Westfalen kommt im Lauf eines Jahres eine Menge zusammen: 20.000, manchmal 30.000 Hosen, 20.000 Jeans, 30.000 Herrenhemden und 10.000 Damenblusen – für neu eingestellte Polizisten ebenso wie als Ersatz für verschlissene Sachen. „Da müssen wir schon mit dem Etat jonglieren“, sagt Sonja Prümen, die als Bekleidungsingenieurin in der ZPD darüber wacht, dass genug Dienstkleidung in bestmöglicher Qualität und Passform vorhanden ist. Ein weites Feld, denn ein Polizist besitzt schließlich nicht einfach eine grüne Uniform. Schon der Streifenpolizist muss eine größere Ecke im Kleiderschrank für Dienstkleidung frei räumen: Socken und Funktionssocken, Schuhe, lange Unterwäsche, Sommer- und Winterhemden, Pullover und Unterziehrolli, die Uniformjacke für festlichere Anlässe, Stoffblouson, Lederjacke und Parka, Mantel, Regenmantel, Schulterklappen, Gürtel, Sportschuhe, Trainingsanzug, Lederhandschuhe und natürlich die Mütze sind Standard.

Für die Spezialeinsatzkommandos darf es noch einiges mehr sein: Sturmhauben, Handschuhe für das Abseilen, Fleece-Unterwäsche und spezielle schusssichere Westen und Helme. Für Sonja Prümen ist manche Herausforderung dabei, wenn es etwa darum geht, flammenhemmende Regenjacken bereitzustellen oder einen Handschuh zu entwickeln, der Feuer vertragen kann, dabei aber so leicht ist, dass man mit ihm problemlos eine Waffe ziehen kann. Für den Kosovo-Einsatz brauchten die Uniformen Deutschlandfahnen auf dem Ärmel und sollten überdies in warmem Klima möglichst wenige Schweißausbrüche verursachen: „Da habe ich mich im Trekkingbereich nach Ideen umgeschaut.“ Wenn keine Firmen das Passende bieten, muss man ein Kleidungsstück auch mal komplett neu erfinden.

03 ... und Kontrollen unterzogen.

01 Hitzetest: Die Bekleidung der Polizei wird ...

02 ... vor einer Neuanschaffung vielfältigen Tests ...

01	Eigene Software-Entwicklungen und das Warten ...	02	... der Hardware gehören ebenso zu den ...	03	... Aufgaben der ZPD wie der Virenschutz.

Neue Lösungen für alte Probleme zu finden, das ist neben der Verwaltungsarbeit eben die Spezialität der Zentralen Polizeitechnischen Dienste, und deshalb treffen sich hier viele der Spezialisten im Polizeidienst. In der Abteilung I wird die Software der Polizei entwickelt. Das erspart teure Aufträge bei Microsoft. Ein Beispiel ist „IGUP", ein Programm, mit dem Anzeigen, Unfall- und Vermisstenmeldungen in Dateien erfasst werden, die schnelle Recherchen ermöglichen. Immer wichtiger wird dabei die Zusammenarbeit mit den Polizeien anderer Bundesländer.

Die Abteilung II betreut und überwacht alle informations- und kommunikationstechnischen Systeme der Polizei in NRW. Hier sitzt die Hotline, die beim Computerabsturz auf der Wache dem Menschen am Rechner fernmündlich auf die Sprünge hilft. Das muss schnell gehen, denn ohne funktionierenden Rechner ist keine Fahndungsabfrage möglich. Auch die Wartungen und die Updates der Rechner in den einzelnen Behörden gehören zum Aufgabenbereich der Computerkenner aus der Abteilung II. Vom zentralen Rechner gar nicht zu reden. Eine Wasserleitung speist Kühler auf dem Dach der ZPD in Duisburg, damit die riesigen Rechner nicht ihrer eigenen Wärmeentwicklung zum Opfer fallen. Außer für das Rechenzentrum ist die Abteilung II für das landesweite Kommunikationsnetz zuständig, das alle Telefonleitungen der Polizei umfasst und alle Leitstellen mit Leitungen und Gegensprechanlagen ausstattet.

01 **Probeschuss: Ein Gewehrlauf wird eingeschossen.**

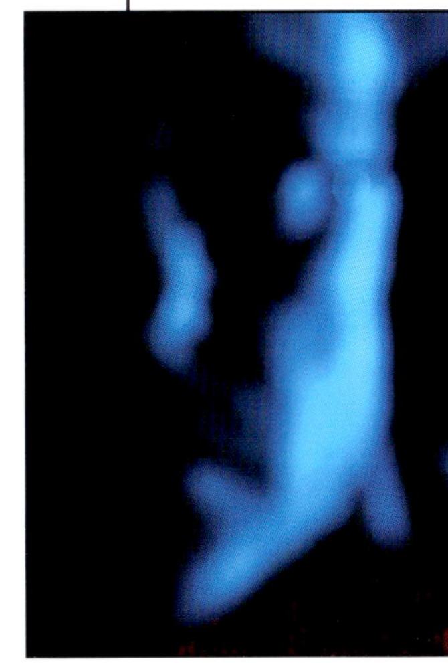

„Sehr speziell“, diese Worte schallen einem aus allen Räumen in Duisburg entgegen, vom Schießstand im Keller, der für die Aus- und Fortbildung benötigt wird, bis zur Lehrwerkstatt unterm Dach, wo eine Handvoll Kommunikationselektroniker in spe von zwei Meistern Intensivunterricht erhält. „Sehr speziell“ ist eben fast alles, was zu den Zentralen Polizeitechnischen Diensten gehört. Viele Aufgabengebiete sind dabei besonders sensibel, für die meisten werden absolute Spezialisten gebraucht. Eines verbindet sie jedoch alle: Ohne sie würde der Arbeitsalltag der Polizei nicht funktionieren.

IMPRESSUM

Herausgeber und Verlag:
hellblau Verlagsgesellschaft
Antonienallee 25
45279 Essen
Tel.: 02 01 / 43 89 025

Vertrieb:
Klartext Verlag

Fotografie:
Jochen Tack

Autoren:
Annika Fischer, Stefanie Bisping
Patrick Bierther, Stefan Nink

Realisation:
Pecher & Böckmann WA GmbH
www.pecher-boeckmann.de

Grafikdesign:
Volker Pecher

Redaktion:
Uli Böckmann

Produktion:
Daniel Schiepe

ISBN:
3-89861-248-1

Internet:
www.110-dasbuch.de

ANNIKA FISCHER

Jahrgang 1971, erzählte schon immer aus Leidenschaft. „Es fällt ihr nicht leicht, ihren Mitteilungsdrang zu kontrollieren", schrieb ihr die Lehrerin ins erste Zeugnis. Konsequente Folge(n): Freie Mitarbeit bei einem Wochenblatt noch vor dem Abitur, danach bei der Westdeutschen Allgemeinen Zeitung (WAZ); Studium der Publizistik- und Kommunikationswissenschaften in Münster; es folgten Praktika in Hamburg und Rom; zwei Reportage-Preise des Pressevereins Ruhr. Volontariat bei der WAZ, seit 2000 Redakteurin, seit 2001 Reporterin – und somit Erzählerin aus Profession.

PATRICK BIERTHER

Jahrgang 1966, ist gelernter Verlagskaufmann und studierter Publizist. Bei der Westdeutschen Allgemeinen Zeitung (WAZ) absolvierte er eine Ausbildung zum Redakteur. 1996 erhielt er von der Heinz-Kühn-Stiftung ein Journalisten-Stipendium für Israel. 2002 zeichnete ihn die Fritz-Eberhard-Gesellschaft mit ihrem Preis zur Förderung von Journalismus und Publizistik aus. In den vergangenen 15 Jahren arbeitete er als freier Reporter für Online- und Printmedien (u. a. SZ-Magazin, jetzt, FR, NZZ, Die Woche). Das Kapitel über den Wach- und Wechseldienst ist seine zehnte Buchveröffentlichung.

STEFAN NINK

Jahrgang 1965, hat als Schüler angefangen für die „Rhein-Zeitung" in Neuwied zu schreiben. 1988 wechselte er als Moderator zum damaligen Südwestfunk (SWF), 1991 volontierte er bei der ARD in Baden-Baden und Athen. Danach begann seine freiberufliche Arbeit für die ARD sowie diverse Zeitungen, Zeitschriften und Buchverlage. Trotz seiner Vorliebe für verzwirbelte Satzkonstrukte haben Fachkräfte es dennoch immer wieder geschafft, seine Stories in 16 Sprachen zu übersetzen.

DIE AUTOREN

STEFANIE BISPING

Jahrgang 1968, studierte in Münster und Reading (England) Anglistik, Germanistik und Politikwissenschaften. Anschließend volontierte sie bei der Westdeutschen Zeitung (WZ). 1996 hielt sie sich sechs Wochen in Namibia als Stipendiatin der Heinz-Kühn-Stiftung für junge Journalisten auf; im selben Jahr gewann sie auch den Kulturförderpreis der Stadt Willich in der Sparte Literatur. Seither schreibt sie vor allem Reise-Reportagen für zahlreiche Tageszeitungen und Magazine.

DER FOTOGRAF

JOCHEN TACK

Jahrgang 1962, fotografiert schon als 14-jähriger Schüler für die Lokalzeitung. Nach Abitur und Bundeswehr war er zunächst „fester-freier" Fotograf für die Westdeutsche Allgemeine Zeitung (WAZ) in Essen, volontierte dort später zum Fotoredakteur. Im Jahr 1986 wechselte er in die überregionale „Reportage-Redaktion" und reiste als Reportage-Fotograf durch die ganze Welt. 1990 dann machte er sich selbstständig. Seine Schwerpunkte liegen heute in der Reise- und Reportage-Fotografie für internationale Magazine und Buchverlage. Außerdem arbeitet er für viele Unternehmen im Bereich der Unternehmenskommunikation.